KB265191

한국독립운동의 해외사적 탐방기

윤 병 석

책 이 름 / 한국독립운동의 해외사적 탐방기

지은이 / 윤 병 석

펴낸이 / 김 경 회

펴낸곳 / (주)지식산업사

등록번호 / 1-363

등록날짜 / 1969. 5. 8

초판 제 1 쇄 발행 / 1994. 12. 15

초판 제 2 쇄 발행 / 1995. 7. 5

주 소 / 서울시 종로구 통의동 35-18

전 화 / (734)1978 · 1958 (735)1216 FAX (720)7900

책 값 / 12,000원

ⓒ 윤 병 석, 1994

ISBN 89-423-1030-3 93900

* 이 책을 읽고 저자에게 문의하고자 하는 이는
  지식산업사 편집부로 연락바랍니다.

책을 내면서

　며칠 후면 해방 50주년을 맞이한다. 금세기에 들어와 본격화된 일제의 침략과 그를 이은 식민지 지배라는 엄청난 '민족수난'은 해방의 순간까지 거의 반세기에 걸쳐 이어졌다. 이와 같은 배경에서 민족의 생존발전과 빼앗긴 조국을 다시 찾기 위한 처절하고도 강인한 민족운동 내지 조국독립운동에 대한 필자의 첫 인연은 6·25사변이라 통칭하는 한국전쟁 전까지 거슬러 올라간다.

　서울대학교 사학과에 입학한 저자는 부형의 구연으로 임시정부 요인의 숙소였던 서울 충무로 2가 한미호텔에서 통학하였다. 이곳에서 중국대륙에서 풍찬노숙하면서 조국독립운동에 헌신하다 돌아온 여러 임시정부 요인을 뵈올 수 있었다. 하지만 곧바로 밀어닥친 전쟁으로 학업도 중단되고 그곳을 떠나야만 하였다.

　그후 10년이 지나 1960년대에 들어서 국사편찬위원회와 한국정신문화연구원, 국가보훈처 등에서 추진하던 한국독립운동사 편찬사업에 참여하는 한편, 저자 나름대로 이 방면의 연구를 추진, 몇 편의 논저를 발표하였다.

이러한 과정에서 어려웠던 점을 몇 가지 들어보면, 첫째는 독립운동사 편찬을 위한 올바른 사관을 정립하는 일이었다. 둘째는 국내외에 산재한 관련자료를 수집·정리하여 독립운동사를 개척하다시피 해야 된다는 것이었다. 이를 위하여 전 세계에 걸쳐 폭넓은 공간 속에서 다양한 형태로 추진된 민족운동 내지 독립운동에 관련된 노다공소(努多功小)한 자료 조사와 수집 작업에 오랜 세월 동안 매달려야만 하였던 것이다.

다음으로 중요한 것은 독립운동의 현장과 사적을 답사하는 일이었다. 역사 해석에서 현지답사가 필수적 요건이라 할 수는 없을지라도, 문면에 나타나지 않는 사실의 반증과 올바른 평가의 신념이 얻어지기 때문에 답사를 소홀히 할 수가 없었다. 그러나 분단된 북한땅은 고사하고, 국외 독립운동의 중요한 기지였던 남북만주를 포함한 중국대륙과 시베리아 연해주는 이념의 대립과 냉전의 지속으로 말미암아 오랫동안 왕래는 커녕 자료 교환마저 불가능하던 죽철(竹鐵)의 장막으로 가리워졌던 곳이다. 다행히 수년 이래 국제적인 냉전체제의 변혁으로 아직 제한적이기는 하지만 현지답사가 가능하게 된 것이다.

이 책에 수록한 한국독립운동의 해외 사적 답사기는 이와 같은 조건에도 불구하고 그동안 두만·압록강 너머의 남북만주와 이와 연접한 시베리아 연해주를 비롯하여 중국·러시아·일본·구미지역 등 세계 곳곳에 널려 있는 현지자료 조사와 사적 답사 때 기록한 탐방기와 촬영한 사진을 지역별, 사적별로 모아 편찬한 것이다. 그 가운데 상당 부분은 해방 후 저자가 처음으로 답사하여 신문·잡지에 수십 회에 걸쳐 연재 소개한 것도 포함되어 있고, 뒤에 보완 수정한 부분도 적지 않다.

현재로서는 중요한 사적이면서 빠진 것도 더러 있을 수 있

고, 설명이 미흡한 부분도 없지 않을 것이다. 이러한 부분은 앞
으로 기회가 닿는 대로 보완할 것으로 생각하여 간행에 부친 것
이다. 이 책이 한국 민족운동 내지 독립운동사 이해에 조금이나
마 기여하기를 바랄 따름이다. 독자 여러분의 질정을 바라마지
않는다. 아울러 이 책을 쓰기까지 현지 답사와 자료 수집에 물심
양면으로 도움을 주신 고마운 분들에게 거듭 감사를 드린다.

1994년 12월 일
우면산 밑 서초서실에서
尹　炳　奭

[illegible]

[illegible]

1993년 12월

[illegible]

차   례

추 천 사 / 1

책을 내면서 / 3

서   설 / 11

제1편 중국 동북지역

개관 - 중국 동북지역 한인사회와 조국독립운동 · 27

1. 삼둔자 전적지 · 40

2. 봉오동 승첩지 · 44

3. 청산리대첩의 격전장 · 57

4. 북간도 서전서숙 · 63

5. 명동촌과 명동학교 · 68

6. 서전대야 3·13 운동 · 73

7. 3·13 반일의사릉 · 78

8. 와룡동 사은기념비 · 82

9. 안중근의 하얼빈 의거 · 87

10. 김정규의 조선족역사 · 93

8 차례

제2편　중국대륙방면

개관-중국대륙에서의 항일독립운동 · 103
1. 대한민국 임시정부 · 112
2. 홍구공원의 윤봉길 의거 · 131
3. 한국광복군과 조선의용대 · 138

제3편　러시아지역

개관-러시아 연해주지역 한인사회와 민족운동 · 145
1. 연해주 한인사회와 최재형 · 167
2. 블라디보스토크(해삼위) 개척리 · 173
3. 블라디보스토크 신한촌 · 186
4. 크라스키노(연추) 창의소 · 191
5. 우수리스크(소왕령) 대한국민의회 · 198
6. 치타 대한인국민회 서백리아지방총회 · 204
7. 계봉우와 고려인 역사 · 217
8. 홍범도와 크즐-오르다 · 224
9. 성명회와 〈취지서재고〉 · 228
10. 이범윤과 이르쿠츠크 · 235
11. 연해주 고려인의 민족언론 · 241
12. 이동휘와 한인사회당 · 244

제4편 일본지역

개관 - 일본 유학생의 조국독립운동 · 251
1. 일본 유학생의 2·8독립선언 · 255
2. 이봉창의 앵전문 의거 · 260

제5편 구미지역

개관 - 미주 한인사회와 민족운동 · 277
1. 하와이 노동이민 · 290
2. 박용만과 조선국민군단 · 295
3. 이승만과 한인기독학원 · 300
4. 안창호와 흥사단 · 304
5. 로스앤젤레스(나성) 대한인국민회관 · 316
6. 장인환과 전명운의 샌프란시스코(상항) 의거 · 321
7. 홍언과 《신한민보》· 326
8. 대한민국 임시정부 파리통신국 · 331
9. 헤이그 밀사의 유적 · 336
10. 로스앤젤레스의 애국지사 묘역 · 340
11. 한국통신부와 임시정부의 구미위원부 · 344

한국민족운동 주요연표

서 설

1.

　20세기에 들어서면서 근대화에 뒤진 한민족은 우월한 무력을 앞세운 일본 제국주의의 침략을 끝내 막아내지 못하고 유사 이래 지켜온 나라를 잃고 말았다. 그러나 유구한 역사와 자랑스런 민족문화에 뿌리를 둔 한민족은 그에 굴종하여 식민지 민족의 오욕을 감수하지는 않았다.

　일제 무단통치하에 갇힌 국내동포는 물론, 압록·두만강 너머의 서북간도를 비롯한 남북만주, 중국대륙, 러시아 연해주와 멀리 하와이를 비롯 미주지역에 이주 개척하여 사는 해외 한인들까지 이 엄청난 '민족수난'을 극복하기 위하여 서로 연계, 항일독립운동을 전개하였다. 이와 같은 항일독립운동은 줄잡아도 동학과 의병의 봉기를 계기로 하여 일제의 침략전쟁인 1894, 1895년의 청일전쟁 이래 러일전쟁, 제1차세계대전, 만주사변, 중일전쟁, 태평양전쟁을 거쳐, 일제의 군국주의적 팽창이 제2차세계대전의 패전과 함께 종말을 고하는 1945년까지 전후 50년 동안

이나 처절하게 계속되었다.

그 가운데 1905년의 을사 5 조약 전후부터 1919년의 3·1운동 발발에 이르는 시기의 민족운동 내지 독립운동을 대별하면 하나는 의병의 항일전이고, 다른 하나는 애국계몽운동이라고 할 수 있다. 이 두 계열의 운동을 통하여 한국 민족주의는 그 방향과 이념을 정립해 나간 것이다. 전자인 의병의 항일전은 을사 5 조약 이전 을미의병을 일으켰던 유생은 물론 그밖에 전국 각지의 유생과 전직관리들에 의하여 주도되었다. 그들은 국망을 눈앞에 두고 최후의 항일구국전을 시도하여 배일의식을 견지한 농민의 호응을 얻어서 일본군과 항쟁을 벌였던 것이다. 그 가운데서도 충남 홍주성을 점령하여 일본군과 전투를 벌였던 민종식(閔宗植), 전북 태인에서 일어나 순창에서 해산한 최익현(崔益鉉), 경북에서 평민출신의 의병장으로 기세를 올린 신돌석(申乭石), 추풍령 일대에서 활동한 노응규(盧應奎) 등의 의병항전은 전국 의병의 항일전을 유발시키는 계기를 만들었다.

이와 같이 재기한 의병의 처절한 항일전은 1907년 내지 1910년에 나라가 망할 때까지는 물론, 국외에 항일독립군의 터전이 잡히는 1914년경까지 전후 20년 동안에 걸쳐서 계속되었다. 이것은 갑오변란과 을미사변 이래의 전기(前期) 의병항쟁의 계승이라고 할 수 있으며, 국가존망의 위기에 당면하여 한국민의 주체의식을 부각시킨 최후의 구국전이라 할 수 있다.

이러한 의병의 항일전은 1907년 군대해산을 계기로, 특히 서울 시위대(侍衛隊)의 해산 반대 항전을 시작으로 원주와 강화도의 진위대(鎭衛隊)를 비롯해 전국 각지의 해산 군인이 집단 혹은 개별로 의병 대열에 많이 참가하여 더욱 활발해지고 상당한 전과를 올리는 일이 많았다. 왜냐하면 의병부대의 무기가 증강되었고, 부대 편제가 더 전투화 될 수 있었기 때문이다. 또한 이같이 전력이 강화된 의병부대가 경기·충청·강원·황해도의 중부지방뿐 아니라 남쪽으로 경상·전라도, 북쪽으로 함경·평안도에까지 확대되어 전국 어디에서나 의병활동이 전개되지 않은 곳이 거의 없게 된 것이다. 더욱이 밖으로는 이주한인의 규모가 큰 서북간도와 연해주지방까지 번져 그곳에서 두만강을 넘어와 항전하는 의병부대까지 있게 되었다. 이와 같이 각 지방에서 활동하던 의병부대는 한때 전국적인 연합전선을 형성해 유력한 의병부대가 양주에 집결하여 13도창의군을 편성, 서울 진공작전을 시도한 일도 있었다. 그러나 의병의 항일전은 시기가 지남에 따라 일본군과의 대규모 작전이 불리하여 산간벽지를 근거로 하는 게릴라전의 양상을 띠면서 항전을 계속할 수밖에 없었다. 하지만 이것도 일본군의 강력한 진압작전으로 말미암아 쇠퇴하여 그 활동의 근거지를 만주와 연해주지방으로 옮겨 갔으며, 그곳에서 한때 13도의군을 편성하여 국내진입 작전을 시도하려 하였다. 이와 같은 의병항전은 국내외에서 1914년경에는 거의 종식되고 독립군으로 재편되어 갔다.

이와 같이 을사5조약 내지는 군대해산 이후 의병의 항일전은 비록 현실적으로는 일제의 탄압으로 실패하였지만 정신적 측면에서 보면 그 의의가 컸다. 그것은 민족의 자존을 비롯한 민족문화의 수호와 국가 독립수호 등의 모든 과제가 '의병', '독립군', 또는 '광복군' 등 무엇이라 호칭되든지간에 민족의 군대가 일제와의 항전에서 이길 때 이루어진다는 한국 민족주의의 한 전술이념인 '독립전쟁론'을 형성하는 바탕이 되었다고 할 수 있기 때문이다.

2.

애국계몽운동이라 부르는 후자의 민족운동은 그 내용이 다양하다. 애국계몽운동은 그 시기의 구국적인 정치활동을 비롯하여 언론·출판·집회·결사 등의 활동을 통하여 민족의식을 고조시키고, 민족주의 교육의 보급과 민족경제의 육성을 통하여 민족역량을 배양하는 것을 그 내용으로 하고 있다. 뿐만 아니라 국어와 국사 연구를 통하여 민족문화의 계승 발전을 기하고 새로운 외래문화의 한국적 수용을 도모하려는 문화적 측면에까지 미치고 있다.

그러나 애국계몽운동 이념의 중요 근간으로는 다음의 두 가지를 들 수 있다.

첫째, 민족주의 교육에 있었다. 애국계몽운동을 추진한 민족운동자들은 민족주의 교육이 민족운동의 출발이고 기반이며, 또한 본질이라고 생각하였다. 그러므로 그들은 을사 5 조약 전후부터 경향을 막론하고 그러한 교육기관을 가능한 한 많이 세우려고 하였고, 서북학회(西北學會)를 비롯한 각종 학회와 그밖에도 결사·집회를 통하여 구국교육을 외쳤다. 그 결과 적어도 1910년 '한일합병' 전후까지는 한 통계에 의하면 국내에 2,300여 개, 서간도에 50여 개, 북간도에 130여 개 학교를 헤아리게 되었다. 이 가운데는 물론 을사 5 조약 이전에 세운 신교육 기관과 그밖에 민족주의 교육기관이라고 볼 수 없는 것도 포함되었을 것이나 그런 것은 불과 100여 개에 지나지 않는다.

이러한 교육기관에서의 중요한 문제는 그 교육목표와 이념에 있었고, 그것은 바로 한국 민족주의를 구현하는 인재양성과 민족역량 향상에 있었다고 할 수 있다. 때문에 이 시기의 교육 내용에서는 종래와 같이 근대의식을 받아들이는 신학문 교육에 그치는 것이 아니라 그보다는 민족의식을 강조하는 측면이 크다고 할 것이다. 그리고 또한 주목할 것은 문무쌍전(文武雙全) 교육을 기도하여 청소년의 군사교육을 주장한 것이다. 그것은 뒤에 언급하려는 것과 같은 '독립전쟁론'을 구현하려는 내용이고, 또한 이 시기 민족운동의 한 이념으로 정립하려는 것이다. 때문에 그를 뒷받침하기 위한 민족의 군대를 양성하려는 것이 목표였다. 그러나 민족성을 말살하고 민족문화를 파괴하면서 '일본의 영광된 황국신민의 명예'를 교육이념으로 추진하던 국내 식민지 교육하에서는 군사교육을 제대로 실시할 수 없어 그 변형인 체조 교육에 중점을 두었던 것이다.

　그러나 국외에서만은 그렇지 않고 군사교육면이 더욱 강조된 교육이 실시되었다. 이와 같이 군사교육까지를 함께 실시하는 민족주의 교육이 민족주의 이념에서 출발된 사실은 애국계몽운동과 신민회 교육활동을 설명하는 다음과 같은 문구를 들어도 입증될 것 같다.

　　인재는 어떻게 양성하려 하였는고. 뭇 단결한 동지가 국내 각 구역을 분담받아 일반 국민에게 교육의 정신을 고취하여 학교의 설립을 장려케 하며, 특별히 각 요지에 중학교를 설립하고 보통의 학과를 교수하는 외에 군인의 정신으로 훈련하여 유사시에는 곧 전선에 나아가 민군(民軍, 민족의 군대)을 지휘할 만한 자격자를 양성하려 하였으니 뭇 중학교로써 정신상 군영을 작(作)하려 하였소.

　이와 같은 교육이념을 좇아 교육한 학교로는 국내에서는 선천

16

(宣川)의 오산학교(五山學校), 신민회의 대성학교(大成學校), 서울의 청년학원(靑年學院), 안동의 협동학교(協同學校) 등이 대표적인 것이었으며, 국외에서는 북간도에 이상설(李相卨)이 세운 서전서숙(瑞甸書塾), 그를 이은 김약연(金躍淵)의 명동학교(明東學校), 서간도의 신흥학교(新興學校), 북만주의 대전학교(大甸學校), 연해주의 계동학교(啓東學校) 등이 이름있던 곳이라 할 수 있다.

둘째, 국외에 독립운동 기지를 설치하여 그곳을 거점으로 일제와의 독립전쟁을 결행하려는 '독립전쟁론'에 있었다. 독립전쟁론이란 군국주의 일본으로부터 민족의 해방·독립이 달성되는 확실하고 바른 길은 적기에 독립전쟁을 전개, 승리하는 데 있다는 이론이라고 할 수 있다. 그를 위하여 온 국민은 무엇보다 독립군(혹은 광복군)을 양성하고 군자금을 내어 군비를 갖추어 일제와의 혈전을 최대 의무로 삼아야 한다는 것이다. 그리고 그 적기란 민족의 근대적 정치·경제·문화의 역량을 향상시켜 시기를 기다리다가 일본 제국주의가 팽창하여 중일전쟁 내지 러일전쟁 혹은 미일전쟁을 감행할 때를 말한다.

이같은 독립전쟁론을 구현하기 위하여 이 시기의 민족운동자들은 거의 모두가 국외에 독립운동기지를 설치하려는 생각을 갖고 그를 적극 추진하였다. 그러한 독립운동기지는 이주 한인이 많이 살고 압록강과 두만강의 일의대수(一衣帶水)만 건너면 언제든지 국내진입이 가능한 서북간도와 연해주지방에다 설치하고, 그곳에 민족정신이 투철한 한인의 집단적 거주지역을 만들어 항일독립운동의 중심지로 삼아 그곳을 중심으로 독립전쟁을 준비한다는 것이었다. 그곳에서 산업을 일으켜 경제적 토대를 마련하고 청소년을 모아 근대교육을 실시하여 민족의 군대인 독립군과 민족운동의 역군을 양성하는 것이 당면목표였다. 한편 그 기지를 중심으로 하여 끊임없이 국내 동포의 민족의식을 일깨우면서 국외에 있는 한민족을 조직, 무장화시켜 독립전쟁을 준비하는 것이 그 방향이라고 할 수 있다.

이와 같은 독립운동기지로 유명한 것이 연해주 블라디보스토크의 신한촌(新韓村)과 국치 직후 국내 애국계몽 운동자들의 망명·활동으로 시작된 서간도 유하현(柳河縣) 삼원포(三源浦)의 한인 거주지역이었다. 또한 가장 먼저 경영된 곳이 북간도의 용정촌(龍井村)과 소만(蘇滿) 국경지대에 자리잡은 밀산부(密山府)의 한흥동(韓興洞)이라 할 수 있다. 이러한 곳들을 중심으로 하여 서간도의 신흥학교, 나자구(羅子溝)의 대전학교 등이 설립되어 문무쌍전 교육이 실시되었던 것이다. 이리하여 1914년에는 연해주 블라디보스토크에 이상설·이동휘·이동녕·정재관 등을 중심으로 하는 대한광복군정부(大韓光復軍政府)까지 세워져 의병 항일전의 노선을 포용하는 독립군의 무장항쟁의 터전이 마련되어 간 것이라 할 수 있다. 1912년에 애국계몽운동을 추진하던 신민회에 대한 일제의 다음과 같은 재판 판결문은 그러한 사신을 입증하는 한 자료라 할 것이다.

서간도에 단체적 이주를 기도하고, 조선 본토에서 상당히 재력 있는 다수 인민을 동지(同志)에 이주시켜 토지를 구매하고, 촌락을 만들어 신영토를 삼고, 새로 다수의 교육 받은 청년을 모집하여 동지로 보내어 민단을 일으키고, 학교 교회를 개설하고, 나아가 무관학교를 설립하고 교육을 베풀어 기회를 타서 독립전쟁을 일으키어 한국의 국권을 회복코자 한다.

어쨌든 이와 같은 독립전쟁론은 국외가 현실적 중심지라 할 수 있으나 그 기반은 어디까지나 국내에 있었던 점을 주목하지 않을 수 없다. 국내에서는 일제가 식민지 지배를 하였기 때문에 제약과 탄압을 받는 면이 컸지만, 국외에서는 민족주의 교육과 경제의 향상, 그리고 민족 문화의 보존 등을 통해 한국 민족주의 이념을 확대·심화시켜 독립운동의 원동력으로 삼을 수 있었던 것이다.

3.

1919년의 3·1운동을 "이전의 민족운동이 여기로 합류되고, 이후의 민족운동이 여기서 선도되는 일대 사조"라고 비유한 학자도 있다. 3·1운동은 신분·직업·지역·신앙·학문·사상·성별·빈부 등을 초월한 전민족의 일치된 독립의지를 행동으로 표현한 것이다. 또한 3·1운동은 민족주의와 민주주의가 조화를 이루면서 한국 민족주의의 내용으로 발전하게 되는 계기를 이룬 것이라 볼 수 있다. 또한 3·1운동의 만세시위가 절정을 이루던 그해 4월 중국 상해에서 수립된 대한민국 임시정부는 3·1운동에서 더욱 굳어진 민족의 염원인 자주·절대·완전독립을 스스로 쟁취, 행사하기 위하여 독립운동의 최고 중추기관 내지 망명정부로·출발하였다. 이 임시정부는 1945년 8월 민족해방으로 임시정부 요인이 환국할 때까지 그후 27년 동안 한민족의 독립운동에 진력하여 한국 민족주의 성장에 크게 기여하였다.

3·1운동 발발 이후의 민족운동 내지 독립운동의 사상적 주류는 다음의 네 가지로 요약하여 볼 수 있다. 첫째는 전술하였듯이

을사 5 조약 이후 민족주의의 주된 사조로 이념이 정립되어온 '독립전쟁론'이다. 온 국민은 독립전쟁을 위하여 무엇보다 독립군을 양성하고 무기를 갖추어 일제와 혈전을 벌이는 것을 최대 의무로 삼았던 것이다.

둘째는 3·1운동 이후 국내에서 주로 추진된 '문화주의론'이다. 이것도 독립전쟁과 같이 민족의 해방과 독립의 길이란 일제의 자의적인 허용 따위의 타율적인 방법으로서는 불가능한 일이고, 오직 한민족의 실력이 일본과 대등할 때 민족해방과 독립이 확실하다는 생각에서 나왔다. 그러나 현실적으로 일제 식민지 지배하에서는 독립군을 훈련하고 항전을 감행할 수 없으므로 먼저 문화적인 측면에서 정치·경제·교육·언론·사회 등 모든 면의 향상을 당면목표로 삼은 것이다.

셋째는 '외교주의론'이다. 근대적 의미의 민족국가의 수립은 국제평화와 인류공영의 바탕 위에서 가능한 것이므로 조국독립의 실현은 먼저 국제적 지지·후원 아래에서만 쉽게 이룩될 수 있다는 것이다. 따라서 한민족의 문화적 전통과 정치적 자립의 당연성을 널리 열강에게 선전하는 한편, 일제의 불합리한 강제지배가 한국민의 탄압에 그치는 것이 아니라, 동양평화를 위기에 몰아 넣고 있음을 인식시켜 그들의 동의와 후원으로 일제를 견제하고 아울러 민족전진의 목표를 정립하려는 것이다.

넷째는 '민중투쟁론'이다. 이것은 일제의 군사적 강제 지배라는 한민족의 현실적 여건하에서 오직 가능한 독립 방략이란, 민족의 전구성원이 다함께 직접 항일투쟁에 동참하여 일제로 하여금 한민족의 식민지 지배를 사실상 불가능하게 유도하여 민족해방과 독립을 이룩하는 것이라 할 수 있다.

이들 몇 가지는 이미 을사 5 조약 이래의 민족운동에서 원류한 것이고, 특히 독립전쟁론은 그 주조(主潮)로 형성되었던 것이나 3·1운동 발발 때까지는 아직 그 뚜렷한 모습은 보이지 않았다. 또한 서로 효과적인 연계관계가 성립되지도 않았다. 그러나 거족적인 3·1운동으로부터는 이들이 다 부각되고 또한 서로 깊은 연관성을 가져 사회발전의 원동력이 되었고 나아가 제국주의에 저항하는 한국 민족주의를 발전시켰다고 할 수 있다.

4.

이와 같은 구체적 사례를 몇 가지 열거하면 우선 국내에서 독립선언과 만세시위란 형태로 민족의 굳은 독립의지를 내외에 밝혔지만, 직접적으로 돌아온 것은 일제 군경에 의한 학살뿐이었으므로 더욱 근원적인 민족독립운동을 모색하게 되었다. 그것이 바로 근대적 자각에 입각한 민족역량의 향상에 중점을 두는·운동인 것이었다.

전국적으로 팽배해진 신교육열은 일제 교육기관에서나마 문명기술을 익히려는 결의로 입학지원자가 급증하고, 또한 사립학교·강습소·야학 등이 전국 어느 곳에서나 속출하게 되었다. 이러한 경향은 민족교육의 큰 전진으로서 민립대학 설립운동과 조선교육회의 설립으로까지 몰고 갔다.

언론에서도 《동아일보》와 《조선일보》, 그리고 그 전후에 창간된 여러 잡지가 중심이 되어 근대적 저널리즘이 형성되어 갔고, 이를 통하여 민족의 근대의식이 전국민에게 깊숙이 심어져 갔다. 또한 이같은 추세는 문화예술면까지 자극하여 서구문화의 도입과 한국적 사색의 터전이 되었다.

한편 민족역량 향상의 기조는 경제력의 향상에 있으며, 그것은 바로 민족산업의 육성과 진흥에서 이룩될 수 있다고 주장하였다. 그리하여 물산장려운동이 전개되어 조선물산장려회를 중심으로 자작자급(自作自給), 국산장려, 소비절제, 금주단연(禁酒斷煙) 등의 실천강령까지 마련되었다. 즉 의식주를 다 조선인이 만든 것으로 하자는 자립적 풍조가 형성되고, 아울러 민족자본의 형성이 강조되었다. 어떤 민족운동자는 한민족의 진로는 바로 경제적 민족주의에서 찾아야 된다고 주장하였다.

다음 100만을 칭하는 한인이 살며, 을사 5 조약과 경술국치 전후로부터 해외 독립운동기지로 심혈을 기울이던 서북간도를 비롯한 만주일대와 연해주지방에서는 3·1운동이 발발하자, 곧바로 일제와 독립전쟁을 수행할 독립군을 편성하고 무기를 갖추어 압록강과 두만강을 향하여 항일전을 전개하기 시작하였다.

서북간도에 군정부(軍政府)가 건립되고 이어 국민회군(國民會軍), 북로군정서(北路軍政署), 대한독립군(大韓獨立軍), 서로군정서(西路軍政署), 대한독립단의용군(大韓獨立團義勇軍), 광복군총영(光復軍總營) 등으로 불리는 수천 혹은 수만으로까지 추정되는 무장 독립군이 편성되어, 1920년의 봉오동승첩과 청산리대첩 등에서와 같이 일본군과의 항전에서 큰 전과를 올리는 경우도 있었다. 이와 같은 독립군의 항일전은 일단 전과면은 접어두고라도 적어도 1930년대말까지 끊임없이 이어져 민족의 주체적인 항일전의 강인성을 부각시켰다. 1940년 중국 중경(重慶)에서 대한민국 임시정부가 중국 국민당정부의 지원하에 광복군을 편성하여 연합군과 공동으로 참전할 준비를 한 것도 이러한 독립군의 항일전을 계승한 것이었다.

5.

한편 파리강화회의에서의 독립지원 청원으로부터 시작된 외교 활동은 대한민국 임시정부를 정점으로 구미위원부와 파리대표부, 그밖에 각종 한인결사를 통하여 꾸준히 추진되었다. 이들은 국제연맹·태평양회의 등의 국제회의에서 한민족의 장래뿐 아니라 동양평화를 위해서도 한국은 독립되어야 한다고 주장하였다. 아울러 신문·잡지·강연회 등을 통하여 한민족의 자주성과 한국 전통문화의 고유성을 인식시켜 주었다.

이밖에도 3·1운동 이후에는 한말의 장인환(張仁煥)과 전명운(田明雲), 그리고 안중근(安重根)의 의열정신을 계승한 의열단(義烈團), 애국단(愛國團) 등이 조직되어 국내외 여러 곳에서 일제 침략자들과 식민지 통치기관에 끊임없이 폭탄을 던져 그들을 전율케 하였으며, 한편 독립운동의 민중화를 위한 농민운동과 노동운동이 나타나기도 하였다. 그리고 기회가 있을 때마다 3·1운동의 형태를 잇는 6·10만세 운동, 광주학생운동, 그밖에 각종 시위운동을 전개하여 민중운동의 성격을 띤 독립운동을 전개하였다.

얼핏 보아 서로 유리된 듯한 이와 같은 각종 운동을 내면에서 관찰해보면 대한민국 임시정부와 각지 독립군 군영이나 국내외 각종 항일결사, 기타 관련 민족운동자를 통하여 서로 긴밀히 연락 추진되었고, 또한 그 지상 목표가 민족의 해방과 독립의 달성에 귀결되고 있음을 알 수 있다. 민족운동자 각자의 사회적 경제적 처지와 국내 국외라는 지역적인 조건에 따라 각기 알맞는 일을 추진하던 것이 그대로 민족독립운동이 되고, 그것은 나아가 한국 민족주의 발전의 초석이 되었던 것이다.

요컨대 한민족은 구한말 일제 침략과 그를 이은 식민지 지배라는 '민족수난'을 이와 같이 국내외에 걸쳐 강인하게 전개된 숭고한 항일해방투쟁과 한민족의 독립운동을 통하여 극복, 1945년의 민족해방을 맞이하였던 것이다.

백두산 천지 부근 약도

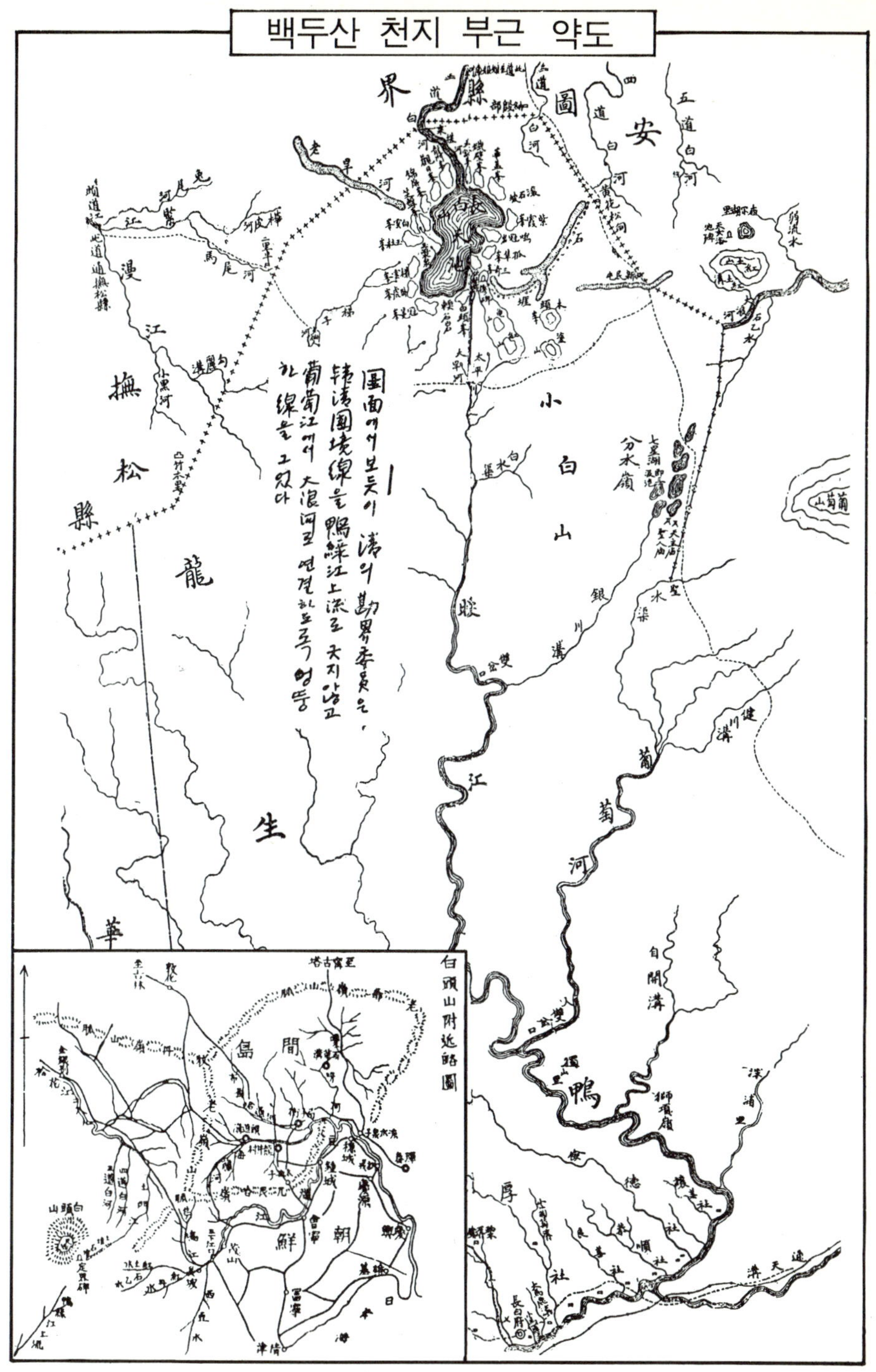

제 1 편 중국 동북지역

개관 —— 중국 동북지역 한인사회와 조국독립운동

  두만강과 압록강 너머의 서북간도를 비롯한 중국 동북지방과 러시아 연해주지방에서의 한국독립운동기지 건설을 위한 노력은 한국민족운동의 국외 확대인 동시에, 독립운동의 이념은 물론 이론과 전략이 크게 발전된 것이라 하겠다. 이들 지역에서의 이 같은 독립운동은 수만 명에 이르는 그 지역의 한인사회를 기반으로 해서 추진되었다.

  그 가운데 가장 큰 규모로 국외 한인사회가 성립된 북간도란 '신천지'는 백두산 동북쪽의 두만강 너머 연길(延吉), 화룡(和龍), 왕청(汪淸), 혼춘(琿春) 등의 4현(縣)을 중심으로 해서 그 주위의 액목(額穆), 돈화(敦化), 동녕(東寧), 영안(寧安) 등의 4현도 아울러 지칭하는 경우가 많았다. 그곳의 지형은 동·서 노야령(老爺嶺)산맥과 그 지맥(支脈), 흑산령(黑山嶺)산맥과 그 지맥으로 형성된 무수한 구릉·분지가 있어 희이합통하(希爾哈通河), 해란강(海蘭江), 올리카하(嘎呀河), 두만강 등의 4대 하

천을 큰 젖줄로 하여 골짜기마다 한인의 개간 농경지가 펼쳐졌
다. 이들 하천 가운데서도 희이합통하와 해란강이 큰 편이다.

　해란강은 백두산에서 동북으로 뻗은 장백산맥이 흑산령으로
갈라지는 대목에 위치한 청산리(靑山里)에서 원류한 후 동쪽으
로 흐르기 시작, 두도구(頭道溝)와 용정촌을 거치고, 희이합통
하는 서노야령산맥 가운데 위치한 합이파령(哈爾巴嶺)에서 원
류, 명월구(明月溝), 토문자(土門子), 동불사(銅佛寺)를 거쳐
북간도 제일의 도시인 연길(延吉)의 마반산(磨盤山)에서 해란강
과 합류한 뒤 도문(圖們)에서 다시 두만강에 합류하는 것이다.

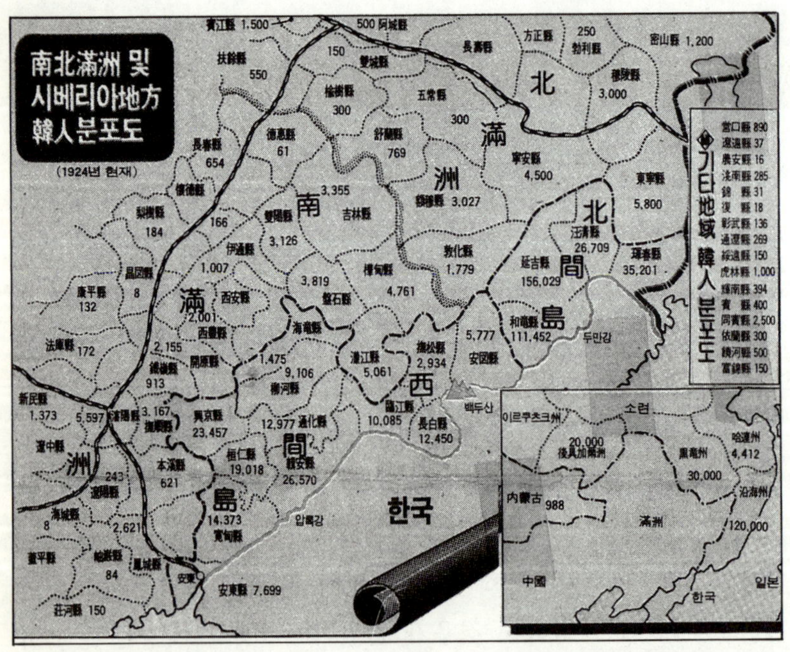

　이 분포도는 참의·정의·신민 등의 3부가 성립된 1924년 일제가 총독부·외무
성·육군성 등의 모든 정보를 종합하여 작성한 〈1924년 3월 조(調) : 조선인의 간
도·혼춘 및 그 인근지방 이주에 관한 조사〉에 수록된 통계를 근거로 작성한 것,
비고에 "조사가 빠진 곳, 또한 조사가 충분치 못한 곳이 있다"고 밝힌 만큼 확신할
수는 없으나, 대략 한인의 수는 통계의 2배 정도로 추산할 수 있을 것 같다.

또한 북간도와 대칭을 이루는 서간도는 백두산 서쪽, 압록강 너머의 혼강(渾江) 일대를 중심으로 송화강(松花江) 중·상류지역까지를 아울러 가르키는 경우가 많았다. 그곳은 고대에 고구려가 흥기한 원(原) 고구려 지방으로 광개토대왕비가 있는 집안현(集安縣)을 비롯하여 통화(通化), 유하(柳河), 회인(懷仁), 관전(寬甸), 임강(臨江), 장백(長白), 무송(撫松), 안도(安圖), 흥경(興京), 해룡(海龍) 등의 여러 부현(府縣)을 지칭한다. 특히 혼강이 흐르는 대라권구(大羅圈溝), 합니하구(哈泥河溝), 대횡도하자(大橫道河子) 일대, 부이강(富爾江)의 왕청변문(汪淸邊門)지방, 혼강 연안의 동서강전자(東西江甸子)지방, 소자하(蘇子河) 상류의 대전자(大甸子)지방, 대사하(大師河) 유역, 본계호(本溪湖) 부근 혼강 하류에 연한 공태보(公太堡) 일대, 탕하(湯河)와 두도구(頭道溝) 하류 양안지역, 송화강 좌안 등지와 그밖의 횡도천(橫道川) 통구(通溝) 부근에 한인의 개간농지가 펼쳐졌다.

개간농경지에는 조·옥수수·고량·기장·콩 등의 밭농사도 상당히 성행되었지만, 더 중요한 농사는 하천 유역의 저지와 습지에서 일으킨 벼농사였던 것이다. 벼농사의 개척은 만주의 농업경제에서 매우 중요한 의미를 갖고 있다. 즉 한인이 벼농사를 시작한 이후 얼마 안 되어 벼농사가 남북만주의 농업에서 수위를 차지하는 주곡으로 등장하게 되는데, 그 벼농사의 대부분은 한인의 피땀어린 노력으로 개간되었던 것이다.

서북간도의 한인사회는 1860년대 이래로 가난한 농민의 이주 개척에 의하여 형성되기 시작하였다. 그리하여 1910년 전후만 하더라도 그 규모가 북간도에서만 이미 수십만을 칭하게 되었다. 현재 자료부족으로 정확한 통계는 제시할 수 없지만, 동양척식

19세기말 만주·노령 연해주지역에서 논밭을 개간하고 있는 이주 한인들.

회사가 1917년 조사한 북간도 통계는 총 3만 6,890호에 남자 10만 7,650명, 여자 8만 7,961명, 총인구 19만 5,611명이라고 제시하면서 '간도 정보조사원으로 지방사정에 정통한 한인 15명을 한·중인 조사에 분산시켜 실지조사로 이루어진 만큼 실제 수에 가깝다고 보겠다'라는 부연 설명까지 하고 있다. 또한 1910년 전후에 이미 그곳 북간도 인구 가운데 한인의 비율이 80퍼센트를 차지하게 되었으며, 토지도 절반 이상을 실질상 점유하여 개척하고 있었다. 따라서 인구 구성비율 면에서나 농지 경작 면에서나 모두 북간도는 실질적으로 한인의 '신천지'라 할 수 있게 되었다. 이와 같은 북간도에서의 한인 토지소유 현황을 위의 동양척식회사의 1916년 조사통계에서는 중국인의 소유지가 3만 8,838정보인 데 비하여 한인의 소유지는 전체 농경지의 절반이 훨씬 넘는 5만 620정보로 잡고 있다.

또한 서간도와 시베리아 지방에도 각기 10여 만을 통칭하는 이주 한인이 그곳의 황무지를 개척하고 새로운 생활을 영위하면서 정착기반을 닦아가고 있었다. 이상룡(李相龍)의《석주유고》(石洲遺稿)에 의하면 이미 1913년에 서간도를 포함한 봉천성(奉天省) 관내에만 28만 6천 명의 한인이 이주하여 거주하고 있었다. 그럼에도 불구하고 이들 지역에는 아직도 경작할 수 있는 가경황무지가 무한히 펼쳐져 있었기 때문에 앞으로도 한인 이주민을 더 받아들일 여지가 있었다. 즉 1910년에는 가경황무지의 16퍼센트밖에 개간되지 않았으며, 그후 1917년에 이르러서도 26퍼센트 정도의 개간에 머물러 아직도 74퍼센트의 가경황무지가 남아 있었던 것이다.

이와 같은 서북간도 지역을 한민족의 항일부흥기지로 건설해

국경을 넘을 때 일제 군경에게 검문받는 이주민들.

야 한다는 최초의 주장은 유인석(柳麟錫) 의병진에서 나왔다. 유인석 의병진은 을미의거(乙未義擧) 후 한때 충주성을 점령하여 기세를 올렸으나 장기렴(張基濂)이 거느리는 관군에게 제천에서 패퇴한 뒤, 서북지방(황해·평안도)의 강병을 증모하여 복진지계(復振之計)를 꾀하였으나 이것도 여의치 못해 1896년 초산(楚山)에서 압록강을 건너 혼강을 끼고 서간도의 관전현(寬甸縣) 고령지(高嶺地)를 거쳐 통화현(通化縣) 오도구(五道溝)로 들어갔다. 유인석은 그곳 서간도를 가리켜 "토지가 심히 풍요로워 한 사람이 경작하면 열 사람이 먹을 수 있고, 1년 경작하면 3,4년을 먹을 수 있는 곳"이라 하고, 그곳을 기반으로 나라의 흥복지계(興復之計)를 도모할 것을 주장하였던 것이다.

그러므로 그후 국내에서의 항전이 어려워진 의병진은 1910년이 가까워질수록 서간도로 근거지를 옮겨 재기를 다짐하는 사례가 많아졌다. 그 가운데서 더러는 북간도와 시베리아 지방으로 이동하기도 하지만, 일단 서간도로 근거지를 옮긴 중요 의병진으로는 우선 관전·통화·집안현 등지로 활동무대를 옮긴 위의 유인석 의병진을 비롯해 백두산 북쪽지방인 장백·무송·환인현(桓因縣) 등지로 옮겨 포수단(砲手團)을 조직한 뒤 재기항전의 기회를 노렸던 이강년(李康秊) 의병진의 생존자들과 황해도의 이진룡(李鎭龍), 조맹선(趙孟善), 박장호(朴長浩) 등의 의병진을 들 수 있다. 또한 백삼규(白三圭), 조병준(趙秉準), 전덕원(全德元) 등의 의병진은 관전·환인현 등지로 근거지를 옮겨 농무계(農務契)와 향약사(鄕約社)란 단체를 만들어 재기를 도모하였다. 그리고 홍범도·채응언 등은 삼수·갑산에서 장백·안도현 등지로 부대를 옮겨 낙수동(樂水洞)에 본부를 두고 군사훈련과 무기보충에 힘을 기울이고 있었다. 일제측의 한 기록에는 이

가운데 "500명의 홍범도 의병진은 전원 무장을 하고 매월 15∼17일간씩 훈련하는 한편, 항전준비를 서두르고 있었으며…… 국내 일반 군경의 배치현황을 조사하기 위하여 39명의 '밀사반'(密査班)을 파견하고 있다"고 하였다.

이와 같이 서북간도 지역이 독립운동기지로서 더욱 중요시된 이유는, 그곳에서 압록강과 두만강의 일의대수만 건너면 언제든지 국내진입이 가능하였을 뿐만 아니라, 이 지역이 한민족에게는 역사적으로 인연 깊은 민족 고지(故地)라는 데 있었다. 즉 이곳은 상고로부터 고구려·발해로 내려오면서 한민족의 활동지역으로서 민족국가의 발생과 민족문화 형성의 일대 거점이었다는 점에서 다른 나라 영토라고 생각되지 않는 애착심이 있었다. 그러므로 1910년 전후의 민족운동자들은 그곳을 한국독립운동의 최적지로 생각하였던 것이다. 그리고 민족주의 사학자인 박은식(朴殷植)과 신채호(申采浩) 등이 우리 고대의 강역을, 백두산을 한가운데 두고 압록강과 두만강은 허리에 띠로 하고 남북만주와 한반도에 걸치는 것으로 잡으면서, 북쪽으로는 송화강 상류로부터 서쪽으로는 요동반도를 포함하는 요하(遼河), 동쪽으로는 우수리강 일대를 포함하는 연해주까지를 경계로 한 것은 이와 같은 민족고지의 개념에 연유한 주장인 것이다.

1910년 전후부터 민족운동자들은 서북간도를 비롯한 남북만주와 시베리아 지역에 국외 독립운동 기지건설을 활발하게 추진하였다. 그들은 이러한 사업의 일환으로 민족정신이 투철한 국내 한인들의 집단적인 대규모 국외이주계획까지 추진하였고, 나아가 그곳에 무관학교를 세워 독립군을 양성하고자 하였다. 1910년 12월말부터 1911년 1월초에 걸쳐 일제 군경은 이와 같은 한인이주계획과 관련되어 있다고 본 민족운동자들을 전국에서

600명 이상이나 체포 투옥하고 고문을 자행하였다. 황해도의 안명근(安明根) 사건과 신민회의 양기탁(梁起鐸) 사건, 그리고 '105인 사건'으로 알려진 것이 바로 그것이다.

이들은 대부분 1910년 8월, 국권 상실 이전에 신민회를 중심으로 애국계몽운동을 추진하던 민족운동가들이었고, 당시 이들의 활동은 서간도에의 한인이주계획에 그 본령이 있었다. 그들 가운데 중요한 인물들만 들더라도 신민회의 총감독이며《대한매일신보》 주간이었던 양기탁과 신민회 회장이던 윤치호(尹致昊)를 비롯, 이승훈(李昇薰), 김구(金九), 안태국(安泰國), 주진수(朱鎭洙), 유동열(柳東說), 임치정(林蚩正), 김홍량(金鴻亮), 최명식(崔明植), 도인권(都寅權), 차이석(車利錫) 등으로 국외로 미처 망명하지 못하고 국내에 잔류하던 민족운동가들이 거의 망라되어 있었다. 또한 이들은 국치 전후에 국외 독립운동의 기지화를 위하여 선발 망명한 이상설(李相卨), 이동녕(李東寧), 이시영(李始榮), 안창호(安昌浩), 이갑(李甲), 박용만(朴容萬), 박은식(朴殷植), 신채호(申采浩), 이상룡(李相龍), 신규식(申圭植), 정순만(鄭淳萬), 여준(呂準) 등과 상호 관련되어 있던 인물들이다. 즉 일제 치하에 국내외에서 독립운동을 주도하던 인물들이 이들 사건에 많이 포함되었던 것이다. 조선총독부는 이들 600여 명의 민족운동자들을 한 사건으로 다루어 탄압하기에는 너무 규모가 커 안명근 사건, 양기탁 사건, 105인 사건 등 세 사건으로 분산시켜 탄압하였던 것이다. 그리하여 이 사건들은 일제 식민지배 초기에 한인 민족운동에 대한 일제의 무단탄압의 본보기로 제시되었다.

1910년 직후에 위와 같은 인사들에 의한 서간도 집단이주계획의 본령은 바로 국외에 독립운동기지를 건설하고 이를 기반으로

'독립전쟁론'을 구현하려는 데 있었던 것이다. 독립전쟁론은 한 말의 애국계몽운동과 항일의병전의 이념 및 논리를 합일·발전시켜 새로운 항일독립운동의 이념과 전술로 정립되어 간 것이었다. 그러므로 독립전쟁론이란 군국주의 일본으로부터 민족해방과 조국독립을 달성하기 위한 가장 확실하고도 바른 길은 한민족이 적절한 시기에 일제와 독립전쟁을 결행하는 것이라는 독립운동의 한 이론체계라고도 할 수 있다. 이를 위하여 온 국민이 무엇보다 국가를 광복할 독립군을 양성하고 군자금을 내어 군비를 갖춘 뒤 일제와 혈전을 벌이는 일을 최대의무로 삼아야만 하였다. 독립운동 전기간 동안 이러한 자금을 독립운동자금이라 하지 않고 군자금으로 칭하던 이유가 여기에 있다.

이와 같은 독립전쟁을 결행할 적절한 시기란 정치·경제·사회·문화 등 모든 분야에 걸쳐 애국계몽운동에서 제시한 근대적인 이념과 방략에 따라 민족역량을 향상시킨 후, 시기를 기다리다가 일본 제국주의가 더욱 팽창해서 중일전쟁이나 러일전쟁 혹은 미일전쟁을 감행할 때로서, 민족 회생의 좋은 기회인 이때에 독립전쟁을 결행하여야만 조국광복을 쟁취할 수 있다는 것이다. 이 시기 민족운동가들은 거의 모두가 일본 제국주의는 방향이 크게 왜곡되어 그 세력이 팽창됨에 따라 반드시 중국을 침략할 것이고, 또 러시아와 맞서 대결하거나 혹은 미국의 이해와도 대립되는 식민지 팽창정책을 끝없이 벌일 것이라는 견해를 가지고 있었다. 그러므로 그들은 중일전쟁·러일전쟁·미일전쟁의 발발을 필연적인 사실로 예견하였고, 이것은 그후의 역사에서 그대로 입증되었다.

이와 같은 독립전쟁론의 첫 실천방안이 위에서 보았듯이 국외에 독립운동기지를 건설하는 일이었고, 이를 위하여 집단적인

연변조선족자치주 지도. 현재의 연변조선족자치주 가운데 송강(松江), 돈화(敦化) 두 현을 제외한 지역이 과거의 북간도이다.

연변조선족자치주
1 : 1700 000
0   17   34   51   68 km
130°
44°
43°
42°
130°
131°
강
성
쏘
청
훈
춘
련
북
1115▲천령
○공화촌
도하○
대두전 ○
앙수하자
상항
라자구
서하
○로흑산
태양촌
로야령
장가점
태평령
태평구
소동구
육도위자
마면태 1700
묘령
계관
탑자구
○지웅구
○
영벽라자
란가랑즈
대흥구
황구
복룡
두황자
초평촌
동진
태평구
동흥진
동광
심리평
춘화
신흠
로야령 1477 ▲
소룩도구
바라바슈
석현
대황구
오도구
석두촌
삼안
○하동
광수
밀강
이도구
쌍도구
스란네이시디미
도문
하다문
월청
영안
훈춘
마적달
석정
경원
왕포 연통라자
삼가자
마천자
신
판석
레야자노브
장상봉리
크라스끼노
재찬문
경신
도화동
뽀시예트
삼림
경흥
○
신녕
북
룡의라
웅기
○서수라리
라진
고무산구

이주가 시도되었던 것이다. 그리고 이러한 사업을 경륜할 주도
층은 한말 애국계몽운동을 추진한 민족운동가들과, 국내항전 후
두만강·압록강을 건너간 의병들이었다. 독립운동기지의 경영을
위해서는 가능한 한 많은 한인의 이주가 뒤따라야만 하였고, 또
한 국내로부터 많은 자금이 조달되어야만 하였으나, 더 중요한
것은 그 모든 사업을 효과적으로 추진할 강력한 항일 민족운동
단체를 조직하는 일이었다. 그러나 이와 같은 국외에서의 민족
운동은 궁극적으로 인적 물적 자원의 공급이 국내에 한정되어 있
었을 뿐만 아니라 대국적으로 보면, 그 운동범위가 국내 독립운
동의 연장·확대라 할 수 있었으므로, 국내 독립운동이 탄압되
는 데 따라서 국외 민족운동도 위축되는 면이 적지 않았다.

　가령 전술한 105인 사건을 전후한 대탄압 이외의 그 같은 사례
를 몇 개 더 들어보면, 첫째, 1915년부터 1918년까지 경상도에서
시작되어 전국적으로 확산된 박상진(朴尙鎭), 채기중(蔡祺中)의
광복단(光復團 ; 光復會)사건을 들 수 있다. 광복단에 대한 일제
의 탄압명목은 살인강도이지만, 단의 실제 활동목적은 국외 독립
운동기지에서의 독립군 양성을 위한 군자금 모집과 국내 청년의
국외 독립운동기지로의 이민추진에 있었다. 더구나 광복단의 활
동은 서간도에 근거지를 두고 현지에서 독립운동기지화를 추진하
던 망명 민족운동가들과 직접 연계되어 있었던 것이다.

　둘째로는 1915년부터 1919년에 걸쳐 활동하고 일제군경에게
발각되어 투옥된 인물만도 이관구(李觀求) 등 100여 명에 달한
국권회복단(國權恢復團)사건이 있다. 국권회복단 역시 광복단과
같은 성격의 단체로서 국외 독립운동기지에 무관학교를 설립하
고 그곳에 입학시킬 청년을 모집 이주시키는 일 등이 두드러진
활동내용이었다.

셋째, 1915년에 발각되고 사회 저명인사가 많이 포함되었다는 성낙형(成樂馨), 김사준(金思濬) 등 이른바 보안법위반사건이란 것도 국외에 근거를 두고 제1차세계대전의 발발을 계기로 구체적으로 독립군을 편성해서 독립전쟁론을 실행코자 하던 박은식·이상설 등을 중심으로 한 신한혁명단의 국내활동이 일제에게 발각되어 탄압당한 사건인 것이다.

이밖에도 1910년대에 조선총독부가 크게 떠들던 김좌진(金佐鎭), 안승구(安承龜) 등의 ‘강도사건’이나 장일환(張日煥) 등 평양 기독교인과 숭실학교 출신이 주도한 ‘조선국민회사건’ 같은 것도 역시 중국 동삼성(東三省) 안에 독립운동기지와 무관학교 설립을 위한 군자금 모집활동을 조선총독부가 왜곡한 사건이었다. 물론 1910년대의 국내 독립운동으로는 독립의군부(獨立義軍府)와 같이 의병항쟁과 같은 계열의 운동으로 볼 수 있는 것도 없지 않지만, 이 시기에 이와 같은 국내 비밀결사활동은 대부분이 국외 독립운동기지 설치문제와 결부되면서 이를 후원하는 활동을 벌이고 있던 점이 특징이라 하겠다. 그럼에도 불구하고 규모가 크고 적극적인 활동은 이와 같이 일제의 탄압으로 큰 제약을 받게 되었던 것이다.

한편, 국외 독립운동기지 건설을 위한 모금활동도 꾸준히 추진되었다. 이러한 사실은 국외 민족운동가가 증가된 점이나 그곳에서의 독립운동기지 경영이 진척된 사실로도 입증될 수 있겠지만, 위에서 본 바와 같이 일제 군경에 의하여 발각·탄압된 1910년대의 굵직한 사건들은 그 본질을 규명해보면 일제의 탄압 명목이 무엇이었든지간에 그 중요한 활동내용이 국외 독립운동기지화를 위한 군자금 모금과 한인 이주계획 추진에 있었던 점으로도 이해될 수 있는 것이다.

1. 삼둔자 전적지

두만강 너머 한인들이 모여 사는 연변 조선족자치주에 가는 길은 아직도 멀고, 간다 하여도 개방되지 않고 제한된 곳이 더러 있다. 곧바로 비행기로 갈 수 있다면 제주도에 갈 만한 거리이므로 한 시간 정도면 족할 것이고, 경원선이 이어진다면 원산에서 길회선(吉會線)을 갈아타도 7,8시간이면 갈 만하다. 그러나 현재는 특별한 경우를 제외하고는 홍콩으로 가 그곳에서 중국민항을 이용, 넓은 중국 대륙을 크고 작은 비행기로 갈아타며 남북으로 종단하여 북경(北京), 심양(瀋陽)을 거쳐 연길(延吉) 비행장에 내려야 한다. 아니면 인천에서 배편으로 황해를 건너 천진(天津)이나 위해(威海)에서 기차로 갈아타고도 30시간은 달려야 백두산이 있는 연변(延邊) 땅에 당도하는 것이다.

이 연변지방은 구한말 이래 일제하에서 흔히 간도, 즉 북간도라고 불렀다. 단 그때는 연길(延吉), 화룡(和龍), 왕청(汪淸)의 3현과 때로는 혼춘현(琿春縣)까지를 합칭하는 것이 보통이었는

데, 지금의 연변은 백두산 북편의 안도(安圖)와 돈화(敦化)의 두 현을 더 보태어 그 면적이 한국의 절반에 육박한다. 또한 이 간도의 연장 개념으로서 서간도는 백두산 서남, 압록강 대안의 남만주지방 한인의 이주정착지를 지칭한다. 그리고 이 서간도와 대칭으로 원래의 간도에 대한 호칭을 서간도와 구분하기 위하여 '북'(北)자를 덧붙여 북간도라 한 것이다. 한편, 북간도의 동북과 연접한 두만강 하류에서 우수리 강 동쪽의 러시아 연해주도 서북간도와 아울러 한인의 이주 개척지로 크게 부상하였다. 그러므로 이와 같이 백두산을 가운데 두고 압록·두만·우수리 3강 너머의 동북으로 길게 뻗친 이들 지역을 합칭하여 연해주의 '해'(海)와 간도의 '도'(島)를 따서 '해도간'(海島間)이라고도 호칭되었던 것이다.

이 북간도를 중심으로 한 해도간이 구한말 이래 한인의 신천지로 등장하여 생활의 새로운 토대를 마련함으로써 한인사회가 성장한 것이다. 그보다도 1910년 전후부터 일제에 의한 민족수난을 극복하려는 항일민족운동의 해외중요기지로 큰 의미를 갖게 되었다.

1919년 3·1운동 이후 북간도를 중심으로 한 해도간에서 재정비 또는 새로 편성된 독립군은 그해 여름부터 두만·압록강을 건너 국내진입작전을 감행하기 시작하였다. 그들의 기개는 봉오동승첩을 지휘한 홍범도(洪範圖)의 〈대한독립군유고문〉(大韓獨立軍諭告文)에서 "당당한 독립군으로 몸을 던져 반만 년 역사를 광영되게 하며, 국토를 회복하여 자손만대에 행복을 줌이 우리 독립군의 목적이요 또한 민족을 위하는 본의다"라고 한 바와 같이 드높았다. 특히 그 다음해에 들어서면서부터 독립군의 국내진입작전은 더욱 활발해져 3월 1일부터 삼둔자전투(三屯子戰

鬪)까지만 하여도 32회나 되풀이되었다는 기록도 보인다.

독립군사상 저명한 봉오동승첩도 그 전단이 바로 그 전날에 있었던 화룡현(和龍縣) 월신강(月新江) 삼둔자의 한 전투에서 비롯되었고, 그것은 그동안 통상적으로 감행하던 소규모의 국내 진입작전이 도화선이 되었던 것이다.

1920년 6월 4일 새벽, 30명 가량으로 구성된 독립군의 한 부대는 그동안 흔히 전개하던 국내진입작전으로 삼둔자를 출발하여 강을 건너 종성(鍾城) 북방 5리 지점에 있는 강양동(江陽洞)으로 진격, 그곳에서 후쿠가와(福江)란 헌병조장이 인솔하는 헌병순찰소대를 격파한 뒤 날이 저물어 강을 다시 건너 귀환, 일단 작전을 종료하였다. 그러나 일제는 이 전투에서의 패배를 복수하겠다고 니이미(新美) 중위가 인솔하는 남양수비대 병력 1개 중대와 헌병경찰중대로 하여금 두만강을 건너 독립군을 추격케 하였다. 이들 침략부대는 삼둔자에 이르러서도 독립군을 발견하지 못하자 분풀이로 무고한 양민만 살육하였다. 반면에 독립군은 삼둔자 서남방 요지에 잠복하였다가 이들을 공격하여 섬멸시켜버렸다. 이것이 바로 삼둔자전투로서 일본군이 처음으로 두만강을 건너 중국 영토를 불법으로 침입해 독립군과 전투를 벌이다 참패를 당한 것이다. 이것이 봉오동승첩의 서전이 된 독립군의 한 '의전'(義戰)이었던 것이다.

두만강가의 삼둔자는 현재 연변 제2의 도시인 도문시(圖們市) 관내 월청향(月晴鄕) 간평(間坪)이란 마을이다. 도문시에서 강변을 따라 서남쪽으로 10리 지점이다. 이곳에서 6리 가량 더 가면 마패(馬牌)란 마을이 나온다. 간평 대안 즉, 국내쪽에서는 북쪽으로 남양(南陽), 남쪽으로 종성(鍾城)이 위치하고 강을 따라 철도가 있다. 그 철도편에서는 온성군의 강양역과 수구포역

두만강변의 월청향. 독립군은 이 골짜기를 지나 두만강을 넘나들었다.

사이의 두만강 대안이 삼둔자로 현재는 간평이라 부르는 곳인 것이다.

이 간평이 자리잡은 월청향에는 동서로 제법 높은 산이 솟았고, 그 가운데 좁은 평지에 마을이 강변을 끼고 이루어졌다. 강 너머에는 철길을 경계로 높은 산줄기가 앞을 가로질러 나라를 도로 찾으려는 의기 높은 독립군이 당시 일제의 남양수비대와 종성수비대의 경계망을 뚫고 국내로 넘나들던 중요거점임을 실감케 한다. 하지만 강물은 그 옛날 독립의 '의성'(義聲)이 서리던 '두만강 푸른물'이 아니고 손조차 씻을 수 없는 흐린 공업 폐수만 흐르고 있다. 다음날 함경도 온성군의 우리나라 땅에서 삼둔자를 바라볼 때쯤에는 상류의 강물처럼 다시 맑고 푸른 물로 되살아날 것인가.

2. 봉오동 승첩지

　　우리나라 동북단 함경북도 회령·종성·온성·경원·경흥·부령의 6진(鎭)은 두만강을 띠로 하여 중국의 연변과 러시아의 연해주 방면에 깊숙이 들어가 위치해 3국의 경계를 이루는 요충지가 되고 있다. 그리하여 연변의 중심지인 연길과 용정·혼춘, 그리고 연해주의 블라디보스토크(海蔘威)와 크라스키노(煙秋) 등지가 모두 6진의 좌우로 같은 위도상에 놓여 있다. 이들 지역은 3국으로 갈라진 영토 관념만 없다면 한인이 주가 되는 하나의 생활문화권이라 할 수 있는 지역이다. 최근 국제정세의 변화 탓도 있지만 러시아·중국·북한이 UN기구를 매개로 블라디보스토크와 혼춘, 그리고 북한의 선봉(先鋒), 즉 웅기(雄基)를 잇는 두만강 하류의 3각지역을 공동개발하려는 움직임도 이와 같은 배경에서 나온 것이라 할 수 있다.

　　독립군사상 공전의 승첩을 거둔 1920년 6월 7일의 봉오동 승첩지도 바로 6진 가운데서도 최북단에 위치한 온성 유원진(柔遠

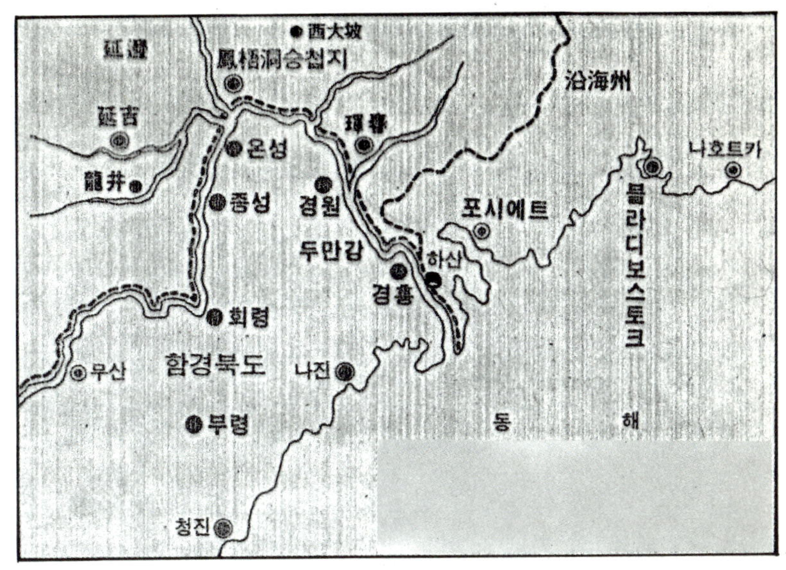

두만강 하류지역 약도.

鎭)의 강 너머 지척간에 자리잡고 있다. 두만강 국경수비를 맡은 제19사단은 독립군의 국내진입작전의 본영이 되었던 봉오동을 일거에 소탕하여 그 근원을 끊고자 특별히 월강추격대대(越江追擊大隊)를 편성하였다. 야스카와(安川) 소좌가 인솔한 이 추격대는 보병 2개 중대와 기관총·소대, 헌병경찰대를 합친 혼성대대로 여기에 며칠 전에 벌어진 삼둔자전투에 참여하였던 니이미 중대가 가담한, 신예무기로 무장한 대대병력으로 구성되었다. 이 월강추격대대는 그날 새벽 3시 30분 해란강이 두만강과 합류하는 온성 하탄동(下灘洞) 부근에서 두만강을 건너 무모하게도 봉오동을 향하여 안산(安山), 고려령(高麗嶺) 서쪽을 거쳐 진군하여 들어왔다.

봉오동은 사면이 야산으로 둘러싸여 마치 길쭉한 삿갓을 뒤집어놓은 것과 같은 지형으로 된 요새지이고, 남쪽 입구로부터 북

쪽까지는 25리가 넘는 긴 골짜기로서 당시 입구로부터 하·중·
상촌의 한인마을이 30~60호씩 모여 있던 곳이었다. 봉오동전투
를 지휘한 홍범도 사령관은 진입해 들어오는 일본군을 맞이하여
먼저 주민을 산중으로 대피케 하여 공동화(空洞化)시키고 사령
관이 직접 지휘하는 2개 중대는 서산(西山) 남단에 자리잡고 그
밖에 각 중대를 사방 고지에 배치·매복시켰다.

날이 밝을 무렵 일제 추격대는 봉오동으로 들어오는 부근 촌
락을 수색하면서 8시 30분경에는 그들 첨병이 봉오동 입구에 당
도하였다. 그들은 입구 고지에서 봉오동 하촌을 정찰하였지만
별다른 기미를 발견하지 못하여 독립군이 겁을 먹고 북으로 패주
한 것으로 간주, 하촌으로 진군하였다. 그들은 독군부 부장인
최명록(崔明錄)의 가택을 비롯해 온 마을을 토색하면서 미처 피
하지 못한 노약자를 살륙하였다.

이와 같이 하촌을 유린한 추격대는 오후 1시경에는 중촌을 거
쳐 그들 첨병을 선두로 기관총대를 앞세운 본대가 사방 고지로
둘러싸여 있는 상촌 입구에까지 진군하여 완전히 독립군 포위망
으로 들어왔으나 독립군이 사방에 매복·대기하고 있는 것을 알
지 못하고 있었다.

이때 홍범도 사령관이 공격의 신호탄을 발사하였다. 그동안
은인자중하며 기다리고 있던 독립군은 삼면 고지에서 일제히 사
격을 퍼부었다. 불의의 기습공격을 받은 일본군은 주력부대인
가미야(神谷) 중대와 나카니시(中西) 중대를 전방에 내세워 돌
격을 시도하는 한편, 기관총대로 하여금 필사적으로 응전케 하
였으나 독립군의 일제사격을 당해낼 수가 없어 사상자만 속출할
뿐이었다. 이와 같은 상잔응전이 몇 시간을 두고 여러 차례 반복
되었으나, 일본군 추격대는 이미 허를 찔린 작전이 되고 말아 더

견디지 못하고 패퇴하기 시작하였다. 결국 독립군의 본영을 일거에 분탕하려던 추격대는 전후 네 시간여에 걸쳐 고전을 치르면서 줄잡아도 1백여 명의 사상자를 내고 동남쪽 비파동(琵琶洞)을 거쳐 유원진으로 패주하였다. 이것이 유명한 봉오동승첩의 전말이다. 독립군은 이 승첩을 나라를 잃은 지 10년 이래 숙원인 독립전쟁의 개전으로 간주하여 더욱 강인한 항일전을 지속적으로 전개하는 계기로 삼았다. 그리고 그 지휘관인 홍범도는 국치 전후 삼수(三水), 갑산(甲山), 장백부(長白府) 등지에서 유명한 의병장으로 명성을 떨쳤던 인물로, 이번에는 독립군의 명장으로 추앙받게 되었다.

봉오골이라고도 불리던 이 봉오동 승첩지는 현재 저수지, 곧 '봉오수고'(鳳梧水庫)로 변하였다. 남쪽으로 15리 떨어진 그때 회막동(灰幕洞)이라 하던 연변 제2의 도시 도문시의 상수원지

격전지였던 봉오동 상촌.

(上水源池)로 만든 것이다. 도문시의 특별허가를 겨우 얻어내어 하촌 입구에 다다르니 거대한 제방이 가로막고 그 위로 거의 중촌 가까이까지 담수되어 경색(景色)의 호수를 방불케 한다. 산 중턱 길을 돌아 중촌을 지나면서 골짜기 가운데로 작은 개천이 흐르고 있으며, 그를 따라 올라가면 상촌 입구에 초모자형의 산이 우뚝 솟아 있어 초모정자(草帽頂子)라고 부른다. 격전장인 상촌 골짜기는 사면이 산으로 갈리어 난공이수(難攻易守)의 군사요지였음을 실감케 한다. 독립군의 승전·의성(義聲)이 들릴 듯도 한 서북쪽으로 한 40리 더 가면, 봉오동승첩을 이어 독립군사상 불후의 대첩을 거둔 청산리 대회전의 주역인 김좌진(金佐鎭) 장군이 이끈 북로군정서의 본영인 서대파(西大坡)가 나온다.

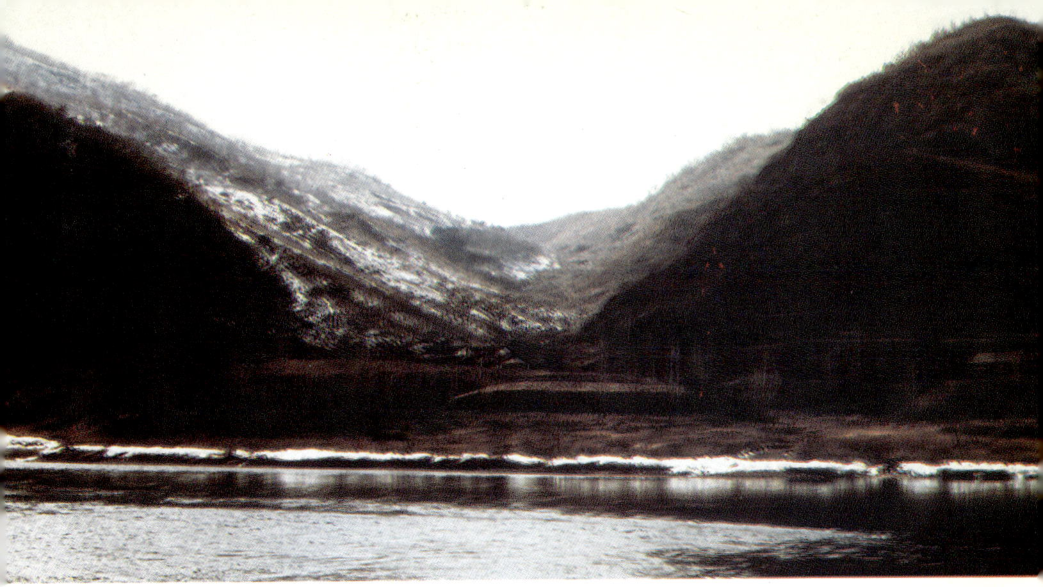

↑↓ 유인석 의병진이 서간도로 건너간 뒤 최초로 유진하였던 관전현(寬甸縣) 보달원향(步達遠鄉) 고령지촌(高嶺地村) 고려구(高麗溝) 외경(上)과 전경(下)

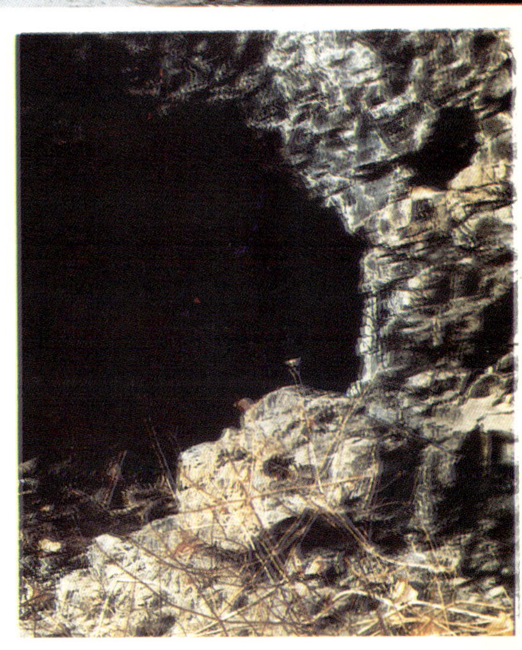

→ 유인석이 말년에 거주한 고령지촌 방취동(芳翠洞). 그는 1912년 다시 관전현 보달원향 혼강(渾江)지대의 옛 병영으로 돌아와 1915년에 파란만장한 일생을 마쳤다.

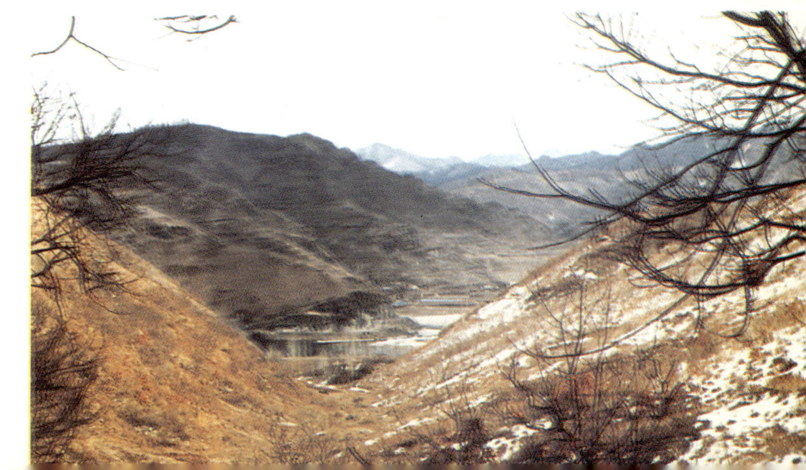

↑ 삼둔자 독립군 전적지(현, 도문시 月晴鄕 間坪). 1920년 6월 4일 봉오동승첩의 서전이 두만강변인 이곳에서 시작되었다. 강 너머의 앞산이 함북 온성 땅이며, 남양(좌)과 종성(우)을 잇는 철길이 두만강을 따라 놓여 있다.

← 화룡현(和龍縣) 숭선(崇善) 부근의 두만강.
상류로 올라 가면 천지에서 발원한 맑고 푸른물이 흐른다.

↓ 봉오동 승첩지. 봉오동은 삿갓을 뒤집어 놓은 듯한 지형의 천연요새로 하·중·상동 마을이 30~60호씩 모여 있던 곳이나 지금은 중동 어귀까지 물에 잠겨 호수를 이루고 있다.

청산리 전적지 일대. 1920년 10월 21~26일 김좌진의 북로군정서군과 홍범도의 대한
독립군, 안무의 국민회군 등 독립군연합부대는 이 일대에서 일제의 독립군 '토벌군'과
대소 10여 회의 전투를 벌여 대첩을 거두었다.

청산리대첩의 한 격전지였던 어랑촌.

↑ 명동촌 전경. 1899년 종성·회령 등지에서 한학자 김약연(金躍淵)을 비롯해 문병규(文秉奎)·남종구(南宗九)·김하규(金河奎) 등 한인 140여 명이 이주 개척한 마을이다.

↓ 명동학교 운영자들이 세운 명동촌의 명동교회. 교회 입구에 명동학교와 이 교회 발전에 큰 공을 세운 김약연 목사의 기념비가 서 있었다.

↑ 개산둔(開山屯) 부근 두만강변에 위치한 정동중학. 명동학교와 함께 민족주의 교육을 실시하였다.

↓ 중국 내전(문화혁명) 때 파괴되어 현재의 명동소학 구석에 방치되어 있던 '김약연 목사 기념비'. 최근 명동교회 입구에 다시 세웠다. (좌·우)

↑ 용정시 북쪽 시가지. 3·13 독립축하회가 개최되었던 서전대야(瑞甸大野) 언저리로 추정된다.

↓ 용정시 지명의 유래를 기리는 기념비.

↓ 창동학교(昌東學校)의 '사은기념비'(師恩紀念碑). 연길 서북쪽 와룡동(臥龍洞)에 있다.

↑ 새로 단장된 3·13 반일의사릉.

↓ 용정시 동남쪽 교외 합성리(合成里)에 있던 3·13 반일의사릉의 목비(木碑). 〔우(앞면) 좌(뒷면)〕

↑ 하얼빈 역전. 의거 80주년인 1989년 10월 26일 오전 9시 10분에 기념식을 가졌다. 오른쪽으로부터 황수영(안의사 숭모회 이사), 안춘생(독립기념관 관장), 윤남의(윤봉길기념사업회 이사), 저자.

↑ 현재 화단으로 단장된 안의사 의거 현장.

← 안의사의 의거 현장. 앞에 보이는 둥근 선 안에서 이등박문이 쓰러졌다.

↓ 시베리아 철도의 시발점인 블라디보스토크 역. 안중근 의사는 대한의병 참모중장의 자격으로 동지 우덕순과 함께 의거 5일 전인 1909년 10월 21일 이 역을 출발, 하얼빈으로 향하였다.

3. 청산리대첩의 격전장

　한국독립운동사에서 가장 빛나는 승전을 기록한 청산리대첩은 1920년 10월 새로운 항전기지를 찾아 장정(長征)중이던 김좌진의 북로군정서군(北路軍政署軍)과 홍범도(洪範圖)의 대한독립군(大韓獨立軍), 안무(安武)가 이끄는 국민회의 국민군(國民軍) 등 2천 명 내외의 여러 독립군단이 연합하여 두만강 상류 무산(茂山) 북방 40~50킬로미터 지점에 위치한 화룡현(和龍縣) 이도구(二道溝)와 삼도구(三道溝) 서북편의 청산리 어랑촌(漁郎村), 봉밀구(蜂蜜溝), 고동하(古洞河) 등지에서 5천여 병력에다 월등한 화력을 갖춘 일제의 독립군 '토벌군'과 벌인 일련의 대회전을 통칭하는 것이다.

　청산리대첩의 유적지 답사는 마침 독립군사에 조예가 깊은 연변대학의 황용국(黃龍國) 교수의 안내로, 청산리 대회전의 서전인 백운평전투(白雲坪戰鬪)가 벌어진 10월 21일부터 6일 동안에 걸친 대소 10여 회의 혈전을 마무리하고 밀산(密山)으로 장정하는 그달 26일 사이에 이루어져 더욱 의미가 깊었다.

청산리 대회전 4개월전 6월에 봉오동전투에서 일본군에게 대타격을 가한 독립군 주력부대가 청산리대첩의 회전장이 된, 백두산록이 자리잡은 안도현(安圖縣)과 접경을 이루는 화룡현의 이도구·삼도구 방면의 험준한 밀림지대로 장정한·것은 일제와 장기적인 무력전을 펼치고자 한 까닭이다.

직접적으로는 다음과 같은 점이 중시된 때문이기도 하다. 첫째, 독립군의 최종목표인 일제 침략군 구축을 구체화하는 국내진입작전을 위해 두만강과 압록강을 넘나들기에 편리한 백두산록에 새로운 항전기지를 건설하려는 의도가 작용하였다는 점이다. 둘째, 안도현의 백두산록은 지세가 험준하고 산림이 울창하여 지형상 대일항전에 유리했으며, 독립군 본영으로 삼기에 알

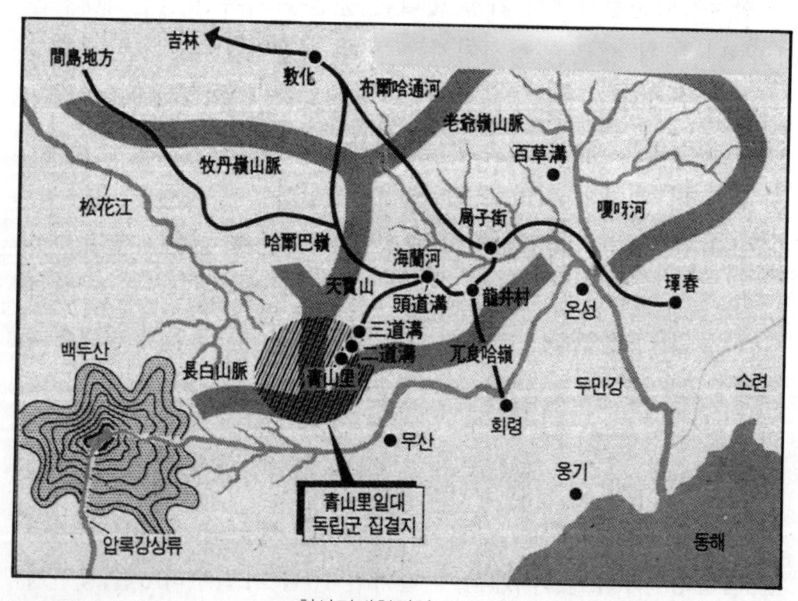

청산리대첩지역 약도.

청산리대첩 후 일본군이 모아놓은 독립군의 총탄.

맞은 요새지가 많았다는 점이다. 셋째, 이 지역은 봉천성(奉天省 ; 현 遼寧省)과 길림성(吉林省)의 접경지였던 까닭에 상황에 따른 군사이동이 쉬웠다는 점이다. 즉, 길림성쪽에서 공격해 올 경우 그 군의 관할 밖인 봉천성으로 피할 수 있었고, 반대로 봉천성쪽에서 공격하여 올 경우에도 길림성 지역으로 쉽게 진지를 옮길 수 있는 군사작전상 요충지로 간주되었던 것이다.

이와 같은 요건을 갖춘 이도구·삼도구 서편의 밀림지대 가운데서도 김좌진의 북로군정서군이 첫회전부터 대승을 거둔 청산리 백운평(白雲坪) 일대는 함북 무산으로부터 강 너머 북쪽에 자리잡은 충신장(忠信場 ; 三道溝)으로부터 펼쳐지는 장장 60여 리의 긴 계곡으로 그 안에는 대진창(大進昌), 송리평(松里坪), 평양촌(平壤村), 싸리밭 등 여러 촌락이 점재(點在)해 있었다. 그리고 삼도구 북쪽에 위치한 이도구 방면의 밀림지대는 북간도 한

인이주 요충지인 용정촌에서 서쪽으로 두도구(頭道溝)와 이도구
를 거쳐 1백 리 지점에 위치한 어랑촌을 위시하여 갑산촌(甲山
村), 천수동(泉水洞), 봉밀구(蜂蜜溝), 만록구(萬鹿溝) 등지에
여러 촌락이 산재한 장곡심산(長谷深山) 지대이다.

이러한 청산리와 이도구의 밀림지대는 서남방으로는 안도현의
험준한 고산지대를 지나 백두산을, 북쪽으로는 천보산(天寶山)
을 각각 배경으로 하고 있으며, 또한 서쪽으로는 장백산맥이 둘
렀으므로 오직 열려 있는 한 면인 동쪽 용정 방면의 두도구·삼
도구 두 곳만 지키면 족히 요새지가 될 수 있었다.

10월초 혼춘사건을 계기로 북간도에 침입한 일제의 대규모 독
립군 '토벌군' 가운데 용정과 무산 방면으로부터 진출하여 천보
산에 주력을 둔 아즈마(東正彦) 지대는 이도구·삼도구 서쪽 방
면에 집결하는 독립군이 안도현·돈화현 등지로 이동하는 것을
저지하면서, 이를 '일거에 섬멸'하고자 10월 17일부터 작전에
돌입하였다. 그 작전은 첫째, 아즈마 지대 소속의 야마타(山
田) 토벌대가 몇 개의 부대로 분산, 그 일부는 삼도구로부터,
또 다른 일부는 이도구·봉밀구로부터 각각 진출하고, 또 무산
수비대의 월경(越境)부대도 석인구(石人溝)를 거쳐 노령(老嶺)
방면으로 진출해서 연합작전을 펴 김좌진의 북로군정서군을 포
위 공격한다는 것이다.

둘째, 지대장 아즈마 소장이 직접 이끄는 부대의 주력은 이도
구 서북지방에 있던 홍범도와 안무 등의 연합부대를 공격하기 위
하여 한 부대를 천보산 방면으로 출동시켜 그곳으로부터 독립군
을 포위, 남하하도록 하고 나머지 부대는 이도구로부터 서진해
독립군을 추적하게 하였다. 이와 같은 일제의 독립군 '토벌군'
은 보병뿐만 아니라 중무기를 갖춘 정예 포병과 기병을 포함하는

5천 명이 넘는 병력으로 김좌진과 홍범도 등이 인솔하는 독립군 연합부대를 사면에서 포위, 10월 20일을 기해 초멸(剿滅)한다는 작전을 세웠던 것이다.

독립군 간부들의 작전회의에서 처음에는 일제 토벌군의 병력과 내외 여건을 감안, 피전책(避戰策)도 검토되었으나 일본군의 이와 같은 군사작전을 피하는 것이 오히려 독립군측에 크게 불리할 수도 있다는 최종판단을 내렸다. 이에 따라 적극적으로 그들을 독립군이 유리한 장소로 유인, 결전을 감행하게 되었고, 청산리 백운평전투가 바로 그 첫회전이었던 것이다.

청산리대첩의 첫회전이 벌어졌던 격전장 백운평에 들어가는 10리 남짓의 길목에 몇해 전 연변의 조선족 유지들이 '청산리항일전적지'(靑山里抗日戰蹟地)라는 나무팻말을 세우고 "일제의 경신년 토벌에 직면하여 우리 항일무장부대는 홍범도의 영도하

대종교의 3종사이며 북로군정서의 지도자 나철(羅喆), 서일(徐一), 김교헌(金教獻)의 묘역. 멀리 청산리가 바라보이는 화룡현 청호종산의 작은 언덕위에 자리잡고 있다.

에서 유동작전을 전개하였다. 1920년 10월 21~22일에 청산리 백운평·천수평·어랑촌 등지에서 적들을 호되게 타격함으로써 인민들의 반일투쟁 신심을 북돋우었다”라고 기록하였다. 그곳 사관에 의한 표현이므로 우리와 꼭 맞을 수는 없으나 청산리대첩을 다시 생각하게 한다. 무명 독립군 영령들에게 묵념한다.

4. 북간도 서전서숙

　일년 내내 서울에서 온 여행자로 붐비는 연길의 백산(白山)호텔에서 서남쪽으로 40여 리 남짓한 용정으로 가는 연변, 즉 옛 북간도의 풍경은 마치 한국에서 어느 지방도시를 찾아가는 느낌이다. 간간이 점재한 중국풍의 마을과 청의(靑衣) 차림이 섞인 오고가는 주민의 옷매만 아니면, 나라는 중국이라도 산야나 주민은 그대로 한국이 아닌가 싶다.

　그리 맑지도 넓지도 않은 해란강(海蘭江)을 끼고 용정 시가가 아담하게 펼쳐졌다. 해란강을 건너는 용문교(龍門橋)에서 가까운 거리에 9척은 됨직한 돌장대에 '용정 지명의 기원이 된 샘'(龍井地名起源之井泉)이라고 새긴 비석이 한 세기 반에 걸친 북간도 한인의 애환을 상징하듯 맞이한다. 시내 복판에 들어서면 북쪽으로 아직도 흉한 모습으로 보이는 옛 일본영사관 건물에서 그리 멀지 않은 곳(龍井縣 東盛鄕 大平村)에 용정소학이 자리잡고 있다. 이곳이 저 유명한 서전서숙이 있었던 자리인 것이다.

교문을 들어서 어디를 살펴보아도 옛 서전서숙의 뚜렷한 표적은 찾을 수 없다. 단지 건물 뒷편에 아동들이 천진하게 뛰노는 운동장가의 몇 그루 아름드리 고목만이 80여 년 동안에 걸친 이 학교의 영락성쇠를 간직하고 있을 뿐이었다.

서전서숙은 북간도에 세워진 최초의 근대 교육기관으로서 항일구국을 위한 민족주의 교육의 요람이 되었다. 1904~1905년의 러일전쟁과 을사5조약 전후부터 국외에 항일민족운동의 기지 경영이 추진되었다. 그러한 국외기지 경영이 제일 먼저 시도된 지역이 북간도였고, 그를 상징하는 것이 서전서숙의 개숙(開塾)이었다. 그곳에서 한국청소년을 모아 문무쌍전(文武雙全)의 근대 민족주의 교육을 실시하여 독립전쟁론을 수행하는 민족의 군대인 독립군과 민족운동의 인재를 양성하려는 것이었다.

그리하여 국내에서 애국계몽운동을 주도하던 이상설을 비롯하여 이동녕, 정순만(鄭淳萬), 여준(呂準), 박정서(朴禎瑞), 황달영(黃達泳), 김우용(金禹鏞), 홍창섭(洪昌燮) 등의 민족운동자

서전서숙의 자리에 들어선 용정 시내의 현 용정소학. 교사 증축공사가 한창인 가운데 운동장의 고목만이 유서깊은 학교의 역사를 말하고 있다.

들은 연해주 블라디보스토크를 경유해 1906년 8월경 용정촌에
자리잡고, 그곳에서 제일 큰 집인 천주교 회장 최병익(崔秉翼)
의 가옥을 사들여 학교건물로 고쳐 서전서숙이란 간판을 달았
다. 서전이란 그곳 동성용(東盛涌)지방을 총칭하는 지명에서 땄
다.

  여기서 이상설은 서전서숙 숙장(塾長)이 되어 민족주의 교육
을 선도하다가 헤이그에서 개최된 제2회 만국평화회의에 이준
과 같이 고종의 밀사로 사행하고, 이어 블라디보스토크에 돌아
와 1917년 그의 만년까지 성명회를 비롯 권업회 등 국외 항일운
동에 앞장섰다. 또한 이동녕은 3·1운동 이후 상해에서 국내외
민족운동자로 구성된 임시의정원 의장에 선임되어 대한민국 임
시정부를 세운 독립운동의 원로이다. 정순만은 서전서숙에서 활
동한 뒤 연해주에 가 《해조신문》을 주간, 국내외 민족의식 고취
에 앞장선 사람이다. 한학(漢學)에 명성을 떨쳤던 여준도 서전
서숙에서 활동 후 계속 서간도 각지에서 민족주의 교육에 이바지
하고 이어 3·1운동 후 서로군정서(西路軍政署) 부독판(副督辦)
으로 독립군을 양성하였다. 그리고 박정서는 이 서전서숙이 문
을 닫은 후 김약연(金躍淵)과 같이 용정 남쪽 장재촌(長材村)에
명동서숙(明東書塾)을 세워 그 숙장으로 서전서숙의 창학정신을
계승하게 하였다. 이와 같이 서전서숙의 창설자들은 항일독립운
동에 중요한 활동을 수행하던 인물들이 망라되었다.

  서전서숙은 70평 남짓한 건물에서 처음 인근 청소년 22명을
모아 개숙하였다. 그러나 곧 학생이 70명으로 늘어나 갑·을반
으로 나누었다. 갑반은 고등반, 을반은 초·중등반으로, 갑반에
는 20세 전후의 청년학생들이 수학하였다. 이상설을 비롯하여
서숙 창설에 참여한 사람들은 직접 교단에서 가르쳤다. 특히 이

1906년 서전서숙 설립 당시 모습. 현판은 숙장(塾長) 이상설이 쓴 것.

상설은 갑반에서 《산술신서》(算術新書)를 저술하여 가르쳤으며, 황달영은 역사와 지리, 김우용은 산술, 여준은 한문과 정치·법학 등을 가르쳤다. 그러나 이 서숙에서 더 중점을 둔 교육내용은 이와 같은 신학문 과목과 함께 실시하는 철두철미한 항일 민족교육이었다. 그러므로 이름이 서숙이었지 실상은 독립군 양성소와 다름이 없었다. 그러므로 후일 이 서숙에서 수학한 인재들은 거의 모두가 서북간도를 비롯한 남북만주에서의 항일독립운동 주동자로 부상하게 된다.

그러나 서전서숙은 불행히도 그 다음해 10월경 문을 닫게 되었다. 숙장 이상설이 그해 4월 헤이그 사행(使行)을 위해 이동녕·정순만과 함께 블라디보스토크로 떠났기 때문이다. 비밀리에 어명을 띠고 떠났기 때문에 혼춘에 학교를 하나 더 세우기 위해 떠난다고 하였다. 그 뒤로 이 서숙은 재정난도 닥치고 그보다도 북간도 침략의 앞잡이인 일제 군경의 통감부 간도파출소가 설

치되어 가혹한 탄압이 가중되었기 때문에 그들에게 유린되는 것
보다는 문을 닫는 길을 택하게 되었다.

　서전서숙은 이와 같이 1년 미만의 짧은 역사로 끝났으나 항일
독립운동사상 큰 의미를 갖는다. 그것은 이 서숙의 설립목적이
나 운영이 일반적인 신교육기관으로 그치지 아니하고, 독립운동
의 기본방략을 제시했기 때문이다. 독립운동 방략이 민족 자주
역량의 향상에 있으며, 그 자주역량의 향상은 무엇보다 근대적
민족운동을 선도할 인재가 필요하므로 민족주의 교육의 보급이
절실한 과제였던 것이다. 더구나 일제 통감부 치하의 국내 교육
기관에서는 이미 민족의식과 민족문화의 말살을 도모하는 식민
지교육이 추진중에 있었으므로 더 시급한 일이 아닐 수 없었
다. 그러므로 서전서숙은 폐숙되었으나 그 뜻을 잇는 민족주의
교육기관은 그후 서전서숙이 자리잡고 있던 북간도지방에서뿐만
아니라 압록강 너머의 서간도와 러시아의 연해주, 그리고 무단
치하의 국내 각지에서 일제 식민지 교육과 대항하면서 크게 성장
하여 갔다.

　순박한 듯 높은 기상이 서린 서전서숙의 숙가(塾歌) 한 절을
불러본다.

　　불함산(백두산)이 높이 있고
　　두만강이 둘렀는데
　　서전의숙(서숙) 창립하니
　　총준재자(聰俊才子) 운집이라.
　　인일기백(人一己百) 공부하니
　　구국안민 하여보세.

5. 명동촌과 명동학교

연길시에 자리잡은 연변박물관은 그런대로 한인(조선족)의 북간도 이주 개척과 그를 이은 항일민족운동 내지 공산주의운동의 문헌과 유물을 전시하고 있다. 이 박물관에 갔을 때 김철수 부관장의 친절한 도움으로 북간도 한인의 애국운동을 소상하게 기록한 자료들을 조사할 수 있었다. 전시실마다 배치된 여자 연구원의 낭랑한 어조의 설명은 전시된 유물을 한층 돋보이게 하였다.

연변박물관 전시자료 가운데 특히 필자의 관심을 끈 것은 〈명동학교건축기〉(明東學校建築記)라고 표제한 한 고문서이다. 대한민국 임시정부 학무국에서 편찬 간행한 1920년(대한민국 2년)〈대한민력〉(大韓民曆)의 뒷면 흰 공백에 붓으로 쓴 명동학교의 연혁과 교사 가운데 건축의 시말기록이다. 명동학교 교사가 헐릴 때 대들보와 서까래 사이에서 나온 것으로 명동학교 역사의 한 면을 실증하는 문헌인 것이다.

지금 명동촌의 개울 건너에는 근래에 새로 세운 명동소학(明東小學)이 있으나 원래의 명동학교 자리는 아니다. 원래의 교사는 모두 헐리어 밭으로 변했고, 그 자취만이 행정구역상 연길현(延吉縣) 지신향(智新鄕) 명동촌(明東村)에 남아 있다.

용정시에서 남쪽으로 육도하(六道河) 기슭을 따라 한 20리 가면 길가에 우뚝 솟은 선바위를 지나게 된다. 거기서 한 20리 더 가면 지신향 소재지인 대랍자(大拉子)에 이르게 된다. 그 길은 두만강 너머 회령(會寧)으로 가는 대로로, 대랍자에서 더 가다 중간에 옛날 고국을 등진 북간도 유이민이 통한을 안고 넘었다는 오랑캐 고개가 있다. 이렇게 뻗어가는 길가의 선바위에서부터 대랍자 사이에 장재촌을 시작으로 명동학교가 자리잡은 명동촌과 중영촌·성교촌·소룡동·대룡동이 자리잡고 있다. 이 지역을 통틀어서 명동지구라 하였던 것이다.

용정 서전벌에 세웠던 서전서숙을 북간도의 항일민족주의 교육의 요람이라 한다면, 한인의 개척마을인 명동촌에 세운 명동학교는 북간도 근대 민족주의 교육의 본산이라 할 수 있다. 서전서숙이 문을 닫은 이듬해인 1908년 4월 명동촌 개척의 선도자였던 종성(鍾城) 출신의 한학자 김약연과 문치정(文治政), 그리고 서전서숙의 박정서, 김위연(金韋淵) 등은 한문서당이던 규암재(圭巖齋)를 바탕으로 명동서숙을 세워 서전서숙의 창학정신을 구현하는 민족주의 교육을 실시하기 시작하였다. 얼마 후 명동서숙은 국내의 신민회에서 파견된 정재면(鄭載冕)을 단장으로 하는 북간도 교육단을 맞아들여 국내외를 통한 민족주의 교육의 모범이 될 명동학교로 발전시켰다.

정재면은 신민회의 간부인 이동녕과 이동휘의 권유로 국외 교육단을 조직, 북간도에 온 것이다. 이 교육단의 중요임원은 기독교 전도사 배상희(裵商禧), 의사 한봉의(韓鳳儀), 재무에 유기연(柳基淵), 고문에 이동녕과 이동휘 등으로 구성되었다.

그후 명동학교는 교육 이념을 '독립정신'에 두는 신교육 체제를 세우고 이를 구현하기 위하여 역사에 황의돈(黃義敦), 윤리에 박태항(朴兌恒), 한글에 장지영(張志暎), 체육·군사에 김홍일(金弘一) 등을 비롯, 여준·최기학·송창희·박태식·김철·박경철·김성환·김승근 등이 국내외 여러 곳에서 차례로 고빙되어 교단에 섰다. 학제도 2년만에 여학교까지 병설하는 명동중학으로 개편, 민족주의 이념에 철저한 항일구국 인재의 양성에 심혈을 기울였다.

한편, 근대 민족주의를 신장시키는 데는 정통 유교보다 참신한 기독교가 우월하고, 더욱이 북간도의 여러 요건으로 보아 중국과 일제의 압제를 더 적절히 배제하려면 기독교에 귀의하는 것이 나을 것으로 판단, 명동학교를 기독교학교로 개편하였다. 그리하여 학교에서 성경도 가르치고 명동학교에서 얼마되지 않는

1920년대의 명동학교.

마을 북쪽에, 퇴락하긴 했으나 지금도 남아 있는 명동교회를 설립, 선교활동도 전개하였다. 이 무렵 김약연도 기독교로 개종, 뒤에 목사가 되어 열렬한 선교활동을 벌였다.

명동학교가 민족주의 교육기관으로 발전함에 따라 그 명성이 국내외에 퍼져 입학생이 북간도 전역에서뿐만 아니라 러시아 연해주와 회령 등지의 국내에서도 몰려와 크게 융성하였다. 학생들의 나이는 특별한 제한이 없어 15~16세의 소년에서부터 심지어 30~40세 장년까지 함께 모여 문무쌍전의 교육을 받았다.

이를 질시한 일제는 1920년 10월 혼춘사건을 조작, 만주파병을 감행하여 독립군과 항일민족운동자를 탄압 학살하면서 명동학교를 불지르는 만행을 저질렀다. 그러나 명동촌의 한인들은 이때 잿더미가 된 명동학교를 그 뒤 2년 만인 1922~1923년 사이에 정성과 재력을 모아 불타기 전보다 더 큰 건물로 증축하여 민족주의 교육을 계속함으로써 수많은 애국인재를 배출시켰다. 그 수가 공산주의 교육기관으로 변모되던 1925년 무렵까지만 해도 1천 명을 넘었다. 그들은 도처에 세워진 민족주의 교육기관의 교사로, 또는 항일독립군으로, 그밖에 항일독립운동을 주도하는 애국투사로 활약하게 되었다.

그 가운데 한 사람이며 민족시인으로 칭송되는 윤동주(尹東柱)의 〈서시〉(序詩)를 황색 연초밭으로 변한 명동학교 유지(遺址)를 답사하면서 외워본다.

죽는 날까지 하늘을 우러러
한 점 부끄럼이 없기를
잎새에 이는 바람에도
나는 괴로워했다.

별을 노래하는 마음으로
모든 죽어가는 것을 사랑해야지.

그리고 나한테 주어진 길을 걸어가야겠다.
오늘 밤에도
별이 바람에 스치운다.

6. 서전대야 3·13 운동

일송정 푸른 솔은 늙어 늙어 갔어도
한 줄기 해란강은 천 년 두고 흐른다
지난 날 강가에서 말 달리던 선구자
지금은 어느곳에 거친 꿈이 깊었나.

용수사 저녁종이 비암산에 울릴 때
사나이 굳은 마음 길이 새겨 두었네
조국을 찾겠노라 맹서하던 선구자
지금은 어느 곳에 거친 꿈이 깊었나.

현재 널리 애창되는 이 선구자의 노래는 처음에 북간도, 지금
의 연변지방의 서울이라고도 부르는 용정(龍井)을 함축적으로
그려낸 '용정의 노래'로 작사된 것이라 한다. 북간도의 지세는
북간도의 동, 서 노야령(老爺嶺)산맥과 그 지맥, 그리고 남쪽 흑
산령(黑山嶺)산맥과 그 지맥으로 형성된 큰 분지로서 용정을 싸

고 있는 해란강을 비롯해 희이합통하(希爾哈通河)와 올리카하
(嘎呀河), 그리고 두만강 등 4대 하천의 큰 젖줄로 그 무수한
골짜기마다 한인(조선인)의 농경지와 촌락·도시가 펼쳐져 있
다. 그 가운데 해란강은 백두산에서 동북으로 뻗은 장백산맥이
흑산령으로 갈라지는 대목에서 저 유명한 독립군의 대첩지인 청
산리가 자리잡고 있으며, 여기서 발원하는 강물은 동쪽으로 흐
르기 시작, 두도구(頭道溝)와 용정을 거쳐 마반산(磨盤山)에서
희이합통하와 합류, 두만강으로 흐른다. 이 주변의 농경지가 특
히 기름져 한인의 개척지로 명성이 높다.

　게다가 해란강의 한 지류인 육도하(六道河)와 합류하는 큰 들
에 자리잡은 용정은 지리상으로도 북간도의 중심지일 뿐만 아니
라 한인의 이주개척과 민족운동의 중추지로 부상한 곳이다.

　현재 연변의 중심도시인 연길에서 서남쪽으로 40리 남짓되는
지점에 위치한, 아담한 한국의 지방도시와 흡사한 용정시는 북
한의 회령에서 두만강을 건너간다면, 한 70리 북쪽에 있는, 일

제하 유랑민 시에 자주 등장하는 오랑캐령을 지나고, 그곳에서 다시 70리 북상하면 도달한다. 따라서 외부의 여행자도 연길을 잇는 이 대로에 들어서면 간혹 북한의 화물차와 마주치는 경우가 있다. 우수리 강 동쪽의 연해주와 두만강 남쪽의 북한땅으로 바다가 막힌 연변에 북한의 동태 등 동해의 생선을 수송하는 차량이라 한다.

1919년 3월 13일, 이 용정시 북편, 그때는 시가가 아닌 조·채소밭이었던 서전 큰 벌에 역사 이래 처음으로 많은 인파가 아침부터 몰려 들었다. 나라를 잃고 북간도 전역에 이주해 흩어져 살던 백의한인은 용정 시내에서는 물론, 대랍자·장인강·동성용·동불사·석건평·화전자·위자구·석현 등 부근 마을에서 뿐만 아니라 멀리는 1~2백 리 밖의 벽촌으로부터 왔으며, 친일분자를 제외하고는 모든 사람에게 사전에 통지되어 각자 태극기를 들고 모여들었다. 30리 밖의 명동학교 학생들은 악대를 앞세우고 모였고, 두만강변의 자동(慈洞)에 위치한 정동(正東)중학

용정의 3·13운동. 1919년 3월 13일 북간도 곳곳에서 1만여 명의 한인이 용정 서전대야에 운집, 독립축하회를 개최하고 시위행진을 하였다. 태극기의 물결 속에 '대한 독립', '정의 인도'라고 크게 쓴 오장기가 나부끼고 있다.

교 사생(師生)들은 전날 떠나 그날 아침녘에 도착하였고, 용정 시내의 은진(恩眞)중학교를 비롯한 동흥(東興)·대성(大成) 등의 학생들도 모두 모였다, 국내에서의 거족운동인 3·1독립선언에 호응한 북간도 백의한인들의 '조선독립축하회'에 참가하려는 회집인 것이다. 인산인해를 이룬 이 회중의 수가 얼마인지는 정확히는 알 수가 없다. 당시 한·중·일간에 남긴 기록들은 보통 몇 천 명이 아니고 1만, 2만 혹은 3만으로 집계하고 있다.

이날 아침나절에는 개었던 날씨가 황진(黃塵)과 굵은 모래까지 휘몰아치는 차가운 광풍으로 돌변하였으나 모인 군중들은 조금도 동요하지 않고 희망과 기쁨에 차, '대한독립'과 '정의인도'라고 대서특필한 두 개의 오장기(五丈旗)를 앞세우고 중앙을 향하여 둥글게 모였다.

정오, 시내 교회당에서 울리는 종소리를 신호로 사전에 준비된 '조선독립축하회'는 시작되었다. 대회 부회장 배형식(裵亨湜) 목사의 개회선언에 이어 대회장 김영학(金永學)의 '간도거류 조선민족 일동' 명의로 된 독립선언문이 낭독되었다.

아 조선민족은 민족의 독립을 선언하노라. 민족의 정의를 선언하노라. 민족의 인도를 선언하노라……

이 포고문의 낭독이 끝나자 대한독립만세 소리가 용정 천지를 진동시키고, 회중의 뭇손길에 휘날리는 태극기가 꽃바다를 이루었다. 이어 유예균(劉禮均), 배형식, 황지영(黃志英) 3인의 격정에 넘친 독립연설이 계속되었다. 이 집회자들은 '기쁨에 넘쳐 울고 뛰면서' 독립만세를 열창하였다.

장관의 이 독립축하회를 마친 회중은 '대한독립'의 오장기를 앞세우고 시위에 돌입하였다. 그 앞길에 검은 구름이 짙게 드리운 이 피의 항전은 우선 두고라도 이와 같은 용정 큰 벌의 독립축하회만으로 국내외에서 전개된 수많은 3·1운동 가운데서도 가장 큰 규모의 회집이었고, 그것은 한인의 자유와 독립을 위한 항쟁으로 높이 기릴 수 있는 것이다.

이 3·13운동으로부터 70여 년이 흘렀다. 그동안 북간도 한인사회는 몇 차례의 전화(戰禍)도 겪었고 그곳까지 뒤쫓아온 일제도 오래전에 패퇴되었다. 한편, 그곳 한인의 소망이던 연변 조선족자치주도 들어섰다. 하지만 이념의 대립으로 거의 반세기 동안 우리와는 왕래조차 없어 왔다. 그럼에도 불구하고 이제 제한적이나마 왕래할 수 있게 된 그 현장에 가면, 우리 동포(조선족)가 그런대로 살고 있고 그들이 3·13운동의 역사를 알고 있다.

다만 3·13운동 당시 곡식과 채소밭이었던 서전벌이 용정시 북쪽의 시가지로 변하였을 뿐이다. 시간이 조금 지나면 그곳 한인의 뜻대로 용정시 안에 서전벌이었던 그 현장 어디엔가 사회주의 혁명기념물 못지않은 3·13기념물이 세워지고, 그 역사가 더 밝게 조명되리라 믿어진다.

7. 3·13 반일의사릉

1919년 3월 13일 북간도 용정의 서전벌에서 개회된 '조선독립
축하회'는 국내외를 막론하고 3·1운동 가운데 최대규모의 군중
이 모여 장중한 환호 속에 추진한 민족독립 쟁취를 위한 '대
전'(大典)이었다. 한편, 그 독립축하회에 이어 추진되었던 만세
시위도 또 다른 의미에서 3·1운동 가운데 가장 격렬하고도 처절
하게 전개된 시위, 피의 항전이라고도 할 수 있다.

현재는 해란강과 육도하를 끼고 발전한 용정시의 동남쪽 교외
합성리(合成里) 전야(田野) 속이지만, 당시는 서전벌에서 약
10리 떨어진 허청리(虛淸里)라고 부르는 조그마한 동리 왼쪽에
자리잡은 언덕빼기에 고총군(古塚群)이 있다.

얼마전 이 옛무덤 앞에 '3·13반일의사릉'이라고 쓴 한 길 반
은 됨직한 목비(木碑)가 세워졌다. 필자가 3년 전 이곳을 처음
찾았을 때만 해도 대로변 밭고랑 끝 조금 높은 둔덕에 위치한,
잡초가 무성한 수십 기의 고총군의 처량한 모습만 보였던 곳이

다. 그곳을 근래 '용정시 항일투쟁역사기념회'의 최근갑(崔根甲) 회장 등 그곳 유지들이 정화사업을 벌이면서 우선 이 목비를 세워놓고 그 뒷면에 이렇게 기술하였다.

1919년 3월 13일 연변지구 조선족 인민 군중의 반일 대시위는 일본 제국주의의 조선과 중국 침략정책에 저항하여 분개한 것으로 민족의 독립을 쟁취하려는 일차의 군중적 혁명투쟁이었다. 같은 달 17일 용정 합성리 공동묘지에 순난자 안장식을 장중하게 거행, 이 의사릉을 세우고 일본 제국주의와 지방 당국의 죄행을 항의한 것이다.

이 글귀가 3·13운동의 역사와 순국의사의 숭렬(崇烈)로 적중한 것인지는 우선 논외로 하고라도 3·13 순국선열의 뜻을 기리려는 것임에는 틀림없는 것이다.

이제 그날의 역사를 되돌아본다면, 서전벌에서 독립축하회를 마친 2만, 3만의 나라 잃은 백의 군중은 '대한독립'의 오장기를 앞세우고 예정된 시위에 들어갔다. 명동학교의 교사와 학생으로 조직된 3백여 명의 충렬대(忠烈隊)가 잎장서고, 악대가 양고(洋鼓)를 치고 나팔을 불면서 일본 영사관쪽을 향하여 용정 시내로 행진하였다. 그 뒤를 태극기를 들고 흔드는 군중이 조선독립만세를 절규하면서 '수무족도'(手舞足蹈)하다시피 시위하였다.

그러나 일제는 이와 같은 한민족의 운동과 시위를 사전에 알고 끈질기게 중국관헌에게 회유와 위협을 서슴지 않고 교섭, 중국 군경으로 하여금 모든 시가와 골목을 엄중히 경계하게 하였다. 특히 연길에서 맹부덕(孟富德)이 거느리는 무장 주둔군을 50여 명이나 증파해와 삼엄하게 경계망을 펴고 있었다. 그러나 급조(急潮)와도 같이 밀려오는, 조국을 찾으려는 시위대를 어찌할 수 없던 맹단장은 일제의 계략에 말려들어갔다. 경황실색하여 발포명령을 내렸다. 금속성을 뿜는 총성이 한동안 계속되었다. 눈으로 차마 볼 수 없는 참상이 순식간에 벌어졌다. 앞장서서 나아가던 오장기의 기수 공덕흡(孔德洽)도 쓰러지고 누가 얼마나 참살을 입었는지 알 수 없다. 그러나 시위군중 대부분의 심리는 군중을 해산시키기 위한 공포(空砲)라고 생각하였다. 우리와 중국 군경과는 아무런 원한도 없고 더욱이 중국도 일제의 침략을 받고 있었으므로 우군으로 여겼다.

그러나 현실은 냉혹하고도 달랐다. 쓰러졌던 공덕흡은 빼앗긴 오장기를 도로 찾아 두 손으로 받쳐들고, 선혈이 길바닥에 다 뿌려져 쓰러지는 순간까지 행진하였다. 그럼에도 불구하고 총성은 간간이 더 이어졌다. 차마 형언할 수도 없는 참경을 겪으며 총성은 멈추고 시위도 종식되었다. 원통하고 분통한 심사대로라면 육박전이라도 전개하며 최후의 일인까지 항전하였겠지만 중국 군경은 우리의 나라를 빼앗은 원수가 아니요, 더욱이 그래도 장래 중국땅을 근거로 하여 조국을 광복하여야 했기 때문에 '음한자제'(飮恨自制)하였다.

이 뜻하지 않은 참사에서 총탄에 명중하여 죽은 사람이 13명, 치명중상자 4명에 중경상자가 30여 명이 났다. 가로상에 선혈을 뿌리며 누운 이들 시위 성전(聖戰)의 희생자들은 사전에 편성된 남녀 적십자대에 의하여 항일독립운동을 후원하던 영국 선교사 민산해(Dr. Stanly Martin)가 경영하는 제창병원(濟昌病院)으로 옮겨져 응급치료를 받았다. 그러나 4명은 병원에 옮겨 치료중 숨을 거두어, 결국 이날의 시위로 오장기를 들었던 공덕흡을 비롯하여 현봉률(玄鳳律), 김승록(金承錄), 김태균(金泰均), 장학관

(張學觀), 김종묵(金鍾默), 이요섭(李堯燮), 김병영(金炳榮), 박상진(朴尙鎭), 채창헌(蔡昌憲), 박문호(朴文浩), 최익선(崔益善), 정시익(鄭時益), 현상노(玄相魯), 김흥식(金興植), 이유주(李裕周), 차정룡(車正龍) 등 17명이 순국하였다.

그들 선열의 유해는 닷새 뒤인 3월 17일 제창병원에서부터 4천여 조문 회중(會衆)에 싸여 합성리 공동묘지에 안장되었다. 그곳은 회령에서 두만강을 건너 140리 길인 용정으로 들어가는 대로변의 오른쪽으로 누구나 바라보며 절할 수 있는 순국묘역이 되어 있다.

필자는 최근 새로 정화가 시작되고 '3·13반일의사릉'이라 불리는 이 묘역을 참배하면서 애국지사 김정규(金鼎奎)가 남긴 그 날의 조사 한 구절을 떠올려보았다.

장하도다 제공이여, 그 죽음이 영화롭도다.
슬프도다 우리들이여, 살아 돌아온 것이 부끄럽도다.
오호라 오늘이여, 오늘의 대풍(大風)은 제공의 충렬 의기(義氣)가 격노한 것 아니런가.

8. 와룡동 사은기념비

연변지방에는 한말과 일제침략기에 이주한 한인(조선족)의 역사적 유적지가 적지 않다. 그러나 그 유적지에 건립된 비탑(碑塔) 등의 경우 '혁명기념물'이나 '혁명열사'와 관련된 것이 대부분을 차지한다. 그곳에서 신민주혁명이라 지칭하는 중화인민공화국의 사회주의혁명이나 열사들을 기리는 기념비탑은 흔하지만 조선족의 민족운동이나 조국독립운동에 관한 사실을 남긴 기념비를 찾기란 쉽지 않았다.

필자는 연변을 답사하면서 항일민족운동을 기록한 진귀한 두 비석을 볼 수 있었다. 그 하나는 명동촌의 개척과 명동학교·명동기독교회 발전을 선도한 김약연 목사의 기념비이고, 다른 하나는 와룡동(臥龍洞)에 자리잡은 창동학교(昌東學校)의 '사은기념비'(師恩紀念碑)이다.

김약연 목사의 기념비는 홍위병(紅衛兵) 난동 때 뽑아버렸던 것을 한인들이 간직하였다가 최근 퇴락하기는 하였으나 아직도 건물만은 남아 있는 명동교회 앞 원위치에 재건하여 놓은 것이다. 비석 글이 여기저기 훼손되어 판독이 어려운 대목도 몇 군데 있었다. 와룡동 창동학교는 오래전에 폐교되어 교사의 자취마저 없어졌으나, 그 사은기념비만은 세울 때의 원형대로 보존되어 있었다. 비신(碑身)과 개석(蓋石)까지 백옥색의 화강암으로 만들었고, 한 길이 넘는 높이의 비면에 힘차 보이는 글씨로 음각한 것이다.

와룡동은 연길시에서 서북쪽으로 겨우 자동차 한 대가 다닐 정도로 좁은 길을 따라 약 10여 리 떨어진 큰 골짜기에 자리잡고

명동촌과 비슷한 시기에 한인이 개척한 와룡동(현, 연길시 小營鄕 民生村).

임국정(林國楨) 등이 조직한 철혈광복단(鐵血光復團)이 북로군정서군의 특파대가 되어 일제의 '조선은행권' 15만 원을 탈취한 동량리(東良里) 현장 언저리.

있는 마을이다. 연변에서 초기에 개척된 이 마을은 현재 행정구역상으로는 연길시 소영향(小營鄉) 민주촌(民主村)이다. 골짜기 언덕빼기를 따라 30, 40호 정도의 인가가 산재해 있다. 큰 용이 누워 있는 지형인 이 와룡동은 명동촌과 같이 전적으로 우리 한인들이 개척한 마을이다.

1860년대에 국내에서 삼정의 문란과 연이은 흉작으로 살 길이 막힌 함경도의 농민들은 조청(朝淸)간의 엄중한 봉금령(封禁令)에도 불구하고 두만강을 건너 그 당시 북간도로 불리던 '신천지'로 목숨을 건 이주개척을 시작하였다. 이 무렵 회령에 사는 최종석도 같은 마을 사람들과 함께 이 측은한 이주행렬에 끼였다. 약간의 곡식종자와 보잘것 없는 생활도구를 쪽지게에 짊어진 채 일가식솔을 거느리고 수백 년 동안 방치되어 삼림이 하늘을 가리고 잡초만이 우거진 이 무인지경에 도착해서 열심히 화전을 일구어 새 생활을 찾으며 마을을 이루었다. 그 뒤에도 한인의 이주개척은 계속되어 조청간에 간도감계(間島勘界) 문제가 대두되던 1883년에는 80여 호로 늘어난 한인촌이 되었고, 넓고

깊은 골짜기가 대충 개간되었다.

더욱이 1905년 을사 5 조약 전후부터는 국내에서 애국계몽운동과 의병항전을 벌이던 애국인사들이 북간도로 몰려오게 되었다. 그 가운데 남성우(南性祐), 이병휘(李炳徽), 오상근(吳祥根) 등의 애국계몽운동자들은 이 와룡동에 정착, 항일민족운동에 앞장서기 시작하였다. 그들은 항일계몽활동을 펴 민족의식을 고취시키는 한편, 민족주의 구국운동을 구현할 신교육을 주장하였다. 그 결과 온 마을 사람을 비롯한 원근 한인의 지지와 후원을 받아 1907년에 창동강습소를 세워 민족주의 교육을 실시하였다. 용정의 서전서숙 개숙의 이듬해이며 명동서숙과 전후한 시기였다. 그 뒤 3년만인 1910년에는 창동중학으로 발전되었고 학생도 1백여 명에 달하였다. 전학생이 기숙사에 수용되어 신학문과 민족주의 교육을 받았다. 특히, 군사과를 두어 군사인재 양성에 힘썼다. 그들은 그곳을 수료하면 왕청현(汪淸縣) 나자구(羅子溝)의 대전학교(大甸學校)라 부르던 무관학교로 보내져 독립군의 골간으로 양성되었다.

창동학교의 스승과 제자들은 이와 같은 민족주의 교육을 기반으로 와룡동을 중심으로 원근의 한인을 조직, 항일운동을 펼쳐 나갔다. 그 구체적 사례를 몇 가지 들면, 첫째, 1919년 3월 13일 용정의 서전벌에서 열린 '조선독립축하회'와 그를 이은 '피의 항일시위'에 창동학교 전 사생(師生)은 물론 와룡동 주민의 대부분이 함께 참가·항쟁하였다. 둘째, 이 운동 이후 서둘러 무장 독립군 항쟁에 가담하였다. 4월 25일에는 와룡동에서 '대한국민회'를 조직, 북간도 전역 한인의 민정과 군정을 아울러 수행하는 군정부로 발전시키며 강력한 국민회군을 편성하였다.

뿐만 아니라 창동학교와 그를 이은 대전학교에서 수학한 임국

정(林國楨)과 교사인 최봉설(崔鳳卨), 그밖에 윤준희·한상호·박웅세·김준 등은 철혈광복단(鐵血光復團)을 조직하고 군자금 마련에 헌신하였다. 이들은 북로군정서군의 특파대가 되어 일제가 회령에서 용정으로 보내는 조선은행권 15만 원을 1920년 1월 4일 용정 도착 20리 못 미친 동량리(東良里) 어구에서 기민한 특무작전으로 탈취, 와룡동 본부로 가져오는 데 성공하였다.

창동학교의 '창동'(昌東)이란 동국(東國 ; 한국)의 창성을 의미하여 지은 것이다. 1935년 그곳 출신의 오상인(吳相仁) 등 12명의 항일인사들이 창동학교와 스승의 학덕을 기리는 사은기념비를 모교에 세운 것이다. 그 글에서 "위대하다, 스승의 은혜. 아름답다, 창동학교……. 그 공덕을 돌에 새겨 길이 칭송한다"라고 하였다. 필자는 그 비를 뒤로 하면서 창동학교의 창학 정신이 담긴 교가 한 절을 외어본다.

여기저기 배달나라 남녀제씨들
애를 쓰고 힘들여 거둬 기를제
피어린 역사로써 거름을 주어
사랑스런 강토에 다시 보내자.
참스럽다, 착하다, 아름다워라.
정신은 자유요, 이상은 독립.

9. 안중근의 하얼빈 의거

　필자가 흑룡강성의 중심도시인 하얼빈을 처음으로 찾은 것은 5년 전인 1989년 10월 26일이었다. 그날은 바로 안의사 의거 80주년 기념일이었다. 또한 한·중·일 관계자들이 안중근 국제심포지움을 현지에서 열었을 때이다. 그날 오전 9시 서울에서 직접 비행해온 유족인 안춘생 독립기념관 관장과 안중근 의사 숭모회의 황수영 회장을 비롯한 10여 명의 일행에 합류하여 하얼빈 역에 도착하였다. 역전 주변를 관람하고 곧 외국인과 대만 동포만이 출입하는 역 구내 귀빈대합실에 들어가 전원이 원형으로 모여 80여 년 전 안의사의 높은 의거를 기리는 묵념과 간소한 기념행사를 열었다. 그 대합실이 바로 80년 전 안의사가 의거 장소인 플랫폼에 들어갈 때 일본인과 섞여 통과한 곳이었다.

　의거 시각인 오전 9시 30분을 전후하여 전원은 1번선이 통과하는 역 구내 플랫폼에 들어갔다. 대합실을 비롯한 역사가 그동안 개축되어 대합실을 나오니 지척지간이 1번선 플랫폼이었다.

안중근 의사 의거 당시의 하얼빈 역.

1번선 승강장은 변하지 않았고 게다가 안의사의 총탄에 이토 히로부미(伊藤博文)가 쓰러진 자리도 둥글게 흔적을 남겼다. 이것은 그동안 현지에서 여러 가지로 조사한 사람들의 증언에 의하면 일본의 위성국인 만주국 때까지 일제는 그곳에 이토의 '흉거'(凶擧) 기념물을 만들어 그들대로 기념하던 것을 제2차세계대전 종전 후 철거, 그 자리에 남은 상흔이란 것이다. 안중근 의사는 이곳에서 역사쪽으로 2칸 반, 즉 10여 보 거리에서 이토를 사살, 한민족의 의기를 천하에 떨친 것이다.

1909년 10월 26일 오전 9시를 조금 지날 무렵 기적을 울리며 이토가 탄 특별열차가 플랫폼에 들어와 멎었다. 마중 나온 러시아의 대장대신 고고프체프가 차내에 들어가 이토를 영접, 얼마 뒤 그의 안내에 따라 이토는 수행원을 거느리고 기차에서 내려 앞에 군악을 울리고 도열한 러시아 의장대를 사열하고 이어 각국 영사단 앞으로 다가가 악수를 나누었다. 안의사는 이때 러시아 군대 뒤에서 거사 기회를 노리고 있었다. 10보 떨어진 거리에 이르렀을 때 안의사는 권총을 꺼내들고 이토를 향하여 4발을 연거푸 쏘았다. 첫발이 이토의 가슴을 명중시켜 허파를 뚫었고, 제 2발이 옆가슴를 맞혔다. 또한 제3발이 복부를 관통시켜 이토는 안의사를 가리켜서 무어라고 욕질하다 그 자리에 쓰러졌다. 안의사는 본시 이토의 얼굴을 모르기 때문에 여기서 한번 잘못 쏜다면 대사가 낭패라고 생각, 만전을 기하여 일본인 가운데 의젓해 보이는 앞서가는 자들을 향하여 다시 세 발을 더 쏘았다. 이토를 뒤따르던 하얼빈 일본영사 가와카미(川上), 비서관 모리(森泰), 만주철도 이사 다나카(田中) 등이 차례로 쓰러졌다.

안의사는 이때 수라장이 된 현장에서 이토가 죽은 것을 확인하고 '대한독립만세'를 세 번 부르고 태연자약하게 한 발 남은 권총을 거꾸로 잡고 러시아 헌병에게 내어주고 체포되었다. 이때가 안의사의 기억으로는 9시 30분경이라 하였다.

안의사는 그곳에서 3백 미터 쯤 떨어진 대로상에 지금도 육중하게 남아 있는 동청(東淸) 철도국 건물로 압송되어 러시아 군헌으로부터 첫심문을 받았다. 이 건물은 그 무렵 만주의 동철(東鐵)을 관리하던 러시아 소유로 동철과 아울러 중국영토이나 치외법권 지역이었다. 안의사는 그들에게 '나는 대한의병 중장으로서 조국의 독립과 동양의 평화를 위하여 적장을 총살 응징한 것'이라고 밝혔다. 그날 저녁 9시경 러시아 헌병에게 끌려 지금도 흉한 모습으로 남아 있는 일본 영사관 지하감방으로 인계되었다.

안의사의 하얼빈 의거는 일본 제국주의의 한국과 동양제국 침략 마수를 응징한 것으로 한국근대사는 물론, 동양근대사에서 중요한 대목이다. 안의사는 여순감옥에서 2백 일 동안이나 인간으로서는 견디기 어려운 고초를 겪으면서도 《안응칠역사》(安應

七歷史)를 기술, 이토 사살 의거의 뜻을 밝혔다. 그러므로 세계
각국의 여론이 천하를 울린 의성(義聲)으로 평가한 안의사 의거
를 논리적 실증적으로 밝히는 안중근 전기가 여러 가지로 쏟아져
나온 것이다. 그 가운데 특히 주목되는 것은 민족주의 사학자 백
암(白巖) 박은식이 쓴 《안중근전》을 비롯해 김택영(金澤榮)의
《안중근전》, 이건승(李建昇)의《안중근전》 등이다. 백암의 저작
은 그동안 '창해노방실자'(滄海老紡室子)라는 필명으로 1914년
상해에서 간행되고 국내에서는 금서로 취급되어 읽히지 못하였
다. 또한 김택영과 이건승의 저작도 자기를 잘 드러내지 않는
애국선비의 '유문'(遺文) 속에 들어 있어 주목의 대상에서 멀어
졌다.

필자는 1989년에 이어 《문화일보》가 기획한 독립운동의 해외
현장답사차 하얼빈 의거현장을 다시 찾았을 때 그곳에는 작은 화
단이 조성되어 그 현장을 기억에 따라 짐작할 수 있을 뿐이었
다. 그러나 안의사의 의기(義氣)는 하얼빈 역사에만 있지 않

1909년 10월 26일 오전 9시 반경 하얼빈 역에 하차한 이등박문 일행.

1910년 3월 10일 안의사가 여순 감옥 면회실에서 두 아우 정근·공근과 홍석구 신부를 만나 최후 유언을 남기는 모습.

다. 그가 공판정에서 당당하게 밝힌 대로 대한의병 참모중장으로 수백 명의 의병을 직접 지휘하면서 두만강을 건너 함북 6진에 진격, 일제 침략군과 처절한 항전을 벌인 역사가 그 배경을 이루고 있다.

필자는 1993년 여름, 안의사가 의병활동을 하였던 북한땅에는 못 갔지만, 연해주 크라스키노라고 불리는 연추 의병 본영지를 찾았다. 한인은 살지 않고 넓디 넓은 묵은 농경지만 펼쳐져 있었다. 연추에 이어 한국침략의 원흉이고 동양평화의 파괴자의 상징인 이토를 총살 응징하기 위하여 동지 우덕순(禹德淳) 등과 장도에 오른 블라디보스토크 현장을 찾았다. 안의사가 의거 닷새 전인 그해 10월 21일, 동지 우덕순과 통역으로 유동하(劉東夏)를 대동하고 떠났던 블라디보스토크 역은 옛모습 그대로였으나 그 역사의 의미는 아직도 드러나지 않은 면이 크다고 느껴졌다.

海蔘港裏鶻摩空
濱頭霹火紅
多少大湖豪健家
一時匙著篆秋風

一涙同學正之 祀林き起

해삼위 상공에 소리개 나래치
더니
하얼빈 역두에 벼락을 쳤네.
육대주 수많은 영웅호걸들
추풍에 낙엽지듯 일시에 수저
를 떨구었구려.
(창강 김택영 작, 성재 이시
영 서)

10. 김정규의 조선족역사

　최근 독립기념관에서는 북간도, 현재 연변 조선족자치주에서
활동하면서 기술한 용연(龍淵) 김정규(金鼎奎)의 《야사》(野史,
혹은 日記라고도 함) 원전 전질을 진장(珍藏)하게 되었다. 이는
1910년 '한일합병' 전후 15년 동안을 두고 정성들여 기술한 애
국지사 김정규의 뜻인지도 모른다. 그는 1921년 음력 11월 16일
자로 《야사》를 절필한 결장(結章)에서

　　지금부터 왜놈의 독기가 날로 더하고 사나운 창귀가 사방에서
나타나 글을 쓰려 해도 쓸 수가 없게 되었다. 다소 일기(야사)를
암혈 속에 깊이 감춘다. 뒷날의 군자가 거두어 열람한다면 혹 역
사로 취할 것이 없지 않을 것이다. 그리고 우리들의 '고심혈통한
오늘'을 알 수 있을 것이다.

라고 하였다. 그후 이 《야사》의 전래 보전 과정이 어떠하였는가

간도의 유래로 전래되는 두만강 개산둔(開山屯) 부근의 사잇섬(間島).

는 우선 접어두고, 앞으로는 독립기념관에 소중히 보관되어 그가 사랑하던 국내외 온 민족에게 '고심혈통의 역사'로 길이 전하게 될 것이다.

김정규의 활동지역은 그의 고향인 함경북도 경성(鏡城)을 중심으로 한 관북과 망명후의 북간도, 현재의 연변지역이었다. 여기에 북간도와 밀접한 러시아 연해주가 포함되어 한·중·러 3국의 접경 요충지역이 그의 주요 활동무대였던 것이다. 특히 이 일대는 일제에 의한 민족수난기에 항일 민족독립운동의 중요기지가 된 지역이었다. 아직도 북한지역의 함경도는 오갈 수 없지만 최근 몇년 사이 국제정세의 변화와 우리 국력의 신장으로 중·러 지역의 이들 현장은 제한적이나마 답사할 수 있게 되었다.

항일 민족해방투쟁 내지 독립운동의 역사를 탐구하는 입장에서 이들 현지의 답사만도 진일보한 것이지만 그에 못지 않게 중요한 것은 현지에 소장된 관련자료의 접근인 것이다. 그 가운데서 그동안 외부에 알려지지 않았던 당안(檔案, 공문서)등 그곳 관변측 자료와 그보다도 그곳 출신의 순국선열이나 수많은 민족운동자들이 혹시 남겼을지도 모르는 의병 내지 민족운동 당사자들의 문헌기록은 사료적 가치가 큰 것이다. 우리 학계는 그동안 이들 지역에 어떤 자료가 있었는지도 잘 몰랐을 뿐더러 현재도 정확하게 알 수 있는 것이 얼마되지 않는다.

김정규의 생애와 《야사》는 이런 의미에서 귀중하고 사료적 가치도 크다. 더욱이 김정규의 《야사》는 우리 학계에서 주목하던 1910년대에서 1920년대의 '독립전쟁론'을 바탕으로 한 무장항일의 주요내용을 한 운동당사자가 현지에서 활동하면서 기술한 역사물인 것이다.

김정규의 항일 구국의 생애와 그의 저술인 《야사》는 우리 학계에 처음 알려지는 역사물이다. 그는 일제침략과 간도 감계(勘界) 문제가 대두되던 1881년 9월 함경도 경성에서 태어나 해방후 민족의 비극인 한국전쟁이 종전될 무렵인 1953년 8월 중국 길림성 연길시(延吉市)에서 74세를 일기로 작고하였다. 그는 '이통기국'(理通氣局)의 주기설(主氣說)을 전래받은 성암(性菴) 김병진(金秉振)과 의암(毅菴) 유인석(柳麟錫)을 스승으로 하여 성리학을 수학, 구한말 관북에서 《북여요선》(北輿要選)을 지은 학음(鶴陰) 김노규(金魯奎)와 병칭되는 유학자로 칭예되었고, 사상적으로는 위정척사론에 경도된 인물이다. 때문에 그는 학문의 뜻을 성리학의 구도적(求道的) 탐구와 쇠퇴하는 유학의 진흥에 두고, 그의 집에 서원을 방불케 하는 회양재(回陽齋)를 열어 후진양성에 전력하였다.

그러나 그는 일제에 의한 국가·민족의 존망 위기를 맞아 원근 사우들과 뜻을 모아 거의항일(擧義抗日)에 나섰다. 이로부터 그의 항일구국의 생애는 파란과 고난을 몰고 왔다. 이와 같은 그의 생애는 다음과 같이 세 시기로 나누어 볼 수도 있다. 즉 국내에서의 활동기와 간도 망명후 그곳을 중심으로 한 국외에서의 활동기, 그리고 말년을 한의(漢醫)로 위명(爲名)하며 생활하던 노년기로 구분하는 것이다.

   그는 구한말 국운이 다해 가던 1908년초 고향 함경도에서 '팔
룡'(八龍)이라고도 부르던 사우들을 중심으로 관북의병진(關北
義兵陣)을 결성, 항일항쟁을 벌였다. 이 무렵 연해주의 강동의
병(江東義兵)이 두만강을 건너와 경흥의 신아산(新牙山)과 회령
의 영산(靈山) 등지에서 일본군과 여러 차례 회전을 벌이다가 연
해주와 간도로 회군하였다. 그러는 동안에 잔류부대인 장석회
(張錫會) 부대와 합진, 전력을 강화시키면서 항쟁하였으나 우세
한 일본군의 공격과 일진회 등 친일세력에 밀려 패퇴하였다.

   김정규는 살아 남은 의병 주도자들과 함께 1909년 여름을 전
후해 두만강을 건너 북간도로 망명, 이때부터 재기항쟁을 모색
하는 국외 활동기가 시작되었다. 망명 이후 그는 서북간도와 연
해주를 망라하는 유학자와 의병세력을 배경으로 간도내 의병세
력을 규합, 간도의병진의 결성에 앞장섰다. 그러나 '한일합병'

현존하는 국자가(局子街)의 중국 관아. 이 건물 안에 한인 최초의 항일민족운동 결
사인 간민교육회 본부가 있었다.

을 단행하는 일제의 군사·외교적 압력을 받은 중국관헌의 제재로 소기의 목적을 달성하지 못하였다. 그런 가운데 연해주의 연추(煙秋, 크라스키노)와 블라디보스토크 신한촌 등을 중심으로 조직된 유인석·이상설·이범윤 등이 주축이 된 '13도의군'(十三道義軍) 편성에 가담, 그 의군의 장의군(壯義軍) 종사(從事)에 선임되었다. 그러나 이것도 일제의 사주를 받은 러시아 관헌의 탄압으로 큰 활동을 펴지 못하고 해체당하여 재기의 기회를 기다려야 했다.

한편 그는 이와 같은 형세하에 은인자중하면서도 겉으로는 후학양성과 유학진흥을 위한 간도공교회(間島孔敎會) 활동에 참가, 연길시내에 공자묘(孔子廟)를 짓고 또한 대성학교(大成學校)를 건립, 유학교육을 펴는 데 앞장섰다. 연길 도윤(道尹) 도빈(陶彬)으로부터 '존성위교'(尊聖衛敎)라는 공자묘 현판을 받아 건 것도 이 무렵의 일이다.

김정규는 3·1운동이 일어나자 이를 민족의 '기사회생'(起死回生)의 기회로 환희하였다. 그러나 용정 3·1운동에서는 희생자만 속출하였다. 그 무렵 그는 서북간도와 연해주에서 '독립전쟁론'을 구현하는 독립군의 편성과 활동에 호응하여 다시 무장항쟁에 나섰다. 특히 그는 이전의 의병동지와 연락, 1910년 전후의 관북과 간도, 13도의군 세력을 규합한 대한의군부(大韓義軍府) 조직에 가담·활동하였다. 그리하여 그는 간도 의병의 부대명인 대한의군부 지방정위대(地方正衛隊) 편성과 활동에 한몫을 담당하였다.

또한 김정규는 의군부를 뒷받침하기 위한 대한민단(大韓民團) 화령총부(華領總部)의 조직과 활동에도 적극 가담하였다. 그러나 세번째이자 마지막이 된 그의 거의(擧義) 무장항쟁도 일

回陽齋 野史 卷四

雖可防禦、請其以義捐金潛入海三姻秋尋地買來軍物又擇一能言之士遣管理此所詳告智義則管理不忍生視利少來敦教若使北軍出於六難等地且戰且行又使南軍深駐要害以或攻或守則後必分一為二以備南北同其時件其中則此豈非當時之惠澤而兵家之通規乎錫會唯其許即修砲錄軍佐又教生員等嘉大異定名曰總務○李衛基財

김정규가 남긴 야사(일기). 1907년 3월부터 1921년 11월까지 전후 15년 동안 북간도를 중심으로 의병과 그를 이은 독립군의 활동을 기술한 조선족의 역사이다.

제의 독립군 '초멸'을 위한 간도출병으로 말미암아 좌절되고 말
았다.

1920년 6월의 봉오동승첩과 그해 10월 청산리대첩으로 이어지
는 간도 독립군항쟁도 일제 침략군의 압박을 받아 나자구(羅子
溝)와 밀산(密山) 방면으로 북상하게 되고, 이 와중에서 일제
침략군에 의해 '경신참변'이라 부르는 간도한인의 참혹한 학살
수난이 연출되었다. 의군부 정위대 역시 일부는 북상하고 나머
지는 풍지박산이 되었다. 이때 그가 신임하던 의군부의 총무 최
우익(崔于翼)은 의란구(依蘭溝)에서 십여 명의 동지들과 함께
피살 순국하는 비운을 겪었다. 그후 경신참변을 목도하면서 자
중하던 김정규는 장장 15년 동안 매일 기록해오던 《야사》마저
절필하고, 이를 암혈 속에 숨겨놓고 후일에 전해지기를 기다렸
던 것이다.

김정규는 이후 일제와 그 주구세력의 발호로 표면적인 항일
활동을 할 수 없었다. 그는 1932년 일제의 위성국인 만주국 성
립후 연길현의 지인향(智仁鄕) 장산둔(長山屯) 달리동(達理洞)
의 항산별야(恒山別墅)를 떠나 연길 시가로 옮겨, 한의사로 생
활하였다. 노년기의 그는 원근에서 명의로 알려지고 연길현장
(延吉縣長) 관운(關雲)의 병까지 고쳐 '진선수'(眞善手)로 명성
을 떨쳤다. 그러나 젊어서부터 술을 좋아하던 그는 '이주자락'
(以酒自樂)하며 위국애민의 흉금을 시문으로 달래어 《항산유
고》(恒山遺稿)를 비롯해 《항산이언》(恒山俚言) 3책과 그의 일부
시문과 경력 등이 포함된 《계림가승완산유록합편》(鷄林家乘完山
遺錄合編) 1책을 남겼다.

김정규의 대표적인 저서라 할 《야사》는 의병 내지 항일민족운
동과 관련된 진귀한 역사문헌이다. 기술형식은 일반적인 일기의

연변대학 중앙도서관. 김정규의 귀중도서들이 기증 소장되어 있다.

형식을 따랐으나 범인의 예사 일기가 아니고, 그가 활동한 민족
수난기의 민족사 일부를 실증하려는 사필(史筆)로 기술된 것이
다. 이와 같은 깊은 뜻을 김정규는 《야사》에서

> 매일같이 기록하는 것은 수문(隨聞)하는데 따라 그 실상을 기록하
> 는 것이요, 나라에는 국사가 있고 민간에는 야사가 있는데 내가 기록
> 하는 것은 야사에서 시작하여 간간이 국사를 취하려는 것이다.

라고 밝히고 있다.
공교한 달필의 수필(手筆)로 기록된 이 《야사》는 시기적으로
대한제국의 명운이 다해가던 광무황제의 퇴위와 군대해산 직전
인 1907년 3월 29일(음력 2월 16일)부터 만주와 연해주의 독립군
이 큰 시련기에 접어든 1920년의 경신참변과 그를 이은 1921년

자유시사변 직후인 1921년 11월 16일(음력 10월 17일)까지의 15년 동안에 걸치고, 분량도 전 17권 18책, 총 2,044면에 달하는 거질의 문헌이다.

　김정규가 관북 6진지역에서 의병항쟁 후 망명활동하고 《야사》를 썼던 북간도는 1949년 중화인민공화국이 성립되면서 크게 변모하였다. 조선어를 공용어로 쓰며, 조선족의 풍속을 지키고 나아가 조선족의 권익을 향상시킬 수 있는 행정구역으로 연변조선족자치주가 성립된 것이다. 또한 조선인이 세우고 운영하는 연변대학이 들어서 중국 속의 정규대학으로 발전하고 있다. 그 대학 중앙도서관에는 김정규가 간직하였던 대종교(大倧敎) 관계 문헌을 비롯하여 북간도 한인의 역사를 밝힐 수 있는 귀중자료가 포함된 많은 도서가 기증·소장되어 있다.

제2편 중국대륙방면

개관 ― 중국대륙에서의 항일독립운동

애국계몽운동과 의병항일전을 통한 한말 구국운동은 1910년 국치 전후부터 국내외에 걸친 거족적인 독립운동으로 발전하였다. 특히 국외에서의 독립운동은 우선 한인이 많이 사는 두만강과 압록강 너머의 서북간도를 비롯해 남북만주인 중국 동북지방에서 추진되었다. 뿐만 아니라 러시아의 시베리아와 멀리 하와이, 미주본토에서도 추진되었다. 나아가 1919년 3·1운동 직후부터는 대한민국 임시정부가 건립 활동한 중국본토에서도 강력하게 추진되기에 이르렀다. 이들 국외 각 지역에는 국치 전후부터 수많은 민족운동자가 망명하여 그곳 한인사회를 기반으로 각 지역간에 서로 연계를 맺으면서 조국독립운동에 심혈을 기울였다. 그 결과 시기적으로 보면, 3·1운동 때까지의 1910년대에 이미 이들 모든 지역에서 국외 독립운동기지의 확고한 기반이 구축되었던 것이다.

그리하여 3·1운동 이후에는 이들 지역에서 다 같이 강력한 항일항쟁에 들어가 한국독립운동사의 새 국면을 전개시켰다. 우선 서북간도를 중심한 만주와 시베리아 지방에서는 1910년대에 이미 수십 만에 달하는 그곳 한인이 생활의 터전을 굳혀가면서 항일단체를 조직하고 무관학교와 민족주의 교육기관 등을 설치하여 독립군을 양성, 일제와의 독립전쟁을 기약하는 방향으로 독립운동을 전개하게 되었다. 따라서 3·1운동 이후 이 지역에서는 북로군정서·서로군정서·대한독립군·대한국민회군 등으로 불리는 독립군단이 각지에서 편성되어 두만강과 압록강 일대에서 일제와 피어린 항쟁을 지속적으로 전개할 수 있게 되었다. 이와 같은 독립군의 무장항쟁은 그후 1920년대는 물론 1930년대 후반에 이르기까지 계속되었다.

이에 대하여 중국본토에서는 국치 전후로부터 국제도시 상해와 그밖에 북경·천진·남경·청도를 중심으로 1910년대에 독립운동의 터전을 구축하였고, 3·1운동을 계기로 마침내 상해에 임시정부를 건립, 1920년 이후의 독립운동을 주도하게 되었다.

대한민국 임시정부는 3·1운동이 일어난 지 40일만인 1919년 4월 10일부터 13일까지 정치적 활동이 가장 자유로웠던 프랑스 조계(租界) 내에서 각지로부터 운집한 민족운동자 대표 29명이 임시의정원을 개원하고, 국내외의 독립운동을 이끌 임시정부를 건립하기로 결의함에 따라 탄생을 보게 된 것이다. 그들 가운데는 국내에서 3·1운동을 추진한 48인이 보낸 현순(玄楯)을 비롯하여 손정도(孫貞道)와 최창식(崔昌植)이 있었고, 성명회(聲明會), 권업회(勸業會), 경학사(耕學社), 신흥학교(新興學校), 백서농장(白西農庄) 등을 세워 독립군을 양성하던 시베리아와 만주지방에서 온 이동녕(李東寧), 이회영(李會榮), 이시영(李始榮), 조완구(趙琓九), 김동삼(金東三), 신채호(申采浩), 조성환

대한민국 임시정부 및 임시의정원 요인들의 기념사진. 김구·이승만·이동녕·이시영·신규식·김철·이동휘·현순·안창호 등이 보인다.

(曺成煥), 조소앙(趙素昂) 등이 있었으며, 또한 일본에서 2·8독립선언을 선포했던 이광수(李光洙), 최근우(崔謹愚), 신익희(申翼熙) 등과 미주에서 온 여운홍(呂運弘) 등이 포함되었다. 뿐만 아니라 그동안 국내에서의 독립운동을 촉진시키기 위해 국내와 시베리아를 순역하고 돌아온 여운형(呂運亨), 선우혁(鮮于爀), 서병호(徐丙浩) 등도 참가하였다.

 이들은 이동녕을 의장으로 하는 임시의정원을 개원하고, '대한민국'의 국호와 연호, 그리고 민국(民國)이란 국체(國體)를 정하고, 정부 관제를 만들어 국무총리 이승만 이하 국무위원을 선출하였다. 지금 우리나라의 국호인 대한민국은 이와 같이 임시의정원의 첫회의에서 제정되었던 것이다. 여기서 주목되는 것은 이로부터 민주정체를 의미하는 '민국'이 채택된 점이다. 즉, 나라이름은 10년 전에 잃었던 나라를 그대로 광복하자는 뜻에서 '대한'이라고 하였으나, 개원된 임시의정원의 정치의식이 성장되어, 군주제를 지양하고 민주체제를 채택, 민주주의에 입각한 국가를 건설하고자 했던 것이다. 단지 공화국이란 표현을 쓰지 않고 '민국'이라 한 것은 중국이 신해혁명 후에 중화민국이라 한 데서 본받았던 것 같다.

또한 임시의정원은 최초의 헌법이라 할 임시헌장(臨時憲章)을 제정하는 한편, 대한민국 임시정부의 건립을 국내외에 선포하고 활동하기 시작하였다. 이와 같이 성립된 대한민국 임시정부는 그것이 비록 국내에서 정상적인 절차에 의해 국민을 통치하는 정부가 되지 못하고, 게다가 중국 상해 일우(一隅)에서 '임시' 망명정부의 성격을 가졌을지언정 한민족의 독립정신과 독립운동의 결정으로 국내외 인심의 총화로서 이루어진 정부요, 국내외 인재를 망라한 정부요, 민주주의를 구현하려는 정부였다는 데 큰 의의가 있다.

대한민국 임시정부는 이와 같이 온 국민의 여망을 안고 성립되어, 1945년 해방과 더불어 임시정부 요인이 환국할 때까지 국내외 모든 독립운동을 주도하는 데 진력하였다. 우선 안으로는 각지에서 선포된 정부를 대한민국 임시정부로 통합하는 데 성공하였다. 즉, 시베리아에서 선포된 노령정부(露領政府)와 서울에서 선포된 한성정부(漢城政府), 그리고 서북간도의 군정부를 각기 그해 9월까지 흡수 통합하는 한편, 전문 10개조로 된 임시헌법을 개정하여 지금 평가하여도 민주주의 국가의 헌법으로 거의 손색이 없을 8장 52개조의 임시헌장을 만들었다. 이 임시헌법은 그후 환국 때까지 정치적 사회적 변화에 따라 네 차례의 개정을 하였으나 기본이념과 체제는 그대로 유지되어 조국광복운동의 기본법이 되었다.

임시정부는 또한 국내외의 각종 항일운동단체와 민족운동자를 규합·재조직하여 항일역량을 증대시키면서 1920년대의 모든 독립운동을 주도하였고, 1930년대 이후의 항일전선을 구축, 중국정부와 연계하면서 항일항쟁을 계속할 수 있었다. 이와 같은 활동 가운데 중요한 것은 외교와 군사면의 활동이라 하겠다. 외교면은 임시정부의 파리강화회의 활동 이후에는 구미위원부를 통하여 미국을 비롯한 구미열강에서 꾸준히 한국독립문제를 국제적으로 인식시켜갔던 것이다. 또한 군사면은 처음에 군무총장 밑에 참모부를 두어 군사지휘체계를 확립하는 한편 육군무관학

상해 보창로에 있던 대한민국 임시정부 청사. 《한국독립운동지혈사》에 사진만 전한다.

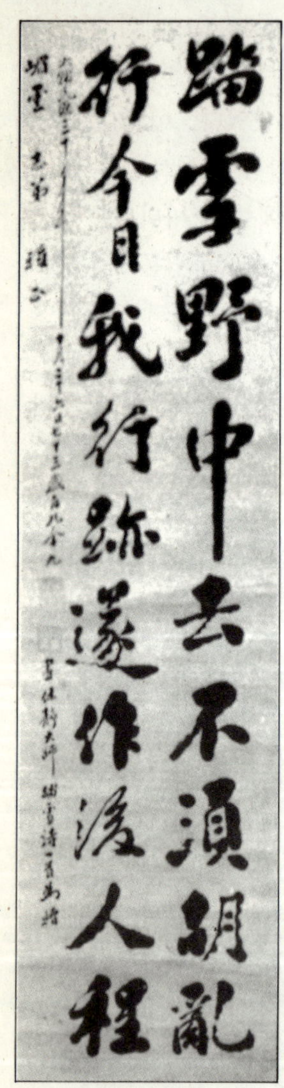

백범 김구 주석의 친필 휘호.
踏雪野中去 눈덮인 들판을 걸어 갈 때에
不須胡亂行 한 걸음조차 어지럽히지 말라.
今日我行跡 오늘 나의 이 발걸음은
遂作後人程 뒷사람의 이정표가 되리라.

교를 설립하여 지휘관을 양성하고자 하였다. 그러나 이보다도 군사활동의 중요한 면은 3·1운동 직후부터 정비 또는 편성되기 시작하여, 활동이 활발하던 서북간도와 시베리아를 중심으로 한 독립군을 임시정부 산하로 통합, 일제와의 독립전쟁 준비를 도모한 것이다. 그 결과 서북간도의 서로군정서와 북로군정서 또는 광복군총영 등을 비롯한 많은 독립군부대가 임시정부의 지휘를 받으면서 1920년대 초기에 활동을 벌였던 것이다. 그러나 1920년대 중반 이후에는 이들 서북간도와 남북만주의 여러 독립군부대는 차츰 임시정부의 지휘체계에서 멀어지면서 정의부(正義府)와 신민부(新民府), 그리고 주만참의부군(駐滿參議部軍)으로 통합을 거쳐 1930년 전후 북만지방의 한국독립군(韓國獨立軍)과 남만지방의 조선혁명군(朝鮮革命軍)으로 개편되어 1930년대 독립군의 항일전을 수행하였던 것이다.

임시정부는 1932년 윤봉길(尹奉吉)의 상해(上海) 홍구공원(虹口公園) 의거 이후 상해를 떠나서 1940년 중경(重慶)으로 갈 때까지 중국 국민당 정부의 후원 아래 남경(南京), 항주(杭州), 가흥(嘉興), 진강(鎭江), 장사(長沙), 광주(廣州), 유주(柳州), 기강(綦江) 등지로 소재지를 옮기면서도 군간부 양성에 주력하여 광복군 편성의 기반을 닦았다. 그리하여 1940년 중경 도착 후 곧 광복군 편성에 착수하여, 그해 9월에 한국광복군 총사령부를 만들어 항일전을 본격적으로 준비하는 단계에까지 들어가게 되었다. 무기와 군사훈련 등에 대하여는 중국정부와 9개조의 협약을 맺어 제1지대 이하 수개 지대를 대동(大同), 포두(包頭), 부양(阜陽) 등지에 배치, 항전태세를 정비하였다.

한편 임시정부는 연합국에 대하여 광복군의 참전과 임시정부의 정식승인을 위한 외교를 강화하였고, 1941년 11월에는 마침내 일본에 대하여 한민족의 군대, 임시정부의 국군으로 정식 선전포고를 하기에까지 이르렀다. 이어 1942년 2월에는 일본의 동맹국인 독일에도 선전포고하였다. 이렇듯 광복군의 본국 진입작전을 포함하는 항일전을 활발히 준비하던 가운데 1945년 8월, 일본의 무조건 항복을 맞이하였다. 임시정부와 광복군은 이와 같이 마지막 순간까지 모든 악조건을 무릅쓰고 조국광복운동을 수행하였다.

3·1운동 이후 중국을 비롯한 해외에서의 독립운동은 이와 같이 임시정부와 한국광복군 그리고 조선의용대를 중심으로 추진되었다. 그러나 그밖에도 중국본토, 그리고 미주지역 등 각지에서 조국독립운동으로 우리가 주목할 것이 적지 않다. 그것은 각지의 한인사회를 기반으로 한 많은 단체와 정당, 그리고 독립군 등의 조직과 그 활동이라 하겠다. 그 가운데 중요한 것을 몇가지

1932년 4월 10일 대한민국 임시정부 재무장 김구 명의로 수령한 인구세 영수증.

들면 첫째 의열단(義烈團)의 활동이다.

처음 만주 길림(吉林)에서 조직되었던 의열단은 곧 그 중심지를 상해·북경 등 중국본토로 옮기면서 작탄항쟁을 활발히 전개하였다. 의열단의 국내·일본·중국 등 각지에서의 활동은 일제에게 큰 공포와 손해를 입혔을 뿐만 아니라 국외에서의 조국독립운동이 활발히 전개된다는 사실을 국내 동포에게 인식시켜 한국민의 민족의식 각성에 큰 영향을 미쳤다.

둘째 1920년대 후반기부터는 한국독립당·조선민족혁명당·

한국국민당 등의 정당이 조직되어 정치이념을 정당체제로 실현하는 경향도 있었다. 이와 같은 정당들은 때에 따라 이합분집을 겪는 복잡한 움직임도 보이지만, 대체로 임시정부를 수호하면서 한국 민족주의 이념을 심화시켜갔다. 셋째는 중국본토에서의 대한교민회, 그밖에 대한적십자회, 한국부인회, 대한교육회, 다물단, 불변단(不變團), 중한호조사(中韓互助社) 등 해외 각지의 무수한 정치·사회·교육·외교적 성격의 단체들이 만들어져 직·간접으로 조국독립운동에 공헌하였다.

1. 대한민국 임시정부

　근대화에 뒤진 한민족은 우월한 무력을 앞세운 일제의 침략을 막아내지 못하고 1905년 11월 을사5조약과 1910년에 '한일합병조약'을 맺어 국권을 상실하였다. 그러나 역사적 전통과 민족문화에 바탕을 둔 한민족의 자주의식은 줄기차게 근대적 자주역량을 향상시켜 항일독립을 기약하고 있었다. 이미 을사5조약이 체결되면서 일어난 거족적인 항일운동은 근대적인 민족독립운동으로 발전하였을 뿐만 아니라 민족주의를 성장시켜 가고 있었다.

　이와 같이 시작된 항일독립운동은 나라를 잃은 지 10년째인 1919년에 발발한 3·1운동에서 민족의 대동단결을 보였고, 자주의식을 더욱 굳건히 하였다. 뿐만 아니라 민족의 독립의지를 다짐하여 한국 민족주의의 획기적인 발전을 기약하게 되었다. 그리하여 한민족의 자주역량을 국내외에 과시하고 일제에 동조하던 열강들로 하여금 한국의 독립문제를 바로 깨닫게 하는 계기를

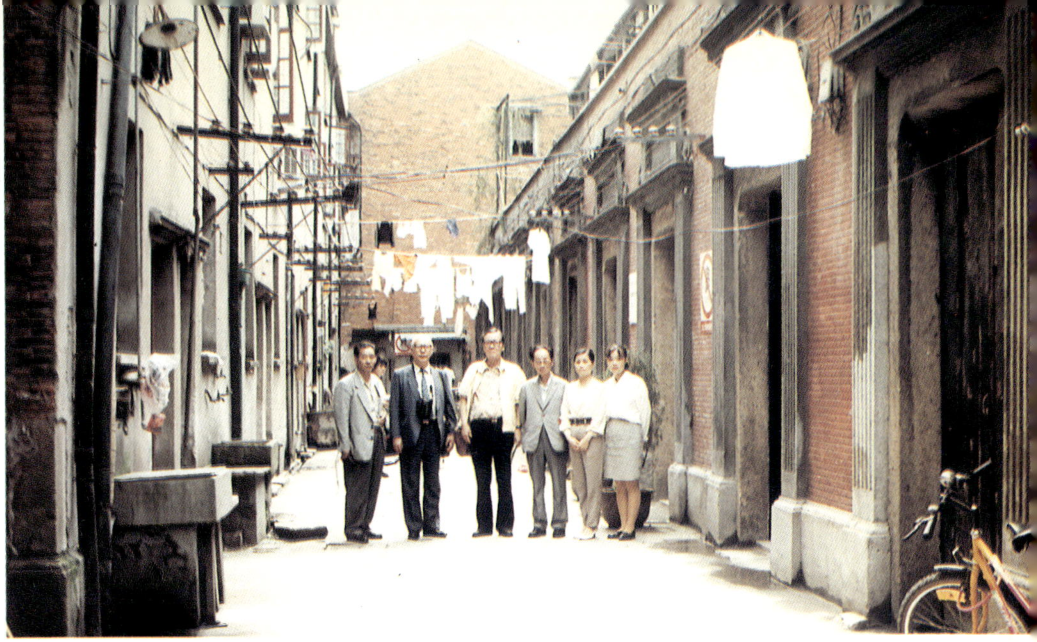

↑ 최근 보수된 임시정부 청사(상해 노만구 마당로 보경리 306~4호, 1926.7~1932.4). 현재 상해시 문물보호단위로 지정되어 있다.

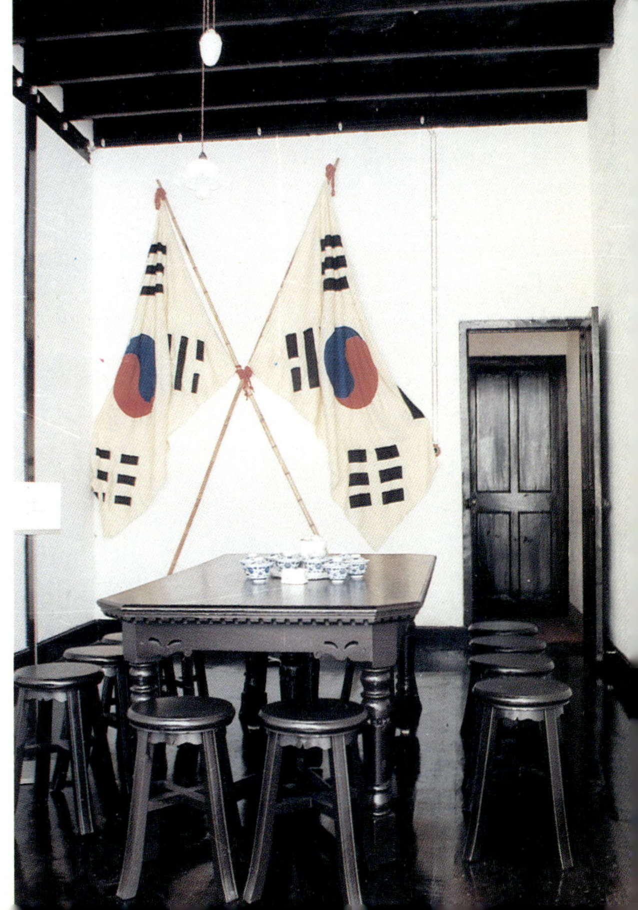

↓ 보경리 4호의 임시정부 청사 내부.

↓ 임시정부의 한 청사.

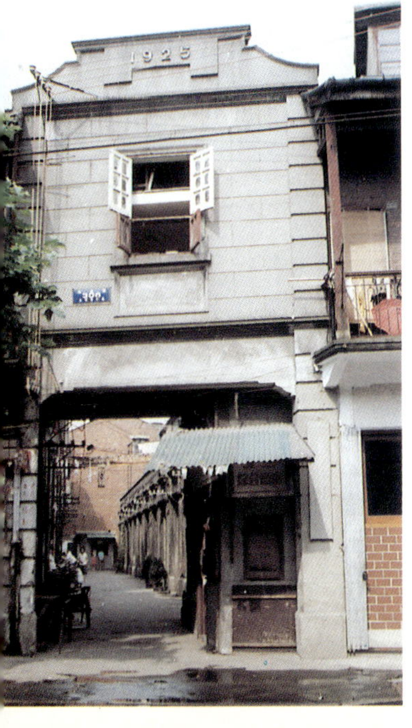

↑ 3·1당이라고도 부르던 상해 황포구 구강로 201
번지의 황포구 인민정부 대례당. 임시정부의 중요
행사와 국민대표회의가 개최되었던 곳이다.

↓ 임시정부 요인들이 많이 살고 있던 노만구 보강
리(寶康里)의 한 골목. 현재는 도시계획사업으로
건물들이 헐려 빈터가 되었다.

↑ 상해 프랑스 조계를 총관하던 프랑스공무국
(현, 淮海中路 191~127번지 일대).

→ 장사(長沙) 시절의 임시정부 청사로 추정되는 건물(장사시 서구 楠木廳 9호).

← 1938년 임시정부가 머물던 광주(廣州)의 동산공원(東山公園). 현재 동산구 성시관리연합집권대(東山區 城市管理聯合執權隊).

↓ 중경시 화평로 오복가 오사야항 1호의 임시정부 청사(1942년). 김구는 이곳에서 《백범일지》 하권을 집필하였다.

↑ 노신공원 안에 윤봉길 의사를 기념하여 세운 매헌루(梅軒樓). 아직 현판도 달지 않았다.

↓ 노신공원으로 개명한 홍구공원의 중앙 잔디밭. 윤봉길 의사가 백천(白川) 대장 등 일제 침략 괴수들을 도륙 웅징한 의거지로 추정된다. 당시의 관병식 사열대 언저리에는 노신의 동상이 섰고, 그 앞에는 푸른 잔디밭이 펼쳐져 있다.

↑ 흥업로 169호의 흥륭다원(현, 長青食品 상점 2층). 윤봉길 의사는 이곳에서 김구와 거사계획을 밀의하였다.

↓ 1933년 6·3정 의거 현장. 현재 사포로(乍浦路) 180~190호 6·3정은 헐리고 그 터에 방향(芳香), 영안(永安), 부옹(富翁) 등 세 주점이 즐비하게 들어섰다.

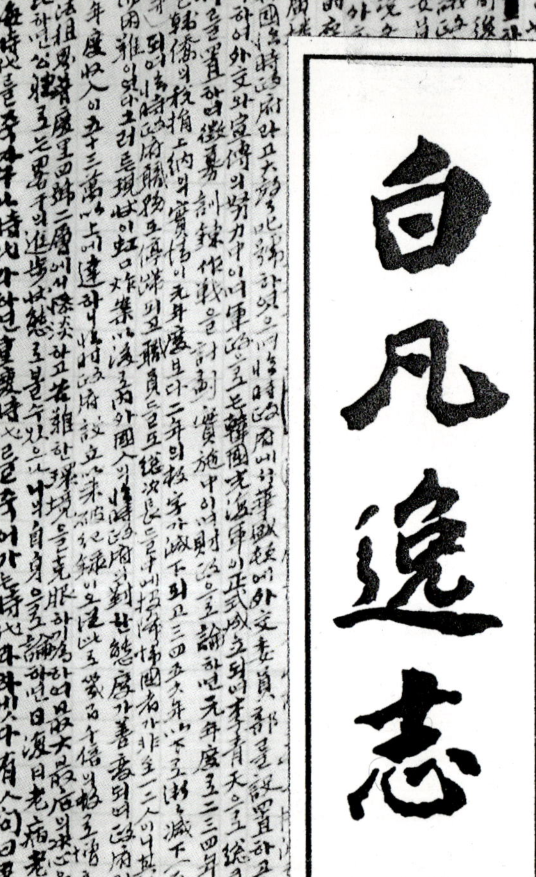

김구의 《백범일지》.

↑ 중경(重慶) 시절의 임시정부 청사(1943~1945년). 현재 중경시 칠성강(七星崗) 연화지(蓮花池) 38호. 독립기념관이 현재 중경시와 협의하여 개수보존을 추진하고 있다.

↑ 많은 광복군 기간요원들이 교육을 받았던 황포군관학교. 정식 명칭은 '육군군관학교'로 1938년 일본군의 폭격으로 해방 후 다시 건축하였다. 광주시 장주도(長洲島) 황포(黃浦) 소재.

↑ 중경의 한국광복군 총사령부 자리. 현재 중경시 추용로(鄒容路) 37호에 위치하고 '미원'(味苑) 식당이 자리하고 있다.

↓ 서안의 한국광복군 전방사령부 내부(우)와 입구(좌). (현, 서안시 二府街 4호)

상해 프랑스 조계 지도

만들기도 하였다. 더욱이 3·1운동은 민족독립운동을 더욱 조직적 적극적으로 발전시켜 끝내는 민족의 해방과 독립을 기약할 수 있게 했고, 독립을 위해 전민족이 일치단결할 수 있는 정신적 기반을 마련케 했던 것이다.

이와 같이 3·1운동은 일제의 무력적 강압으로 목전에 독립을 보지 못하고 실패로 끝났으나 한민족은 대한민국 임시정부를 세워 국내외 독립운동을 효과적이고도 유기적으로 주도하면서 민족의 주권을 적극적으로 쟁취·행사하는 계기를 만들었다.

대한민국 임시정부는 3·1운동 발발 후 40여 일만인 1919년 4월 11일에 중국 상해에서 그곳에 집결된 민족운동자들에 의하여 전민족의 염원을 안고 성립되었다. 처음 일제의 가혹한 탄압 속에서 3·1운동을 주도한 국내외 민족운동자들은 다 같이 이 기회에 망명정부라도 세워서 국내외 독립운동을 주도하고 민족의 주권을 회복하여 독립을 기약하자는 사상과 경륜을 가졌었다. 그리하여 국내외 각지의 연락관계와 사회적 입지적 조건으로 말미암아 일제의 직접 식민치하에 있던 서울, 한인의 수가 많은 러시아 시베리아, 서북간도를 비롯한 남북만주, 그리고 동양의 국제항구로 개방되어 일찍부터 민족운동자들의 활동지로 등장한 상해 등지에서, 거의 같은 시기에·이같은 임시정부의 건립을 추진하고 있었다. 때문에 대한민국 임시정부의 성립과 전후하여 국내에는 4월 23일에 서울에서 한성정부가 선포되고, 시베리아에서는 3월 21일에 블라디보스토크에서 대한국민의회(大韓國民議會)에 의하여 국무위원이 선임되고, 그 명단이 발표되었다. 또한 서북간도에서도 각기 군정부가 건립되어 독립군의 편성과 활동이 시작되었다.

그러나 이와 같은 각지에서 여러 정부의 동시 출현은 그 추진

인물들의 사상적 배경의 차이에서 연유된 면이 결코 없다고 단정할 수 없으나, 처음부터 대립적 혹은 경쟁적 의도에서 나온 것이라고 해석될 수는 없다. 이러한 현상은 각지 민족운동가들 상호간에 연락이 불충분했던 점과 각지의 민족운동자들이 하루라도 속히 정부를 세워 독립운동을 영도할 최고 중추기관으로 삼고자 기도했던 충심에서 기인된 것이었다. 그러므로 이와 같은 각지의 여러 임시정부는 곧 상해의 대한민국 임시정부로 통합운동이 활발히 전개되어, 그해 9월까지는 대한민국 임시정부가 한민족의 정통성을 찾은 유일합법의 임시정부로 등장하였다.

대한민국 임시정부는 국내외 각지에서 모여든 민족운동자들이 역사상 처음으로 민주주의 원칙 아래 임시의정원을 구성하여 대의정치(代議政治)를 구현한 데서 비롯되었다. 상해는 이미 1910년 국치 전후로부터 민족운동자들이 망명하여 1912년에는 신규식(申圭植), 김규식(金奎植), 신채호, 박은식, 조소앙, 문일평(文一平), 정인보(鄭寅普) 등을 중심으로 동제사(同濟社)를 만들어 국내외 각지의 민족운동자와 연계하며, 조국독립운동을 추진하여 독립운동의 기반이 된 곳이었다. 그러한 곳에 3·1운동 발발 전후부터 국내외 각지에서 유수한 민족운동자들이 집결되었다. 3·1운동이 발발한 지 한 달만인 3월 말까지는 수백 명을 헤아리게 되었고, 4월에는 천여 명에 달하였다. 이들이 모여서 독립운동의 방향을 논의하고 임시정부의 건립을 추진하였던 것이다. 그리하여 3월 상순에는 정치적 활동이 가장 자유스러운 프랑스 조계 내 보창로(寶昌路) 329호에 현순(玄楯)을 총무로 하는 독립임시사무소(獨立臨時事務所)를 두고 활동을 벌였고, 4월 10일 오후 10시에는 그들 가운데 대표자 29인이 김신부로(金神父路)에 모여 역사적인 임시의정원을 개원하였다.

국내에서 3·1운동을 추진한 48인이 보낸 현순을 비롯하여 손정도·최창식 등과 권업회·경학사·신흥학교 등을 세워 독립군을 양성하던, 노령과 만주 방면에서 온 이동녕·이회영·이시영·조완구·김동삼·신채호·조성환·조소앙 등이 있었고 또한 일본에서 2·8독립선언 준비에 가담했던 이광수·최근우·신익희와 미주에서 온 여운홍 등이 있었다. 뿐만 아니라 그동안 각지 독립운동의 연계를 위하여 국내와 노령을 순방하고 돌아온 여운형·선우혁·서병호 등도 포함되었다. 이들이 개회 벽두에 본회의 명칭을 임시의정원으로 하자는 조소앙의 동의와 신석우의 재청을 가결하였고, 이어 무기명 단기식(單記式) 투표에 의하여 의장에 이동녕, 부의장에 손정도가 선출되어 그들의 사회로 대한민국 임시정부 건립을 가결하게 되었던 것이다.

이와 같이 개원된 임시의정원의 제1차 회의는 그날 밤을 새우고 그 다음날 10시까지 계속되어, 첫째로 대한민국의 국호와 연호를 제정하였다. 지금 우리나라의 국호인 대한민국은 이와 같이 의정원 개원의회에서 맨처음 신석우와 이영근(李漢根)의 동의와 재청에 의하여 가결·제정되었던 것이다.

둘째로, 정부관제는 한성정부를 추진하던 국내에서 보내온 안을 기초로 하여 신중한 토의를 거쳐 국무총리를 수반으로 하는 국무원 내에 내무·외무·재무·교통·군무·법무의 6부를 두고, 투표에 의하여 공정하게 국무총리 이하 각부 총·차장까지 선출하였다.

국무총리에 이승만을 비롯하여 각부 총장도 한 사람씩 선거절차를 거쳐 내무총장에 안창호, 외무총장에 김규식, 교통총장에 문창범, 재무총장에 최재형, 군무총장에 이동휘, 법무총장에 이시영이 당선되었다.

셋째는 임시헌장을 제정하였다. 이 헌장은 우선 전문에 "전국 삼백여 곳에서 일어난 3·1운동에 의한 국민의 신임을 임시의정원의 결의로 임시헌장을 선포한다"는 뜻을 밝힌 헌장 선포문을 붙여 임시정부의 주권적 근원을 3·1운동에 두고 있다. 그리고 헌장은 전문 10개조로 된 간략한 것이지만 민주주의 원칙에 입각한 우리나라 최초의 헌법이라 할 수 있다.

넷째는 임시정부 명의의 선서문과 정강(政綱)을 채택·발표하게 되었다. 선서문은 "국토광복과 방기확고(邦基確固)의 대사명을 이행할 것을 자(玆)에 선서하노라"는 것이고, 정강은 5개항으로 "조국의 절대독립을 서도(誓圖)"한다고 끝맺었다.

이와 같이 임시의정원의 개원과 활동으로 대한민국 임시정부를 세웠다. 그것이 비록 국내에서 정상적인 절차에 의한 국민을 통치하는 정부에는 미치지 못하고, 또한 중국 상해 일우(一隅)에서 '임시'의 두 글자가 붙은 망명정부에 지나지 않았을지라도, 이 대한민국 임시정부는 한민족의 독립정신과 독립운동의 큰 결실이고, 국내외 인심의 총화이며 국내외 인재를 망라한, 민주주의 원칙에 의하여 이루어진 정부였다는 점에서 큰 의의를 발견할 수 있다.

이 임시정부는 성립후 1932년 윤봉길의 홍구공원 의거 때까지 13년 동안 비교적 정치적 자유가 보장되던 상해 프랑스 조계 안에서도 몇 차례 중앙청사를 옮겨 다니면서 국내외 독립운동의 중추기관으로서 그 소임을 다하려 하였다. 그러나 내외정세의 추이는 시기가 지남에 따라 임시정부의 각종 활동에 제약이 강화되어 소기의 소망을 이룩하지 못하였을 뿐만 아니라, 도리어 독립운동의 추진방략을 놓고 국민대표회의가 개최되고, 창조파와 개조파로 나누어져 내분의 파쟁까지 일어났다.

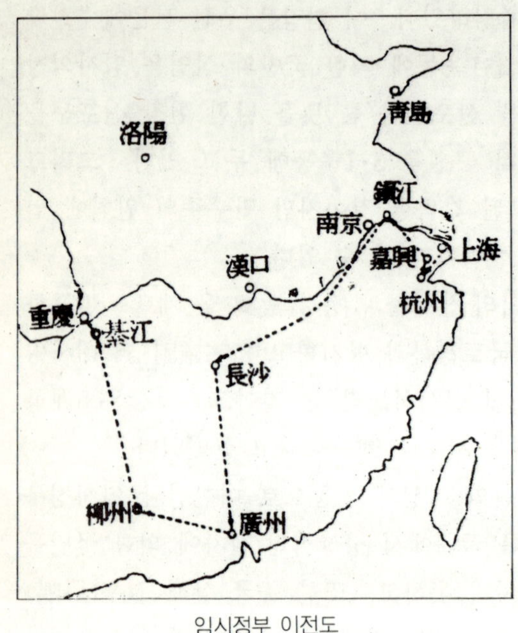

임시정부 이전도

그런 가운데도 1932년 4월 김구 주석의 지령에 의한 윤봉길 의사의 홍구공원 의거는 임시정부의 활동 전반에서 활기를 되찾게 하는 새로운 전환점을 마련해주었다. 즉 국내외 한민족은 물론 중국 조야로 하여금 임시정부의 존재를 재인식하게 하여 그들의 협조를 받을 수 있게 한 것이다. 그러나 임시정부는 상해사변에서 비롯된 일본세력의 중국본토 침략으로 말미암아 14년 동안의 활동중심지인 상해를 떠나 1940년 중경으로 갈 때까지 남경(1932), 항주(1932), 가흥(1935), 진강(1937), 장사, 광주, 기강 등지로 그 소재지를 옮겨 다니면서 활동을 계속하는 곤경을 치루었다. 이런 속에서도 임시정부는 안으로 굳건히 항일 역량을 향상시켜 갔고, 마침내 1940년 중국 국민당정부와 같이 중경에 도착한 후에는 임시정부를 전시체제로 재정비하여 오랫동안 기도하던 광복군 편성에 착수하게 되었다.

광복군 편성은 1940년 9월 한국광복군 총사령부를 만들어 항일전을 본격적으로 준비하는 단계에까지 들어갔다. 그후 무기와 군사훈련 등에 대하여는 중국정부와 9개조의 조약을 맺어 제1지

대 이하 수개 지대를 대동(大同), 포두(包頭), 부양(阜陽) 등지
에서 편성하여 항전태세를 정비하였다. 한편 임시정부는 연합국
에 대하여 광복군의 참전과 임시정부의 승인 획득을 위한 외교를
전개하는 한편, 1941년 12월에는 국무회의 제안으로 임시의정원
결의를 거쳐 일본에 공식으로 선전포고를 하기에 이르렀다. 이
어 1945년 2월에는 일본의 동맹체인 독일에도 선전을 포고하였
다. 이리하여 광복군이 본토 상륙작전을 포함하는 항일전을 활
발히 준비하던 가운데 1945년 8월에 일본의 무조건 항복을 맞이
하였다. 임시정부는 이와 같이 마지막 순간까지 모든 악조건을
무릅쓰고 항일운동을 전개하였던 것이다.

상해의 임시정부 관련 유적은 시내 중심을 관통하는 현재의
회해중로(淮海中路) 191번지에서 127번지에 걸쳐 웅장하게 서
있는 당년의 프랑스 공무국 건물을 중심에 두고 보강리(寶康
里)와 보경리(普慶里), 신민리(新民里), 장안리(長安里), 혹은
서금로(瑞金路) 등에 집중되었다.

프랑스 조계 안의 거리 이름은 정치적 변혁에 따라 그동안 몇
차례 바뀌어 불리어졌고, 경우에 따라서는 번지수까지 변경된
곳도 많다. 회해중로도 프랑스 조계 당시에는 보창로(寶昌路)라
고 불렀으나 그후 하비로(霞飛路), 임삼중로(林森中路) 등으로
불리다가 현재의 이름으로 바뀌게 되었다. 또한 서금로도 당시
에는 김신부로(金神父路)로 불렀으며, 국민당 정부 시절에는 중
정남이로(中正南二路)로 바뀌었다가, 모택동(毛澤東) 시절에 들
어서 다시 서금로로 바뀐 것이다.

임시정부의 여러 청사 가운데 현재까지 명확히 확인된 곳의
하나는 연립주택식으로 건축된 현재의 마당로(馬當路) 보경리
4호 건물이다. 이곳은 임시정부가 여러 청사를 옮겨다니던 시절

의 후기에 해당되는, 1926년말부터 1932년 4월 홍구공원 의거 때까지 6년 동안 청사로 사용하던 건물이다. 필자가 이곳을 처음 찾았을 때는 주용기(朱鎔基)라는 중국인이 거주하고 있었으나 시급히 보수를 요할 만큼 내부가 몹시 낡은 상태였었다. 다행히 한·중 양국간의 노력으로 이 건물이 중국의 문물보호단위(文物保護單位)로 지정되면서 말끔히 개수·단장되었을 뿐만 아니라 그 내부에는 관련유물까지 전시하여 많은 참관자를 맞이하고 있다. 이밖에도 보경리 4호로 옮기기 전인 1925년 전후 사용한 신민리 14호 건물 역시 임시정부의 다른 한 청사임이 독립기념관 조사단에 의해서 확인되었다.

임시정부의 다른 여러 청사는 현재 도시계획으로 건물이 헐렸거나 현장확인이 어려운 상태이다. 박은식의《한국독립운동지혈사》(韓國獨立運動之血史)에 화보로 게재된, 태극기가 걸린 2층 양옥의 청사는 초창기 임시정부 청사로 내외에 알려진 것이다. 그것은 하비로 321번지로 추정되나 현재는 건물이 헐리고 없어졌다.

최근에는 서금로 22번지 현순 목사가 기거하던 집이 임시의정원을 개원, 임시정부를 탄생시킨 최초의 청사라고 주장하는 논자와 그에 부동하는 학자까지 나왔다. 그러나 관계문헌을 검토하고 현지조사를 실시한 결과 이것은 언어도단의 강변이라 할 수밖에 없다. 우선 현순 목사가 살았다는 김신부로 22번지는 현재의 서금로 22번지가 아니라 50번지에 해당되며, 임시의정원 개원회의를 개최하였던 곳이 김신부로임에는 틀림없으나 현순이 묵던 집이 그 장소라는 명확한 근거는 더욱이 찾을 수 없다. 현순의 자서전에서는 도리어 자신의 집이 아닌 곳에서 임시정부를 건립하기 위한 회의를 거듭 개최하였다고 밝히고 있다.

한편, 보강리 일대는 오랫동안 김구(27호)를 비롯, 신규식(60호), 이동휘(24호), 안창호(44호) 등이 한때 거주하였던 곳으로, 1989년 전후 필자가 처음 이곳을 탐방하였을 때에는 허름한 대로 그 위치와 건물 등을 확인할 수 있었으나 최근 다시 찾았을 때는 도시정비로 건물들이 거의 헐려 재개발 공지가 되어버렸다. 이밖에 임시정부와 관련된 상해의 유적은 '3·1당'(堂)으로 널리 알려진 현재 황포구(黃浦區) 구강로(九江路) 201호의 인민정부대례당(人民政府大禮堂) 건물이다. 여기는 독립운동사상 최대규모의 독립운동 대표자 회의라 할 수 있는 국민대표회의가 개최되었던 곳이고, 명연설가 안창호가 독립운동의 방략 등을 강연하던 유서 깊은 곳이다.

임시정부가 1932년 5월 상해를 떠나 1940년 중경에 도착할 때까지 남경·항주·가흥·진강·광주 등지에서 일시적으로 머물던 청사들은 일차 탐방은 하였으나 그 소재지를 확인하기에는 아직 입증자료가 부족한 실정이므로 후일을 기약한다.

중경의 임시정부 청사는 두 곳이 전래되고 있다. 임시정부가 중국 국민당 정부를 따라 중경으로 옮겨 가서는 제일 먼저 양류가(楊柳街)에 임시청사를 두었으나, 폭격이 심해지자 석판가(石版街)로 옮겼다. 그러나 그 청사 역시 폭격으로 불타고 말아 다시 화평로(和平路) 오복가(五福街) 오사야항(吳師爺巷) 1호로 이사하게 되었다. 이 건물의 현재 지번은 화평로 2항(巷) 5·6·7호로, 수리도 하지 않은 채 여러 세대가 살고 있다. 현지인의 말은 이 지역이 재개발지역으로 곧 철거될 것이라 한다. 임시정부는 이 청사에 이어 40만 원의 임대료를 지불하고 8·15해방 때까지 칠성강(七星崗) 연화지(蓮花池) 4호로 입주하였다. 70여 칸의 이 건물 또한 현재 연화지 38호로 지번만 변경되어 그대로

임시정부 환국 기념(1945년 9월 중경 연화지 청사에서).

현존하고 있다. 이 건물은 현재 독립기념관과 중경시가 협정을
체결, 개수(改修) 영구 보존을 추진하고 있는 중이다. 임시정부
는 이 청사에서 독립운동의 마지막 대업을 추진하다가 해방의 감
격을 맞이하였던 것이다.

2. 홍구공원의 윤봉길 의거

　만주침략에 이어 중국본토 침략의 서전이 된 일제의 상해사변은 이봉창의 의거가 있은 지 얼마 안 된 1932년 1월 28일에 일어났다. 만주사변으로 중국으로서는 항일운동이 격화일로에 있던 상황 아래서 또다시 중·일간의 전쟁이 벌어진 것이다. 한인애국단에서는 이런 기회에 중국을 도와 한중협직의 항일운동을 확고히 하고자 하였다.

　그리하여 중·일간의 전쟁을 틈타 구체적 방안으로 비행기 격납고와 군수품 창고 등의 소각계획을 세웠다. 나아가 세상을 경동시킬 거사를 일으키려고 하였다. 마침 상해사변이 일어나 중국 상해 병공창(兵工廠)이 후방으로 이동하게 될 때 김홍일(金弘壹)은 중국군 제19로군의 후방정보국장을 겸임하고 프랑스 조계에 남아 정보수집과 일본군의 후방교란 작전을 펴고 있었다. 김홍일은 김구와 의논, 한인애국단원을 동원하여 정보수집을 하는 한편 상해 홍구부두(虹口埠頭)에 정박하고 있는 일본군함

‘출운호’(出雲號)에 상해 파견군 사령부가 함께 있다는 것을 탐지하여 이 군함의 폭파계획을 세운 것이다. 그리하여 병공창에서 폭탄을 준비하고 잠수부 2명을 고용하여 2월 12일 폭파를 결행하였으나 실패하고 말았다.

이를 이어 한인애국단은 우선 상해 홍구 부두에 있는 일본군의 비행기 격납고와 황포강가에 있는 일본의 군수품 창고의 파괴를 위한 준비를 서둘렀다. 일본의 군수물자 하역작업을 일본 본국에서 노동자를 모집해다가 시키고 있는 것을 보고, 일본에 연락하여 그곳의 애국단원을 상해파견 노동자에 응모케 하여 그들로 하여금 부두의 격납고와 군수품 창고를 폭파할 계획 밑에 일본에서 건너 온 애국단원 5명과 윤봉길을 부두 작업장에 침투시켰으나 휴전의 성립과 준비의 지연 등으로 준비과정에서 좌절되고 말았다.

그러나 한인애국단의 활동은 계속되어 일인 고관의 암살과 관공서의 파괴를 계획하고 이를 추진해갔다. 1932년 3월 중순에서 4월 하순에 걸쳐 한인애국단은 이덕주(李德柱), 유진식(兪鎭植)으로 하여금 조선총독의 암살, 응징을 계획하여 폭탄과 권총 등을 휴대하고 서울에 비밀히 갔으나 일경에게 체포되었다.

다시 같은 해 3월 하순에는 여자단원 김긍호(金兢鎬)를 연락정보원으로 안동현(安東縣)에 밀파하기도 하였다. 이와 같이 한인애국단의 활동은 끊임없이 전개되고 중국관민과 연합하에 한중합작의 한중호조연합회(韓中互助聯合會)를 조직하기에 이르렀고 오래지 않아 윤봉길의 상해 홍구공원 의거를 일으키게 되었다.

윤봉길은 고향 예산에서 농촌계몽사업에 종사하다 독립운동에 헌신하기 위해 상해에 건너와 피혁회사에 직공과 채소장사를 해가면서 기회만을 기다렸다. 김구를 만났을 때 그는 23세의 혈기

왕성한 애국청년이었다. 김구는 곧 윤봉길이 자신이 찾고 있던 정열적 애국지사임을 확신하였다. 당시 김구는 전승으로 의기양양하던 일본인들이 1932년 4월 29일 전승기념으로 상해 홍구공원에서 일본 천황의 생일인 천장절 기념행사를 겸하여 거행한다는 정보를 입수하고 윤봉길이 그 기념식장에서 중국침략 원흉들을 도륙하도록 하게 하였다. 윤봉길은 즉석에서 그 사명을 완수할 것을 맹세하였다.

그 후 현지의 일제 신문에는 천장절 축하식에 참여할 사람은 점심 도시락과 물통, 그리고 일장기만을 휴대하라는 포고가 게재되었다. 신문을 본 김구는 곧 김홍일을 찾아가 상해 병공창장에게 부탁하여 일본인이 메는 물통과 도시락에 폭탄장치를 해줄 것을 부탁하고, 윤봉길과 함께 홍구공원에 가서 식장을 미리 답사하였다. 한편 김구의 부탁을 받은 김홍일은 지난번 여러 차례의 거사에서 폭탄이 불발한 사실을 감안, 20여 회의 실험을 거쳐 폭탄을 만들어 김구에게 인도하였다.

마침내 4월 29일, 의거의 날이 당도하였다. 이날 아침 일찍 윤봉길은 준비된 폭탄을 들고 식장인 홍구공원에 일본인으로 위장하여 들어갔다. 경축식장은 일본 문무고관을 비롯한 일본인이 운집한 가운데 높은 사열대 위에 시라가와(白川義則) 등 7인의 중국 침략의 수뇌들이 자리잡고 있었다. 마침내 경축식이 진행되어 오전 11시 40분경 '전원묵도'의 시간이 돌아왔다. 이순간 군중 속에 끼여 있던 윤봉길은 재빨리 뛰어나가 경축대를 향해 폭탄을 던졌다. 경축식장은 순식간에 폭음과 함께 수라장이 되고 일본 수뇌들은 비명을 지르며 쓰러졌다. 단상의 일본 거류민단장 가와바다(河端貞次)는 즉사하고 중국침략사령관 시라가와 대장은 중상을 입고 끝내 사망하였으며, 주중공사 시게미쓰(重

光葵)와 제9사단장 우에다(植田謙吉)는 한쪽 다리가 절단되었다. 그밖에도 제3함대 사령관 노무라(野村吉三郞)는 실명하였고, 영사와 민단서기 및 일본여자 다섯 명이 중상을 입었다. 결국 사열대 위에서 뻐기고 경축행사를 벌이려던 침략의 수뇌 일곱 명은 모두 사상을 입고 쓰러졌던 것이다.

의거에 성공한 윤봉길은 신분을 밝히지 않으려던 애초의 계획대로 도시락 폭탄으로 자결하려 하였으나 시간적 여유를 얻지 못하고 체포되어 그해 12월 19일 일본 가네자와 교외 미고우지 공병작업장에 호송되어 십자가 형틀에 묶여 총살형을 받아 순국, 해방 때까지 그곳 쓰레기장 부근에 매장되어 있었다.

윤봉길의 의거도 60여 년이 흘렀다. 1992년 60주년 기념일에는 서울 양재동 소재 매헌윤봉길기념관(梅軒尹奉吉紀念館)에서 각종 기념행사를 벌여 그 뜻을 새겼다. 그 가운데 '한국독립운동과 윤봉길'을 주제로 한 국제학술회의에서는 한·중·일·미·대만 각국에서 온 관련학자가 모여 진지한 토론을 벌였다.

한편, 윤봉길의 의거 현장인 상해 홍구공원은 노신공원(魯迅公園)으로 이름도 바뀌어지고 시라가와 등 일제침략 수괴들이 도륙, 응징된 장소로 추정되는 당년의 관병식 사열대 언저리에는 노신(魯迅)의 동상이 섰고 그 앞 광장에는 잔디밭만 펼쳐져 있어 지난날의 장거 현장임을 잊고 있는 듯하다. 다행히 최근 그곳에서 북쪽으로 한 마장쯤 떨어진 구석이기는 하지만 매헌루(梅軒樓)가 세워져 새롭게 단장되고 있다. 조속히 그 안에 윤의사의 사적기와 관련유물들이 전시되고 매헌루 현판이 당당하게 걸리기를 바랄 따름이다.

《신한민보》 주필이며 미주 국민회 역사를 쓴 역사가이기도 한 동해수부(東海水夫) 홍언(洪焉)은 다음과 같은 10여 수의 한시

로 홍구공원 의거를 찬미하였다. (《東海詩抄》 인용 : 번역 저자)

1. 어둠침침한 홍구공원 궂은 비 내리는데*
   억센 도적들의 열병기세 교만하다.
   홀연히 수류탄 날아가 터진 곳에
   일성벽력이 하늘을 진동한다.
   * 의거당일 비가 내렸다.

2. 징벌의 활극이 눈 앞에 펼쳐지매
   자욱한 폭탄 연기 사령대를 덮어씌웠다.
   칠적(七賊)* 상망(傷亡)에는 행면(幸免)마저 없고
   넓고 넓은 천벌의 그물 겪고 견디기 슬프지.
   *七賊…육군대장 白川義則, 해군중장 野村吉三郎, 육군
    중장 植田謙吉, 중국전권공사 重光葵, 상해총영사 村井倉
    松, 서류민단장 河端貞次, 서기장 友野盛

3. 시게미쓰(重光葵) 쓰러지매 일장기 빛을 잃어
   이른바 천장절은 불장절(不長節)이 되었더라.
   붉은 피 깃발에 뿌리고 시체는 땅에 널려
   왜놈의 경축장은 장례식이 되었도다.

4. 교만한 시라가와(白川)대장 서천(逝川)*에 곡하고
   향빈주(香檳酒)* 도착하니 처연터라.
   왜왕의 봉작(封爵)* 영화 무엇에 쓰랴.
   한숨과 공명이 구천에 가버렸네.
   *逝川…한번 가면 다시 돌아오지 못함을 비유.
   *香檳酒…고급 포도주.
   *왜왕은 죽은 白川을 男爵에 봉하고 향빈주를 내렸다.

5. 무수한 영혼 다 함께 원수 갚고자 하는데

간적(奸賊) 가와바다(河端)가 먼저 죽더라.
편복(便服)입고 지은 악행이 아직도 죄가 남아
늙은 어미* 남은 목숨 간장을 끊는다.
  *河端에게는 74세의 老母가 있었다.

6. 육해군의 장군들 몸이 이미 소잔하니
   고국에 생환해도 마음은 쓰리리라.
   도쿄의 괴수들 문안 온다면
   고려선생(高麗先生), 일탄(一彈)을 주셨다 하라.

7. 이 날 왜왕의 간담 또한 서늘했으니
   굉음을 전한 장사 삼한인(三韓人)이더라
   만몽(滿蒙)의 미몽*을 먼저 깨쳐라.
   일궁(日宮)의 금전(金殿)이 깊으다 한들 침석은 불안하리
   라.

     *滿蒙迷夢…만주와 몽고를 침략하려는 미몽.

8. 여러 차례 패한 왜놈 아직도 아니가고
   어찌하여 전승했다 무위를 뽐내느냐
   홍구공원의 기약한 경축회는
   천리, 인심을 모두 다 어겼더라.

9. 황포강 북쪽이 잿더미로 변하매
   십만의 침략군은 피를 물고 돌아가더라.
   철통 같은 진지도 한 선비를 막지 못해
   조용히 괴수들을 섬멸했도다.

10. 박랑사(博浪沙)*의 저격은 국은(國恩)의 감은이요
    역수(易水)의 비가(悲歌)*는 지기(知己)의 노래로다.

장사, 천추의 이 장거는
양국에 몸바쳐 원수 갚은 마음이리.
  *博浪沙…韓의 張良이 장사로 하여금 원수 진시황을 저격
   한 곳.
  *易水의 悲歌…荊訶가 燕나라 太子의 부탁을 받고 진시황
   을 죽이려고 갈 때 역수에서 부른 슬픈 노래.

　한편, 윤봉길 의거 1년 뒤에는 6·3정(亭) 의거 계획이 역시 상해에서 추진되고 있었다. 무정부주의 계열의 남화한인청년연맹(南華韓人靑年聯盟)의 백정기(白貞基), 이강훈(李康勳), 원심창(元心昌), 이규창(李圭昌) 등은 아리요시(有吉) 주중공사를 폭살, 응징하려 하였으나, 거사계획이 사전에 누설되어 주모자들이 체포되고 말았다. 백정기 의사는 복역하던 중 옥사하고, 이강훈과 원심창은 8·15해방을 맞아 석방되었다. 그 현장인 무창로(武昌路)에 있었던 6·3정은 1943년 불타 없어지고, 현재의 사포로(乍浦路) 180-190번지 옛자리에는 부옹대주점(富翁大酒店), 영안주점(永安酒店), 방향주점(芳香酒店) 등 세 음식점이 들어서 왕년의 고사를 잃고 있다.

3. 한국광복군과 조선의용대

대한민국 임시정부는 원년(1919)에 정부가 공포한 군사조직법에 의거하여 중화민국 총통 장개석 원수의 특별허락으로 중화민국의 영토내에서 광복군을 조직하고, 대한민국 22년(1940) 9월 17일 한국광복군 총사령부를 창립함을 자(玆)에 선언한다. 한국광복군은 중화민국 국민과 합작하여 우리 두 나라의 독립을 회복하고자 공동의 적인 일본제국주의자들을 타도하기 위하여 연합군의 일원으로 항전을 계속한다.

이 글은 임시정부가 한국광복군 창설을 내외에 천명하고 그 활동목표를 밝힌 '한국광복군선언문'의 한 구절이다.

한국광복군은 한말의 의병과 그를 이은 식민지하의 한국독립군을 이어 대한민국 임시정부의 정규군으로 편성되었다. 이 광복군은 1940년대 중국대륙의 항일독립운동전선에서 연안을 중심으로 활동하던 조선의용군과 노령 연해주의 국제군인 88여단에 속해 있던 한인부대 등 3대 무장군대 가운데서도 골간을 이루는

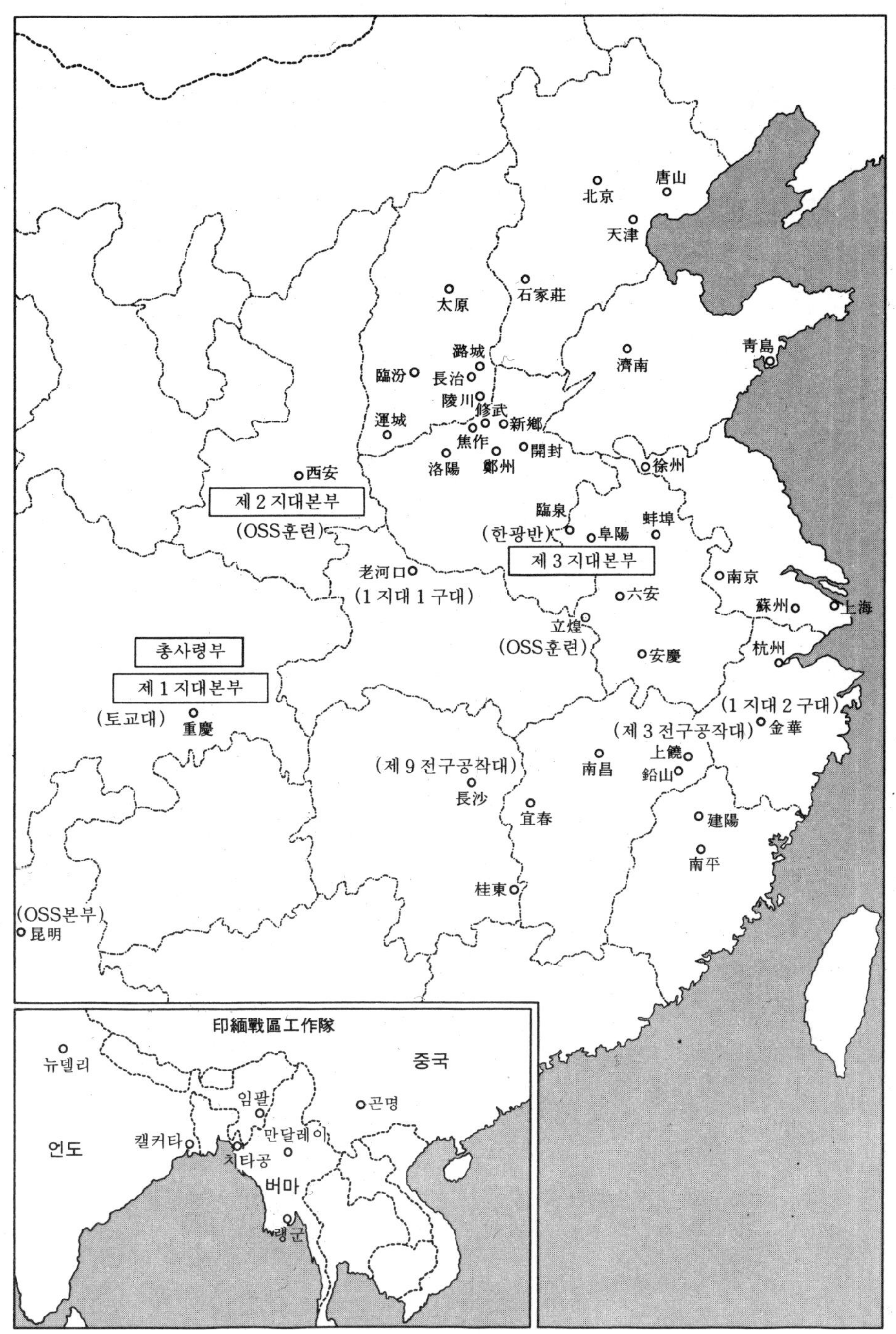

한국광복군 활동지역 분포도(1943∼1945).

군대이다.

임시정부는 제2차세계대전중에 연합군과 항일연합전을 전망하면서 광복군의 독자적 창군을 선언, 1940년 9월 17일 중경의 가릉빈관(嘉陵賓館)에서 한국광복군 총사령부 성립전례를 거행하였다. 가릉빈관은 중경시를 끼고 흐르는 가릉강(嘉陵江) 기슭 이자현(李子峴)에 위치한 한 호텔이었으며, 이 전례식에는 내외에서 2백여 명이 참석하였다. 오전 7시부터 거행된 전례식에는 총사령 이청천(李靑天)과 참모장 이범석(李範奭), 참모처장 채원개(蔡元凱), 부관처장 황학수(黃學秀) 등 30여 명의 광복군 사령부 간부들을 중심으로 김구 주석을 비롯한 임시정부와 한국독립당·임시의정원의 요인들이 참석한 가운데 거행되었다.

한편, 중국측에서도 귀빈이 다수 참석하였다. 그 가운데 정계의 주은래(朱恩來), 동필무(董必武), 오철성(吳鐵城) 등을 비롯해 중경의 위수사령관 유치(劉峙), 국민당 중경시 당부(黨部) 왕관지(汪觀之), 중소문화협회(中蘇文化協會)의 장서만(張西曼) 등 중국 각계 대표와 각국의 외교사절과 신문사 대표들도 참석해 성황을 이루었다. 임시정부 주석이며 한국광복군 창설위원회 위원장인 김구가 그 식전을 주관하였다. 창설위원장의 명의로 된 김구의 대회사를 이어 임시정부 외교부장 조소앙의 경과보고가 있었고, 임시정부를 대표한 홍진(洪震)의 훈사와 한독당을 대표한 조완구의 축사, 그리고 중국측 인사들인 유치, 장서만, 왕관지가 차례로 축사를 하였으며, 이어 장개석 중국군사위원회 위원장에게 보내는 치경문(致敬文) 낭독, 총사령 이청천에게 헌기(獻旗)와 답사, 그리고 참모 고운기(高雲起)의 '고중국전방장사서'(告中國前方將士書) 낭독을 끝으로 오전 10시까지 3시간에 걸쳐 엄숙하게 거행되었다.

1940년 9월 17일 중경시 가릉빈관(嘉陵賓館)에서 개최된 한국광복군 총사령부 성립 전례식. 단상의 인물은 광복군 창설위원회 위원장 김구와 총사령부 참모 김학규(金學奎)이다.

이와 같이 창설된 광복군은 그후 중국 관내 독립운동세력의 통합 군대로 발전하였다. 조선민족혁명당계의 조선의용대와 무정부주의 청년들이 중심이 된 한국청년전지공작대까지, 일부의 탈락은 있었지만, 대부분의 병력이 광복군으로 통합된 것이다.

광복군보다 2년 앞선 1938년 10월 10일에 한구(漢口)에서 1백여 명 규모로 편성된 조선의용대는 김원봉(金元鳳)을 총대장으로 하여 2개 구대(區隊)로 편성되었다. 비록 중국군사위원회의 휘하에 들어 있기는 하였으나, 장사(長沙)에서 활발한 항일전투를 벌이며 편제를 확대하고 병력을 증강시켜 1940년 2월경에는 대본부 외에 3개 지대에 총원 330여 명에 이르렀다.

그러나 1941년 3월에서 5월 사이에 대원들 상당수가 중국공산당 지역인 화북으로 진출, 연안의 조선독립동맹 산하에 조선의용군으로 편성되었다. 이를 계기로 김원봉 이하 모든 조선의용대 대원들이 광복군에 편입되어 광복군 제1지대로 개편되었다.
그후 광복군은 총사령부와 3개 지대로 정비, 병력을 증강시키면
서 항일 전선을 넓혀갔다.

이와 같이 확장될 무렵의 광복군 총사령부는 중경시 추용로
(鄒容路) 37호에 두었다. 추용로는 중국의 청년혁명가로 신해혁
명의 선구자가 된 추용(1885∼1905)의 이름을 딴 것으로, 현재
추용로 37호는 '미원'(味苑)이란 이름의 식당으로 사용되고 있
으나, 건물의 모습은 예전 그대로이다.

이보다 앞선 1940년 11월에는 서안(西安)에 전선사령부(戰線
司令部)의 성격을 띤 서안총사령부(西安總司令部)를 설치, 황학
수를 총사령 대리로 임명하여 서안시(西安市) 이부가(二府街)
4호에 총사령부를 두고 모든 전선을 총지휘토록 하였다. 그리고

서안의 광복군 총사령부 총무처 직원 일동(1940. 12. 26). 총사령부는 성립 직
후 황학수(黃學秀)를 총사령 대리로 한 총사령부 잠정부서를 편성하여 1940년 11
월말 서안으로 이전하였고, 1942년 9월 다시 중경으로 옮길 때까지 서안시 이부가
4호에 있었다.

1945년 6월 30일 부양극장(阜陽劇場)에서 개최된 제3지대(지대장 김학규) 성립
전례기념.

김원봉이 지대장인 제1지대는 본부를 중경 남안구(南岸區) 탄자
석(彈子石) 주보촌(硐堡村) 예가원자(倪家院子)에 두고 호북성
(湖北省) 노하구(老河口)와 절강성(浙江省) 금화(金華)에는 각
각 구대를 설치하여 활동하였다. 이범석이 지대장인 제2지대는
현재의 서안시 남쪽 장안현(長安縣) 두곡진(杜曲鎭) 두곡량참
(杜曲糧站)에 본부를 두고 수원(綏遠)과 포두(包頭)까지 활동구
역을 넓혀 나갔다. 또한 김학규(金學奎)를 지대장으로 한 제3지
대는 안휘성(安徽省) 부양시(阜陽市) 고루구(古棲區) 인성가(仁
星街) 인민서로(人民西路) 인민극장(人民劇場)에서 성립식을 거
행, 서주(徐州), 개봉(開封)을 비롯한 화중(華中) 지역 일대에
서 항일활동을 강화시켜 갔다. 이와 같이 확장되는 광복군의 규
모는 정확히 알 수 없지만, 1945년 8월 해방 전후에는 적어도
7백 명을 넘었을 것으로 생각된다.

제 3 편 러시아지역

개관 ― 러시아 연해주지역 한인사회와 민족운동

한국근대사에서 러시아와 그를 이은 소련은 두만강 하구를 사이에 둔 인접국이다. 동해와 대한해협을 서로 끼고 있는 일본보다 가깝고, 압록강과 두만강으로 길게 국경을 연접한 중국을 이은 인접국인 것이다.

이와 같은 인접국인 러시아와의 관계는 1858년 애혼조약(愛琿條約)과 그를 이은 1860년 북경조약(北京條約)에 의하여 시베리아를 영유·개척하면서 시작되었고, 1894년 한러조약이 체결되면서 공식화되었다. 1904년 일제의 러일전쟁 도발로 양국의 국교는 한동안 단절되기도 하였지만 러시아와의 관계는 한국근대사에서 중요한 위상을 갖고 있다. 특히 시베리아 지방 한인의 이주개척으로 말미암은 연해주 한인사회의 측면에서 큰 의미가 있다.

개화(開化)와 외압(外壓)으로 시작된 한국근대사는 전통적 지배층이 보수반동적 관념을 쉽게 버리지 못하고 외압에 휘말리어 나라와 민족을 파멸로 몰고 가는 성격이 짙은 데 비하여 그의 지배 아래 있던 영세농민을 주축으로 하는 민중은 도리어 자율적으로 민족사의 새 진로를 찾으려는 움직임이 강하였다고 할 수 있다. 그 한 가지가 개항 전후로부터 성장한 동학농민의 전통사회에 대한 도전과 보국안민(輔國安民), 척왜척양(斥倭斥洋) 사상에 입각해 일본 제국주의를 몰아내려는 동학농민군의 항일전이라고 할 수 있다.

다른 한 가지는 개항 이전부터 두만·압록강을 넘어 서북간도를 비롯한 남북만주와 러시아 연해주지방의 이주개척이었다고 할 수 있다. 그들은 황무지를 개척하여 그곳을 한인의 '신천지'로 삼고 생활토대를 마련하고 나아가 조국독립운동기지로 삼게 하였다. 그들의 이와 같은 이주 개척지는 역사적으로 보면 상고 이래 고구려·발해로 내려오면서 민족의 활동무대로 고대문화를 형성하던 민족 '고지'(故地)였다. 또한 그곳은 지리적으로

1880년대의 연해주 이주 한인들.

일의대수만 건너면 국내에 다시 진입할 수 있는 요충지였다.

한인이 러시아 연해주로 이주하기 시작한 시기는 13가구가 두만강을 건너 처음으로 지신허(地新墟)에 정착한 1863년부터라 하겠다. 이주 초기단계에는 특히 함경도와 평안도의 영세농민이 그 선도가 되었다. 그들이 국경을 넘어 이주하게 된 직접적인 동기는 연이은 흉작(凶作)과 왕조말 부패 관리들의 가렴주구(苛斂誅求)에 있었다. 그들을 이어 한인의 노령이주 대열은 해마다 급증하여 갔다.

이러한 연해주지방의 이주 경향은 1900년을 넘으면서 몇 만에 헤아렸고, 1910년경에는 10만을 훨씬 넘었으며, 1919년 3·1운동 때는 몇십 만으로까지 호칭되는 경우도 있었다. 연해주지방의 이와 같은 이주개척은 두 가지 주목할 측면이 있다. 그 한 가지는 이주 한인들이 러시아의 시베리아 연해주 개척에 큰 기여를 한 면이다. 그것은 러시아가 1860년 북경조약에 의하여 청나라로부터 연해주를 할양받아 그들의 극동정책의 일환으로 블라디보스토크 군항을 건설하고 시베리아 철도를 부설하였으며, 또한 시베리아 황무지와 금광·삼림을 개발하는 등 그곳 개척에 주력할 때 한인 이주민의 피와 땀이 큰 몫을 하였던 것이다.

다른 한 가지는 이주한인이 이와 같이 시베리아 연해주 개척에 공헌하면서 그곳에 한인사회를 이룩하여 1904년의 러일전쟁과 그를 이은 1905년의 을사 5조약, 1910년 국치 전후로부터는 조국독립운동의 해외 중요기지로 발전시켜 한국독립운동사의 새 장을 열었다는 사실이다. 이 시기부터는 국내에서 수많은 의병과 민족운동자가 망명, 한인의 이주 개척을 더욱 촉진시키는 한편, 13도의군·국민회·성명회·권업회 등의 항일결사를 조직하고 계동학교(啓東學校), 대전학교(大甸學校) 등의 민족주의

연해주 개척 고려인의 삽화(예리니츠키, 《시베리아에 거주하는 외국인들》, 성 페
테르스부르크, 1908).

교육기관도 설립하였다. 또한 장차 있을 독립전쟁에 대비하여
그곳에 민족의 군대인 광복군을 양성하기 시작하였다.

이와 같은 항일운동은 언제나 국내의 민족운동과 긴밀한 연계
를 가지고 추진되었다. 그리하여 국내외 한민족의 민족의식과
근대의식을 고조시켜 거족운동을 기약하였고, 1914년에는 이미
그곳에 독립군(광복군)을 양성, 지휘할 대한광복군정부(大韓光復
軍政府)까지 건립하였던 것이다. 이와 같은 측면은 1919년 3·1
운동까지 그곳을 한국독립운동의 해외중심기지의 하나로 발전시
켰으며, 그곳은 곧 이 시기 한국민족주의의 한 보루가 되었다 하
겠다. 을사 5조약 늑결 전후부터 3·1운동 발발 때까지 민족수난
초기에 국내외 민족운동자 가운데 러시아 연해주를 한번도 왕래
하지 않고 활동한 이가 드물었다는 사실에서도 이 점이 입증되고
있다.

그뿐 아니라 3·1운동 이후에도 연해주지역은 서북간도와 동일

연해주 지역 약도

하바로프스크
(花發浦)
아무르강 (黑龍江)
우수리강
撓力河
興凱湖
비킨
이만
密山
항카호
두트이토그
스파스크
노보츠프에프카
움가
中國
綏芬河
그로데꼬브
우수리스크 (蘇王領)
바라노브스키
파르티잔스크 (수찬, 水淸)
秋風 (수이푼)
綏 河
나호브카
시비무예보
블라디보스토크 (海蔘威)
시지비
습라비얀카
피모뜨르만
琿春 地新城
圖們
慶興
포시에브 (북쉬우)
크라스키노 (煙秋)
慶源
鐘城
하산
延吉
雄基 (선봉)
한
국
會寧
니콜라이에프스크
사할린주
화배
흑룡주
연해주
알렉세프스크
(自由市)
흑하
애훈
하바로프스크
지지하르
이만
북해도
하얼빈
니콜리스크
장춘
길림
블라디보스톡

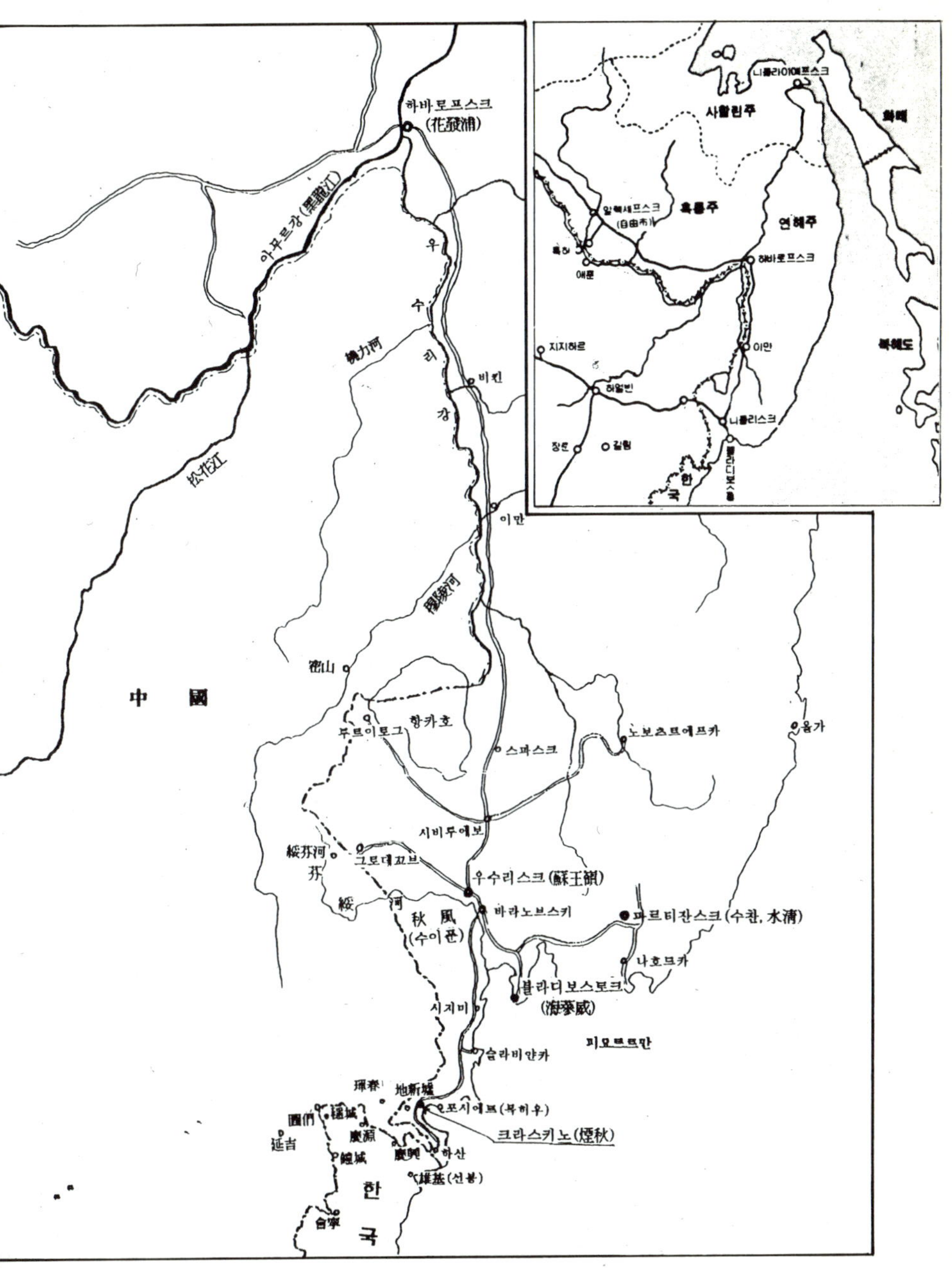

하게 독립군을 편성하여 무장을 갖추고 두만강을 향하여 항일전
을 벌이는 기지로서 더욱 그 지위를 높여갔다. 특히 서북간도를
포함하는 남북만주의 독립군에게 공급되는 무기의 대부분이 연
해주로부터 조달되었던 것이다. 또한 3·1운동 직전 그곳에는 대
한국민의회가 성립되어 항일운동이 더욱 활기를 띠게 됨으로써
상해의 대한민국 임시정부와 함께 1920년대 조국독립운동에 작
지 않은 자취를 남기기도 하였다.

1863년 이래 이주개척이 시작되어 성장한 시베리아 연해주 한
인사회는 제정러시아와 10월혁명 이후 공산 소련의 대한인정책
에 따라 우여곡절은 있으나 1930년대까지 꾸준히 그 기능을 이
어가 한민족의 국외이주 발전에 큰 의미를 부여하고 아울러 한국
독립운동의 중요면을 차지하였다. 이와 같은 사실(史實)은 모두
한민족의 슬기와 땀과 피의 결정이라 하겠으며, 그대로 우리 한
국근대사의 한 국면이었다고 지적할 수도 있다.

그러나 이같은 의미도 1937년을 고비로 시베리아 연해주의 한
인사회는 본국 한민족의 역사와 유리되는 슬픈 길을 걸었다. 그
것은 소련 당국이 자국내 소수민족 동화지배책의 일환으로 극동
에 거주하던 한인들을 그해에 수만 리 밖의 황무지 —— 중앙아시
아의 카자흐스탄과 우즈베크 등지의 초원지방—— 로 강제 집단
이주시켜 이후 그들의 새로운 개척사가 시작되었기 때문이다.

오랫동안 철의 장막으로 가려진 구소련 안에서의 일이었기 때
문에 개방이 시작된 최근까지도 진상을 정확히 알 길이 없었지
만, 1937년 9월 소련 비밀경찰인 케·페·우가 동원되어 수십만
에 달하는 한인을 불과 한두 달 사이에 철도 화차에 태워 황량한
반사막 목초지대인 중앙아시아 카자흐스탄과 우즈베크 지방에
실어다 놓았던 것이다. 이러한 강제이주는 한인사회에서는 누구

도 전혀 알지 못하던 돌발적 운명이었기 때문에 가산을 정리할 수도 없었으며, 수만의 한인 대열이 짐짝처럼 몇 백 대로 이어지는 화물차량에 실리어 불안 속에 수송되었다는 말이 전한다.

이처럼 비인도적 강박과 학대 속에서 당도한 곳에는 아직도 미개척의 초목과 사막 천지의 황무지였다고 한다. 아무런 생활대책도 마련되지 않았다고 하며 이들에게 지급된 것은 텐트가 고작이었다. 이후 이들 한인의 역사는 비밀에 가리어 알려지지 않았을 뿐만 아니라 더 중요한 것은 세월이 흐름에 따라 한민족의 역사에서 멀어지고 있었다는 점이다.

그러나 최근에 전세계적 추세였던 개방정책이 공산 소련 전역을 진동시켜 소련의 급속한 해체를 가져왔으며, 이 결과 러시아를 비롯한 몇 개의 공화국이 등장하게 되었다. 이와 같은 개방의 와중에서 비로소 중앙아시아 한인의 사정이 밝혀지기 시작하였

블라디보스토크 초기 이주한인 일가와 움막집(블라디보스토크 역사박물관 소장). 머리 위의 상투가 인상적이다.

다. 현재 약 40만 내외의 한인이 중앙아시아 우즈베크와 카자흐스탄 공화국 등지에 정착하여 생활을 영위하고 최근 ‘고려인협회’를 조직, 그들의 권익을 신장시켜가고 있다. 이러한 사실은 한국근대사와 관련하여 어떤 의미를 부여해야할지 검토할 과제임에 틀림없다.

19세기 중엽 이래 1937년까지 이와 같은 시베리아 연해주지방에서의 한인의 이주개척과 그를 이은 이주한인의 민족운동 내지 조국독립운동 가운데서도 특히 주목되는 사항은, 무엇보다 그곳 한인사회의 형성과 규모·성격 등에 관한 문제이다. 1863년 최초의 한인촌으로 한·중·러 삼국 경계를 흐르는 강가에 건설된 지신허(地新墟) 개척 이래 국권을 상실한 1910년 전후까지 적어도 15만 이상 20만을 헤아리는 한인이 시베리아 지방, 특히 우수리 강 동쪽 연해주의 도시와 신개척지 곳곳에다 한인촌락을 건설하고 한인사회를 이룩하였다. 일제가 1912년 6월 연해주에 있는 한인의 항일운동을 탄압하기 위하여 그들의 군사외교 및 그밖의 각종 정보기관을 통해 조사하여 작성한 《노령 연해주 이주선인(移住鮮人)의 상태》란 문서에서는 〈노령 연해주 조선인 분포약도〉까지 작성하여 덧붙이고, 비고란에 ‘이주선인 총수 15만 명’이라고 기록하였다. 이 무렵 한인측 기록에는 ‘30만’ 이상으로 기술한 자료들이 허다하다.

이주한인들은 황무지를 개척하고 러시아의 시베리아 개발추진에 노동력을 제공하여 생활의 터전을 닦으면서 러시아내 한 소수민족의 집단사회를 형성하였다. 그들 가운데 1905년 을사5조약 이전에 이주한 한인은 본국에서의 기아와 빈곤, 그리고 왕조말의 학정에 시달리다가 신천지를 찾아간 사람이 큰 비중을 차지하였다. 그 가운데서도 특히 함경도·평안도 등 북도인의 비중이

↑ 한인 이주민과 연해주의병이 넘나들던 두만강변. 핫산 철교 너머로 보이는 산하가 함북 경흥이다.

↑ 러시아는 시베리아 연해주를 경략하면서 중국의 흑룡강을 아무르 강이라 불렀다. 하바로프스크에서 바라본 아무르 강의 양양한 모습.

↑ 최재형이 군납으로 돈을 모아 연해주 한인사회의 민족운동자금으로 썼던 슬라비얀카 항구.

⬆ 니콜라예프카로 가는 길목의 푸른 강(水淸江).

⬇ 파르티잔스크에 자리잡았던 수청 석인동(石人洞)의 현재 모습. 석인동의 러시아 이름은 개척자 김공심(金公心)의 러시아식 이름을 따 니콜라예프카라고 붙였다. 현재는 1937년에 중앙아시아로 이주하였던 원주민 12호가 돌아와 살고 있다.

↑ 1919년 3·1운동 이전까지는 해외 항일독립운동 총본산이었던 블라디보스토크의 금각만(金角灣) 전경.

↓ 블라디보스토크 시 대양대통로(大洋大通路) 18번지에 현존하는 고려사범학교의 옛 건물. 연해주 최초의 한인 고등교육 기관이었다.

↑ '카레이스카야 스라보카'라고 부르던 블라디보스토크의 개척리 전경. 중앙의 원형극장 건물을 중심으로 대소 고급빌딩이 들어선 곳이 둔덕마퇴, 그 아래 저지대의 아무르 만에 연한 녹지대가 웅덩마퇴라고 부르던 곳이다.

↓ 개척리 둔덕마퇴의 중심거리.

↑ 1911년부터 건설되기 시작하여 수많은 항일독립운동가들이 집결 활동하였던 블라디보
스토크 아무르 만변의 신한촌 전경.

↓ 포그라니치나야에서 신한촌으로 들어가는 입구.

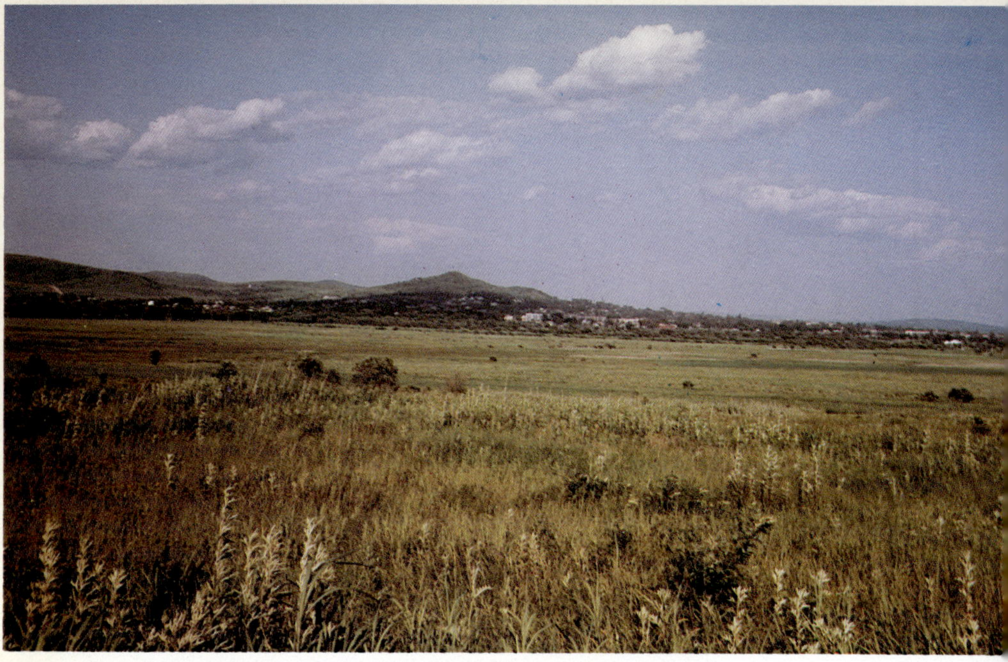

↑ 국외 항일의병의 본영인 연추 창의소(倡義所)가 자리잡았던 크라스키노의 원경.

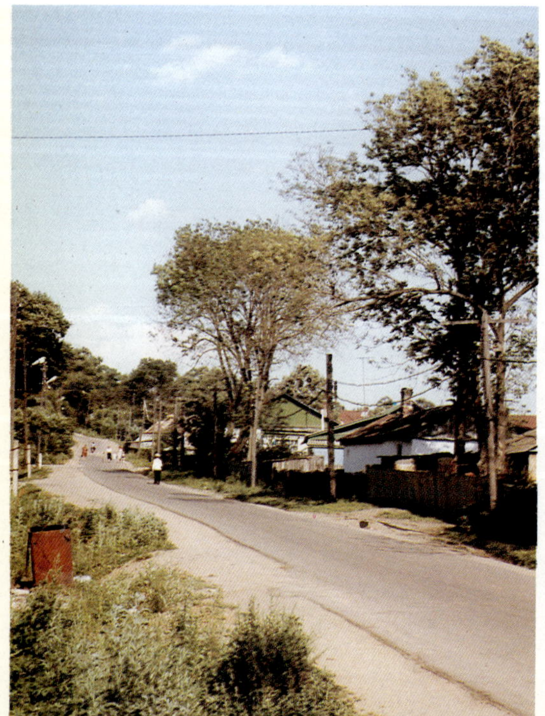

↓ 한인들이 연추(煙秋)라고 부르던 크라스키노의 한 거리.

↓ 두만강 하류 대안의 핫산 역 부근. 국경을 가르키는 러시아 군인의 동상이 인상적이다.

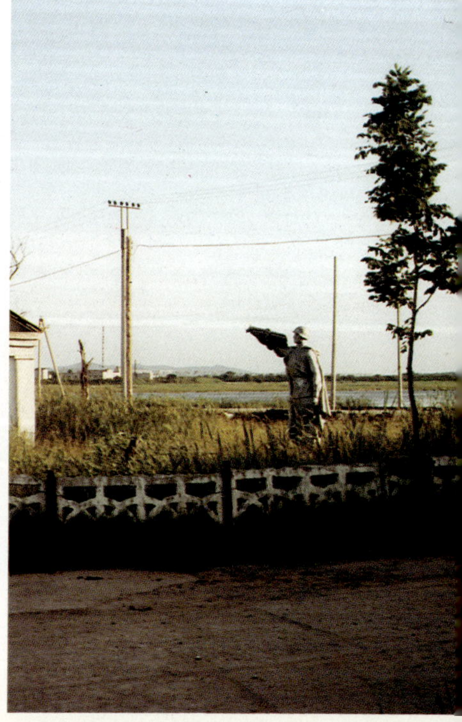

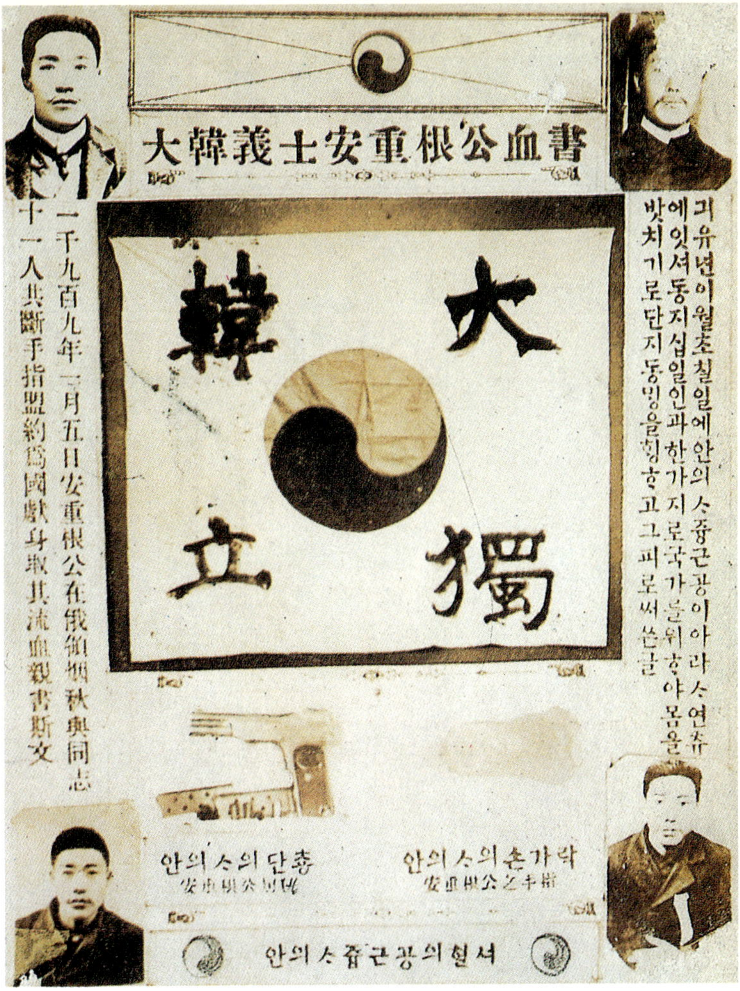

→ 안중근 의사가 연추 부근 '카리'에서 동지 11명과 함께 단지동맹(斷指同盟)을 맺을 때 조국독립을 위해 헌신할 것을 맹세하며 쓴 혈서.

↓ 연해주 최남단 도시 핫산 시가의 한적한 모습.

⬆ 우수리스크 중심가 치채린 거리에 자리잡은 고려사범전문학교. 1917년에 연해주 한인의 민족교육기관으로 설립되었으나 지금은 러시아의 초급사범대학으로 바뀌었다.

⬆ 우수리스크 중앙시장. 한인 여자 상인의 얼굴이 인상적이다.

컸다.

을사 5 조약과 그를 이은 군대해산 이후에도 이와 같은 궁민(窮民)과 농민의 이주는 여전히 계속되었지만, 그에 못지않게 주목되는 점은 정치적인 항일망명자의 급증현상이었다. 국내에서 애국계몽을 주도하던 민족운동자들이 대거 국외 독립운동기지화를 위하여 망명한 것이다. 게다가 국내에서 항일전을 전개하던 의병이 북상하여 두만강을 건너 새로운 항전기지를 마련하고자 한 것이다. 이들은 대개 연해주지역, 그 가운데서도 블라디보스토크의 신한촌과 크라스키노(煙秋) 등지를 중심으로 집결하여 독립전쟁론의 구현을 위한 구국활동을 벌였다.

이와 같이 집결하여 활동한 인물의 예를 구체적으로 들면, 첫째, 이범윤·홍범도·유인석·엄인섭·안중근 등의 의병장과 그 계열의 의병들이다. 그 가운데 이범윤은 1902년 이래 간도관리사를 지내다가 러일전쟁 때부터 항일을 표방하고 의병항전을 전개하였다. 그는 연해주 한인교포의 유지이며 부호인 최재형(崔才亨)과 합동하여 3, 4천 명의 의병들을 모아 연추를 중심으로 국외 의병을 편성, 국내에 진입하여 일제 축출작전을 전개하였다. 또한 1907년 이래 삼수·갑산과 장백부 등지에서 빼어난 활약을 보였던 홍범도 의병장도 그 계열 의병과 함께 1909년에 연해주로 망명해 구국항일전을 추진하고 있었다. 더욱이 1895년 을미의병 이래 10여 년 동안 한말 의병의 상징적 인물로 등장한 유인석 의병장이 중요 동지와 간부 의병들을 거느리고 그곳에 망명하여 국내외 의병의 통합과 단일군단의 항일전을 추진하고 있었다. 이와 같은 의병의 단결과 구국항전의 노력은 마침내 1910년 5월에 13도의군의 편성으로 나타나 어려웠던 의병의 단일군단이 성립되기까지 하였던 것이다. 이 13도의군은 유인석을 도총재

大西洋
北海
덴마아크
英國
노르웨이
스웨덴
핀란드
발트海
에스토니아
라토비아
리토아니아
러시아
白러시아
共和國
우크라이나共和國
키에프
키에프
하르코프
로스토프
크리미아半島
黑海
터어키
이 란
이라크
모스크바
오스코
볼가川
사마라
돈川
쿠비쉐
아스트라한
카스피海
바쿠
사라토프
우랄川
오렌부르그
우랄山脈
오비川
스베르들로프스크
우파
바슈키르
自治共和國
페트로바브로우스크
첼리빈스크
쿠르간
이시모
토볼스크
치우멘
오브도르스크
오비川
다다르스크스크
코리완
움스크
우스타나
아도바사르
스로브고로드
하브로다르
아크모린스크
세미파라빈스크
카르카라린스크
우스
노보시비르
카라海
키르기스草原
아랄海
시르川
크질·오다
카자린스크
이르기스
쓰루가이
터키스탄
발하시湖
사이산
우르크샤르
안마아따
우즈베크共和國
타시켄트
키르기스
自治共和國
이시나湖
안디잔
부우크멘스키
메르스키
나카바
카타크르간
사마르칸토
따즈쥐크共和國
아프가니스탄
과미르高原
天山山系
阿克蘇
北
30°
40°
50°
60°
70°
80°
40°
50°
60°
70°
80°

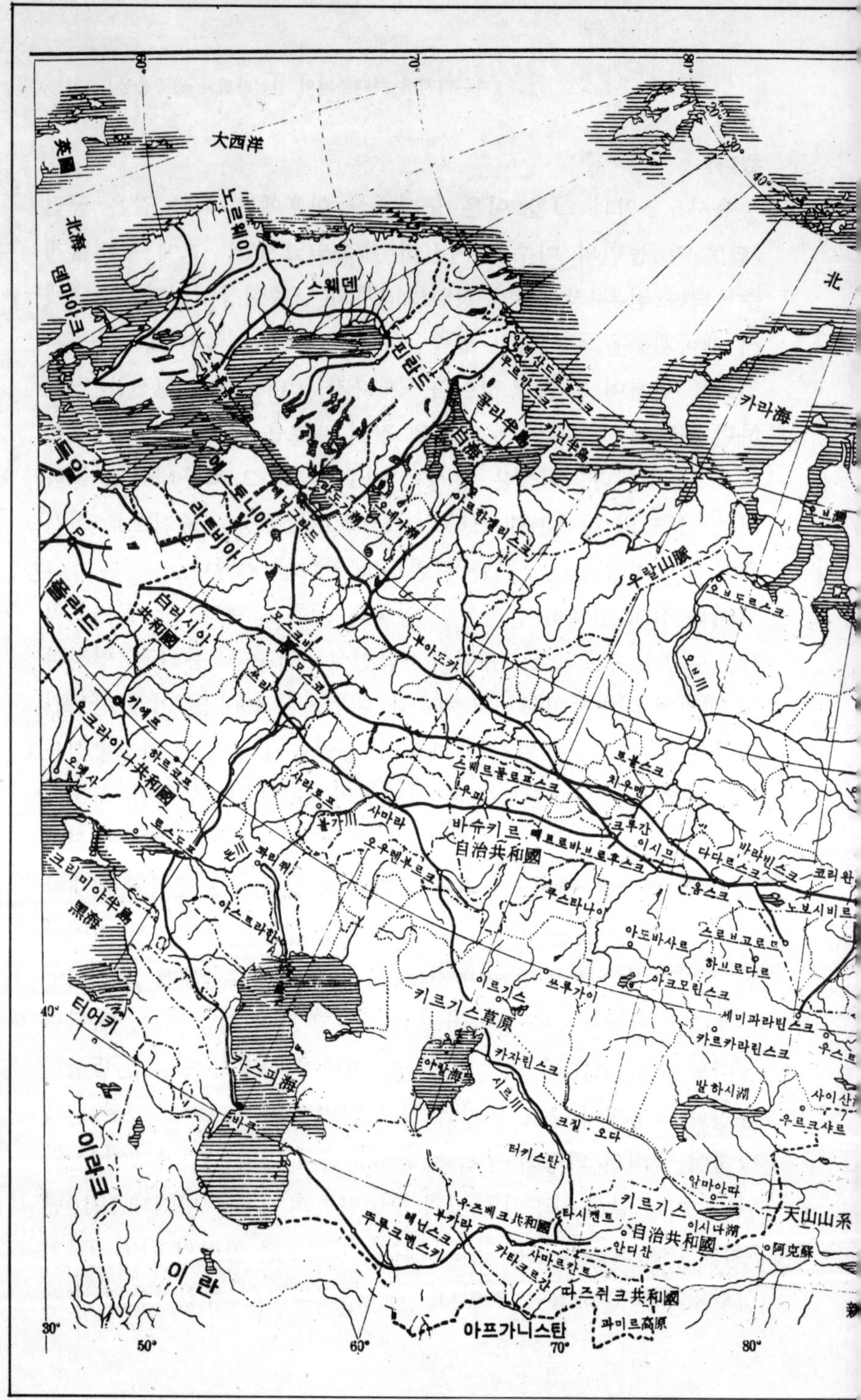

구소련전도

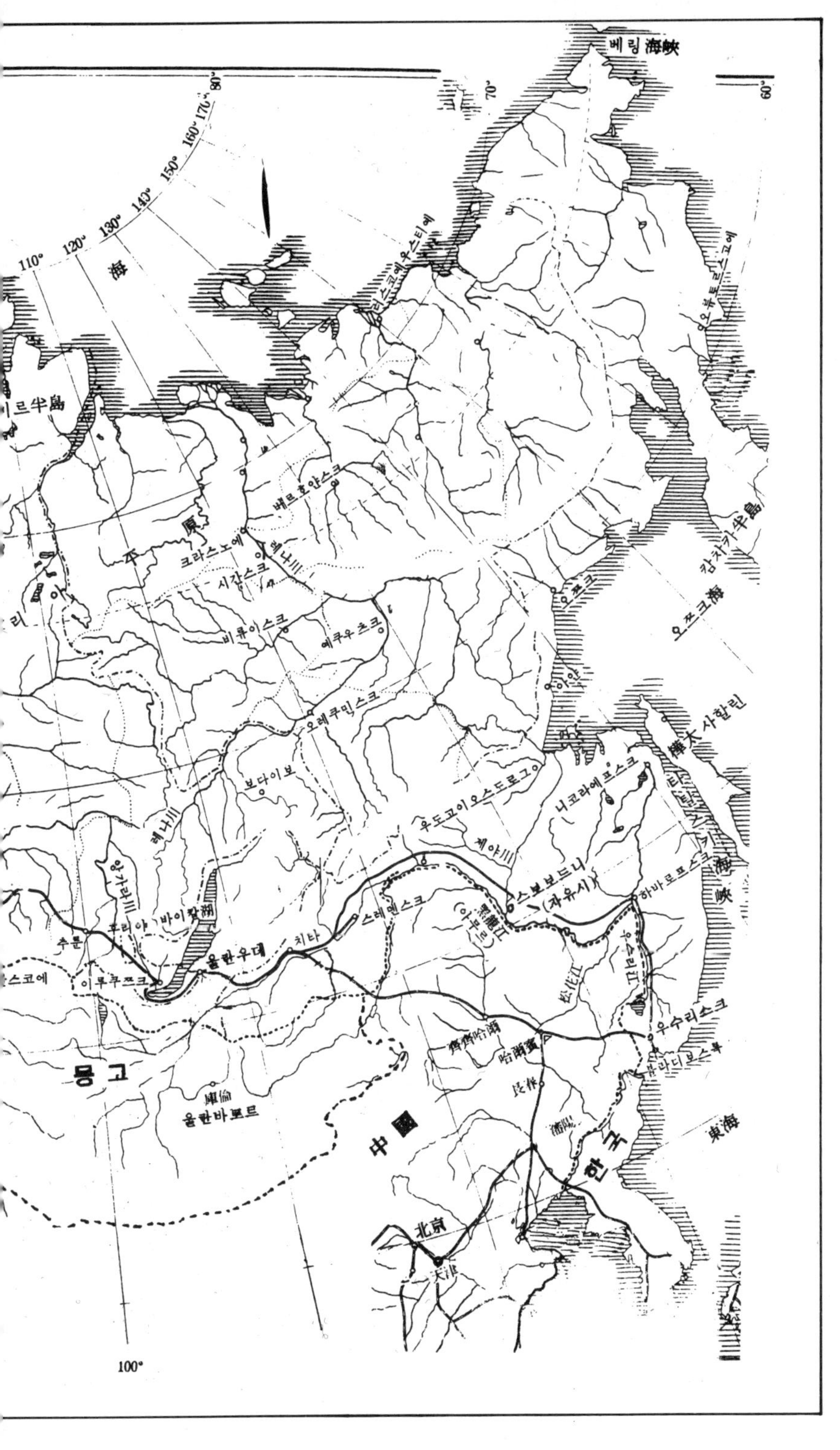

베링海峽
110° 120° 130° 140° 150° 160° 176° 80°
70°
60°
海
질르半島
原
크라스노에
베르호얀스크
레나川
시강스크
비류이스크
예쿠우츠크
오레쿠민스크
보당이보
레나川
바르그신
우도고이오스드로그오
제아川
제나川
우리아 바이칼湖
바이칼湖
수룬 울란우데 치타
이루쿠쯔크
스코에
스레텐스크
흑룡강
아무르川
스보보드니
(자유시)
하바로프스크 海峽
오푸토로스고에
감자가半島
오호크海
樺太 사할린
니코라예프스크
타타르
우수리江
송화강
우수리스크
우스리江
몽고
庫倫
울란바토르
中國
哈爾濱 哈爾濱
長春
한국
東海
北京
天津
瀋川
100°

(都總裁)로 받들고 이범윤을 창의총재(彰義總裁), 함경도 의병장이던 이남기(李南基)를 장의총재(壯義總裁), 황해도 의병장이던 우병렬(禹炳烈)을 도총소찬모(都總所贊謀), 홍범도와 황해도 의병장이던 이진룡(李鎭龍)을 동의원(同義員), 이상설을 외교대원(外交大員)으로 하여 연해주·북간도 일대의 의병을 통솔케 하였다.

둘째, 이와 같은 의병 못지않게 신한촌을 중심으로 한 연해주에 망명 활동하던 민족운동 계열의 인물에는 그동안 국내외 여러 곳에서 애국계몽운동을 주도하던 인물들이 망라되었다. 우선 국내외에서 애국계몽운동을 전개하다가 먼저 신한촌에 간 인물에는 〈시일야방성대곡〉(是日也放聲大哭)을 쓴 장지연(張志淵)과 을사 5조약을 반대하여 대한문(大漢門)에서 복합상소를 한 정순만(鄭淳萬) 등이 있다. 정순만은 북간도 용정촌에서 이상설·이동녕 등과 서전서숙을 세워 민족주의 교육을 실시하다가, 통감부 간도파출소라는 일제침략기관이 용정촌에까지 밀어닥쳐 이상설과 함께 신한촌을 새로운 독립운동기지로 삼기 위하여 간 것이고, 장지연은 최봉준(崔鳳俊) 등 그곳 한교(韓僑) 민족운동자들의 초청에 의하여 《해조신문》의 주필로 초빙된 것이다. 여하간 이들은 함께 《해조신문》의 주필이 되어 국내에서의 《황성신문》이나 《대한매일신보》, 또는 미주에서의 《공립신보》(共立新報)와 같이 강력한 항일언론을 펴 국외 독립운동의 기관지로 성장시켜 갔다.

셋째, 항일언론인을 이어 신한촌에 간 인물들은 하와이와 미주 본토에서 활동하던 이상설, 정재관(鄭在寬) 등과 그 계열의 민족운동자들이다. 그동안 하와이와 미주 본토에서 활동하던 민족운동자들은 8천여 한인사회를 바탕으로 러일전쟁 이후부터 조

블라디보스토크 신한촌의 **3·1**절 기념식(1920. 3. 1).

국독립운동을 추진한 공립협회와 합성협회(合成協會), 그리고
그를 계승 발전시킨 국민회를 조직하여 효과적인 활동을 펴왔
다. 그러나 더 효과적으로 조국독립을 달성할 수 있는 독립전쟁
론을 구현하기 위하여는 그들이 '원동'(遠東)이라 부르던 신한
촌을 중심으로 한 시베리아와 서북간도의 독립운동기지에서의
독립군 양성이 절실함을 알고 그를 경영하고자 국민회 등의 중요
임원이 직접 신한촌에 몰려왔던 것이다. 1909년 2월 국민회 결
성 직후 그 국민회 총회장에 선임된 정재관과 헤이그 밀사로 갔
다가 미국에 머물며 활동하던 이상설은 이러한 국민회의 대표로
신한촌에 파견되었던 것이다. 또한 이보다 앞서 공립협회와 국
민회의 주요 임원인 김성무(金成茂)와 한사교 등도 그곳에 파견
되어, 국외 독립운동기지에서의 독립군 양성계획이 하와이와 미
주 한인사회의 지원 아래 추진되었다.

　넷째, 1910년 국치가 가까워지면서 이와 같은 국내외로부터의
애국계몽운동자의 망명은 더욱 급증하였다. 그 가운데서도

1910년 4월에는 신민회의 중요임원인 안창호를 비롯해 신채호(申采浩), 김희선(金羲善), 조성환(曺成煥), 이강(李剛), 김지간(金志侃), 유동열(柳東說), 이종만(李鍾萬) 등이 각기 본국을 떠나 중국 청도(靑島)에 모여 국외 독립운동의 방향을 결정하고 여러 길로 나뉘어 신한촌에 재집결한 것이다.

블라디보스토크 신한촌에는 이와 같은 신민회 간부의 집결을 전후하여 국내에서 일제 군경에게 체포되는 화를 면한 그밖의 애국계몽운동의 주동자들도 각기 두만강과 압록강을 넘고 서북간도를 거쳐 그곳으로 집결하였다. 민족주의 사학의 선구자 박은식과 대종교 지도자 백순(白純)을 비롯하여 이갑(李甲), 윤해(尹海), 장기영(張基永) 등의 인물이 포함되었다. 또한 기독교의 이동휘(李東輝)와 언론계의 장도빈(張道斌) 등을 비롯한 많은 애국계몽운동자들이 이를 뒤 이어 그곳에 갔다. 이와 같이 블라디보스토크 신한촌을 중심으로 한 연해주 일대로 모여 들었던 수많은 국내외 민족운동자와 의병들은 그곳 한인사회의 지도급 인물인 최재형(崔才亨), 최봉준(崔鳳俊), 김학만(金學萬) 등과 힘을 합하여 국외에서 한국독립운동을 주도하던 13도의군과 성명회, 그를 이은 권업회 등을 조직하여 독립전쟁론을 구현시키는 데 큰 힘을 기울였다.

비록 그 성립 과정에서는 한민족의 시대적 고통을 안고 있는 러시아 한인사회이지만, 이는 결국 한민족 역사의 한 단면인 것이다. 한민족 역사 가운데서도 러시아 이주한인의 역사가 민족운동사의 측면에서 차지하는 역할과 위상이 결코 간과될 수 없는 이유는 바로 여기에 있는 것이다.

1. 연해주 한인사회와 최재형

러시아는 시베리아 지역을 점유하면서 중국의 흑룡강(黑龍江)을 아무르 강이라 불러왔다. 러시아의 시베리아 연해주 점령은 1858년의 애혼조약과 그를 이은 1860년 북경조약으로 청나라로부터 인정받았다. 연해주의 면적은 한반도보다 약간 작은 20만 7천 제곱 킬로미터이고, 그 안의 아무르 강과 우수리 강 유역은 비교적 넓은 평원을 이루고 또한 항카호같은 수원이 좋은 호수가 있어 농지개척에 필요한 조건을 구비한 곳이었다. 특히 우수리 강 유역과 두만강 대안에 가까운 포시에트 항을 비롯하여 피요트르 만을 둘러싼 남우수리 구역과 수분하(綏芬河) 지역은 농경지 개척에 적당한 땅이 되었다.

연해주 중심도시 하바로프스크의 외국인 전용 인투리스트호텔은 바로 우수리 강이 흑룡강과 합류하는 전망 좋은 강변에 자리잡고 있다. 호텔 왼편 강언덕에 올라서면 극동경략의 상징인 무라비예프 장군의 동상이 흑룡강의 장관을 한눈에 조망하고 있다. 이곳에서 서쪽으로 흑룡강을 거슬러 상류지역으로 올라가 '복 받을 고을'이라는 뜻을 지닌 블라고슬로벤노예라는 큰 한인 촌락이 있었다. 고려사람들은 그곳을 흑룡강으로 유입되는 사마르키 강가에 자리잡고 있다 해서 사만리라 불렀다. 1872년 러시아 당국은 그곳에 주둔한 코사크 군대에 식량과 야채를 조달시키기 위해 남방 포시에트 지구의 한인을 이곳으로 이주시킨 결과 한인마을이 형성되었던 것이다. 처음에 온 한인들은 토지도 분배받고 몇 년 동안 세금도 면제받아 비교적 일찍 번성하였으며, 볼세비키혁명 와중에서는 우수리스크에 있던 대한국민의회(大韓國民議會)가 일시 이곳으로 옮겨 오기도 하였다.

또한 아무르 강이 태평양으로 흘러드는 하구에 자리잡은 니콜라예프스크에도 밋갈레라는 한인마을이 있었다. 그곳은 러시아가 블라디보스토크 항 건설 이전 최초로 태평양함대 기지로 건설하였던 군항이기도 하다. 그러나 일년 가운데 9개월은 혹한으로 강과 바다가 얼어붙어 생산활동은 할 수 없고, 단지 여름 3개월만 막노동과 어업에 종사할 수 있는 고난의 땅이었다. 이런 까닭에 고려사람들은 그곳의 한인마을을 '이 세상의 밑바닥인 곳'이라는 뜻을 지닌 '밋갈레'라고 불렀던 것이다. 아무르 강 유역 도처에는 사만리 혹은 밋갈레와 비슷한 한인촌락들이 생겨났다.

그러나 연해주에서 한인이 밀집된 지역은 역시 두만강 대안의 남부지방이었다. 그 가운데 최초의 한인개척촌은 두만강 하구에서 가까운 한·중·러 삼국의 접경지대에 자리잡은 지신허라는 곳이다. 러시아의 연해주 점유 직후인 1863년에 함경도의 가난한 농민 13가구가 국금(國禁)을 무릅쓰고 두만강을 건너 혼춘을 경유, 지신허 강변에 정착해 황무지를 개척하고 농사를 짓기 시작하였던 것이다. 그후 2년이 지나서는 60호로, 몇 년 뒤에는 무려 642호에 이르는 큰 마을이 되었다. 또한 1868년에는 추풍(秋風)의 다전재 촌락이, 그 이듬해에 가서는 연추·육성촌·묵허우·황거우 등의 한인촌락이 형성되기 시작하였다.

한인마을의 러시아 이름은 연해주지역 유명인의 성을 따서 세넬리코어·크라스키노·프첼로프카·코르사코프카·크로우노프카라고 불렀다. 그리고 1870년에는 우수리스크에 소왕령(蘇王嶺), 1874년에는 블라디보스토크에 개척리(開拓里), 1896년에는 파르티잔스크(水淸)에 니콜라예프카라고 명명한 석인동(石人洞) 등 굵직한 한인촌락이 각각 형성되었다. 즉, 두만강변에서부터 항카 호 이남 지역 도처에는 고려사람의 집단촌락이 형성되어 중국의 서북간도 지역과 아울러 한인의 신천지로 부상하였던 것이다. 그리하여 연추를 중심으로 한 남쪽의 370여 개에 달하였다는 한인마을의 자치기관으로는 남도소(南都所)를, 추풍으로부터 항카 호 부근의 북쪽 한인마을의 중심기관으로는 소왕령에다 북도소(北都所)를 각기 두어 연해주 한인사회의 자치를 신장시켜갔다.

이와 같이 형성된 연해주 한인사회의 고려사람을 상징할 수 있는 인물은 누구일까? 낯선 이국땅에서 제국주의의 극성과 볼세비키혁명의 어려운 시국에서도 한인의 이주개척과 조국해방, 민족운동을 주도하였던 수많은 역사의 인물이 배출되었다. 그 가운데서도 1920년 4월 소왕령 부근 어딘가에서 일본군에 의하여 무참히 총살된 최재형은 두드러진 행적을 남겼다. 그는 아홉 살 때 함북 경원(慶源)에서 부모를 따라 연추로 이주하였다. 이주 후 그는 배가 고파 서낭당의 고사밥을 얻어 먹으면서도 고학으로 러시아어를 익히고 신사조를 받아들였으며, 신의를 중히 여겨 러시아인의 두터운 신임을 받았다. 그는 성장후 고학하던

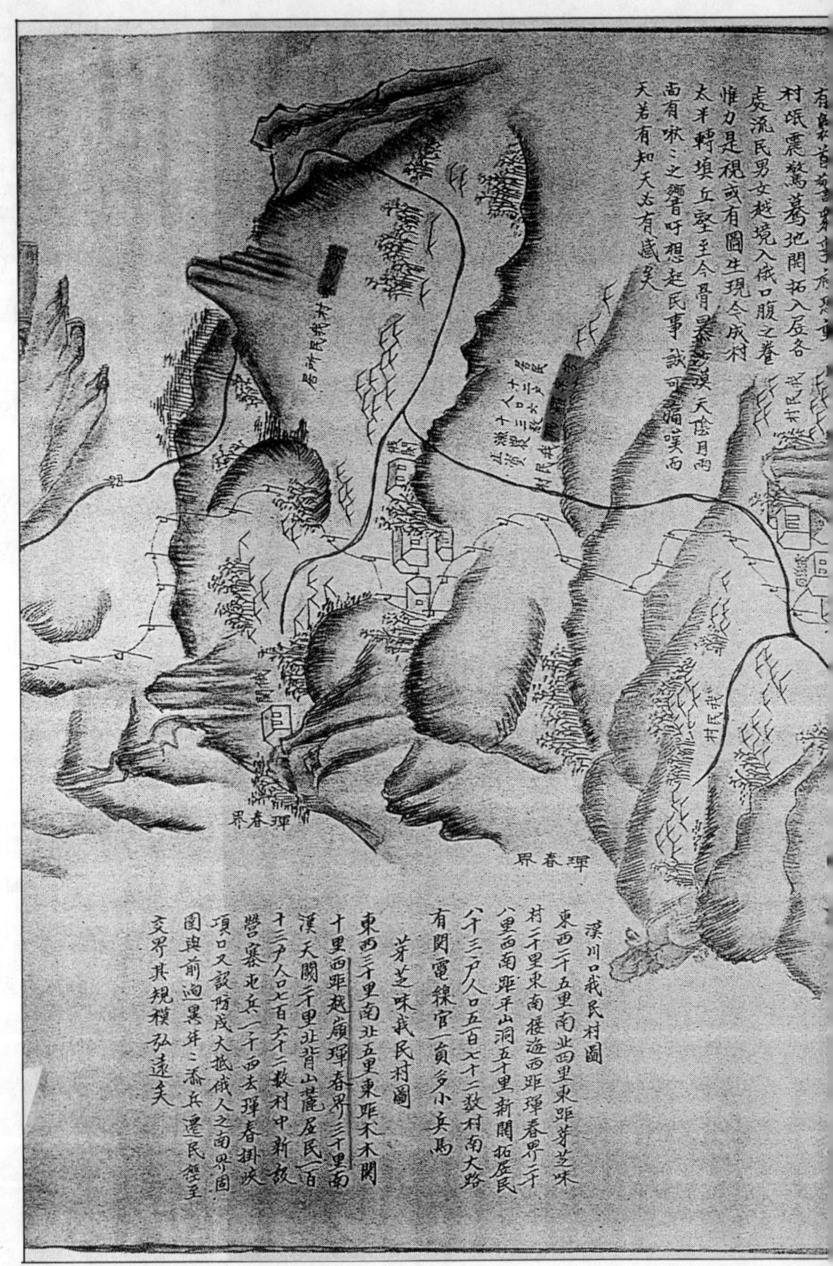

〈아국여지도〉(俄國輿地圖)에 나타난 연주(煙秋)와 지신허(地新墟).

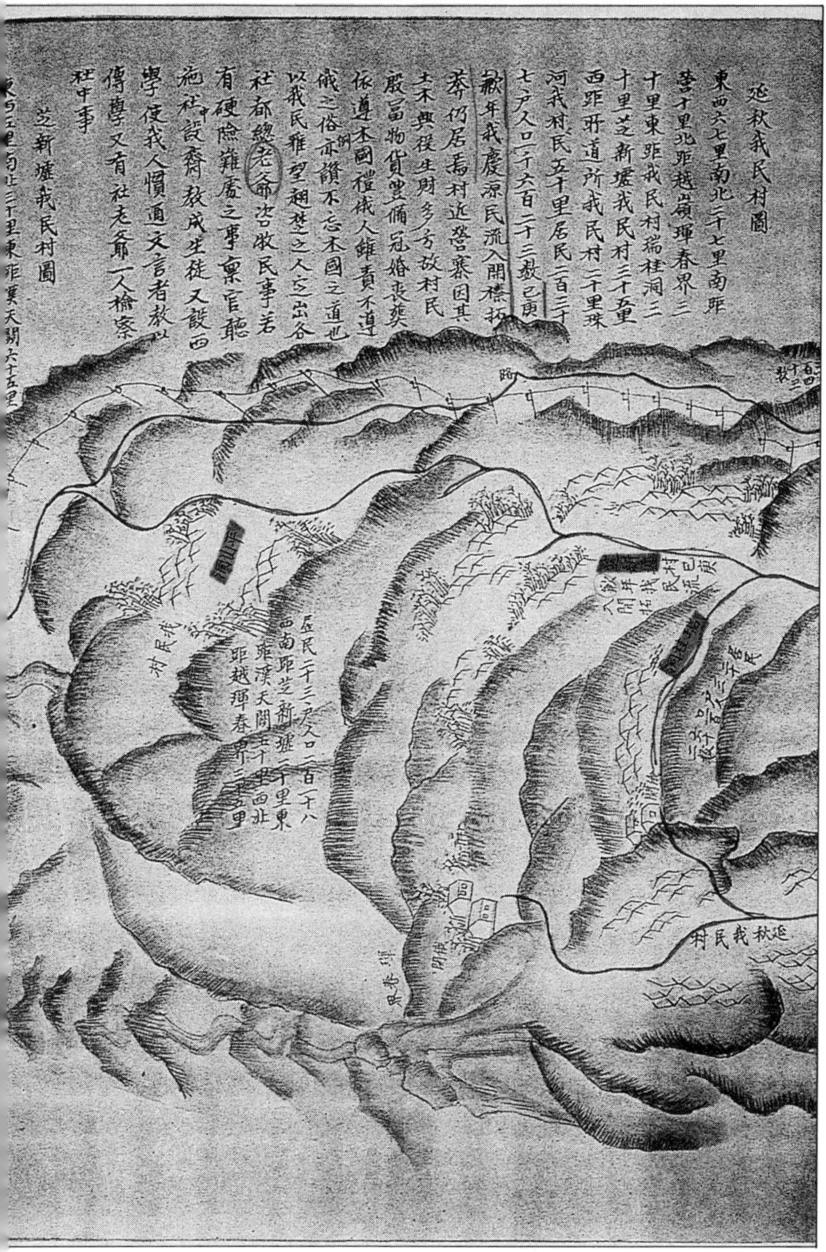

延秋我民村圖

東西六七里南北二十七里南距
善才里北距越嶺琿春界三
十里東距我民村瑞桂洞三
十里芝新堰我民村三十重
西距开道所我民村二十里珠
河我村民五十里居民二百三十
七戶人口二千六百二十三數已庚
歉年我慶源民流入開礫拓
莽仍居焉村近營寨因其
土木興役生財多方故村民
殷富物貨豐備冠婚喪葬
依遵本國禮儀人雖貴不違
俄之俗亦讚不忘本國之道也
以我民雅望通楚之人立公舍
社都總老父命岀牧民事若
有硬險雜處之事稟官聽
施社設齋敎成生徒又設書
學使我人慣通文言者敎以
傳學又有社老爺一人檢察
社中事

芝新堰我民村圖

시절을 회상하며 교육사업에 진력, 연해주 한인 자제들의 교육은 그가 주도하였다고 해도 과언이 아니다. 그 뒤 그는 10년 동안 연추 남도소 도헌(都憲)을 역임하였고, 두 번이나 성 페테르스부르크에 가서 러시아 황제도 알현하였으며 5개의 훈장까지 받았다.

한편, 민족의식이 투철하였던 그는 조국을 위하는 어떤 어려운 일이든 도맡아 수행하였다. 조국의 위난을 당해서는 연추에 창의소(倡義所)를 차리고 북상한 의병을 모아 국내진입작전을 가능케 하였다. 또한 조국을 잃고도 해도간(海島間)을 망라하는 권업회를 조직, 초대 회장에 선임되어 이 기관을 조국독립의 중추기관으로 이끌고자 하였다. 이어 볼세비키혁명 전후부터는 천여 호의 한인이 모여사는 소왕령에 본부를 둔 '전러시아고려족회'를 조직, 명예회장에 선임되어 대한국민의회로 발전시키는데 공헌하였다.

블라디보스토크에서 연추를 가는 중간에 슬라비얀카라는 아담한 항구가 있다. 블라디보스토크 금각만(金角灣)에서 왕래하는 연락선으로 2시간 반 가량 걸린다. 이 항구에는 그 당시 연해주 남방을 지키는 보병의 군영이 있었다. 러시아 관헌에게 신임이 두터웠던 최재형은 이곳 군납을 도맡아 막대한 재산을 모았다. 그러나 그의 전재산은 무한히 소요되는 연해주 한인민족운동과 조국독립운동의 자금으로 전용되었던 것이다. 어느 모로든 그는 원동(遠東) 한인사회의 주인옹(主人翁)으로 칭송되어도 손색이 없을 행적을 남겼다.

2. 블라디보스토크(해삼위) 개척리

두만강 하구 건너편 러시아의 블라디보스토크 항은 한자 지명으로 해삼위(海蔘威)라고 부른다. 천혜의 훌륭한 항구를 이룬 조로토이로그 만이라 부르는 금각만을 중앙에 안고 그 좌우에 큼직한 아무르 만과 우수리 만을 거느린 형국의 항구이다. 게다가 금각만 입구 루스키 섬의 노빅 만은 금각만을 하나 더 가진 격이다. 이와 같이 세 바다의 만으로 이루어진 블라디보스토크 항은 중국의 상해나 하와이의 진주만, 미국의 샌프란시스코 항과 비견되는 세계적 항구로서 1860년 제정러시아가 연해주를 차지한 이래 러시아와 그를 이은 소련의 극동함대가 자리잡은 군항으로 명성이 높았다.

그러나 한국근대사에서 블라디보스토크는 소련 극동함대의 군항으로서보다 일제에게 나라를 빼앗긴 한민족이 조국광복을 도모한 항일독립운동의 국외기지로서의 의미가 컸다. 특히, 1910년 전후부터 1914~1918년의 제1차세계대전까지는 물론 그를

이은 1919년 3·1운동 때까지도 그곳이 한민족의 국외독립운동의
총본산이었다고 해도 과언이 아니었다. 즉, 3·1운동 때에 중국
상해에 대한민국 임시정부가 건립되어 활동할 때까지는 해도간
이라고도 부르는 연해주와 서북간도의 한인사회를 기반으로 활
동하는 한민족의 조국독립운동의 중심지였던 것이다. 또한 상해
에 대한민국 임시정부가 성립된 후에도 그 위상에 얼마간의 변동
은 있었으나 블라디보스토크는 1937년 중일전쟁 무렵까지는 국
외 독립운동기지의 한몫을 지켜왔다. 그러한 블라디보스토크가
우리 근대사에서 가려진 것은 제정러시아가 사회주의 국가로 변
모하여 철의 장막으로 가두어지면서부터였다. 더욱이 1937년 9
월부터 그해 연말까지 블라디보스토크는 물론 연해주에 거주하
는 수십만의 한인 전부가 중앙아시아로 집단 강제이주된 뒤에는
한인에게는 왕래마저 허용되지 않는 금단지대로 굳어졌다. 그로
부터 55년, 해방으로부터도 47년이 흘렀다.

근래 소비에트 사회주의 공화국 연방이 무너지고 러시아 공화
국을 비롯한 독립국가연합이 형성되면서 금단의 장벽이 무너져
갔다. 아직도 교통·숙식·언어 등 여러 면에서 불편이 따르기
는 하지만 의외로 블라디보스토크는 가까운 거리에 위치하고 있
었다.

1992년 7월 5일, 해외독립운동현장조사단은 서울을 출발, 4
시간 만에 블라디보스토크에 도착하였다. 서울에서 2시간 30분
동안 비행하여 독립국가연합의 연해주 하바로프스크에 착륙하였
으며, 그곳에서 블라디보스토크까지 시베리아 철도를 이용하면
만 하루가 소요되는 거리이지만 비행기를 이용하니 불과 한 시간
남짓에 블라디보스토크 공항에 안착하였다. 서울에서 비행시간
4시간이면 갈 수 있는 곳이었는데도 한국인이 이곳에서 강제추

블라디보스토크 군항건설을 전후해 한인이 집단이주하였던 카레이스카야(고려인 거리). 지금은 포그라니치나야로 명칭이 바뀌었다.

방된 지 반 세기 이상의 오랜 시일이 흐른 뒤였다.

블라디보스토크에서 찾고 싶은 항일독립운동의 유적지는 한두 곳이 아니다. 우리가 먼저 찾은 곳은 구한말 항일기지로 가장 먼저 등장한, 그곳 말로 '카레이스카야 스라보카'라고 하는 개척리(開拓里) 마을이다. 금각만의 북변으로 시내 한복판을 동서로 시원스럽게 뻗은 레닌 거리에서 서쪽 아무르 만 방향으로 십자로 뻗은 뽀그라니치나야라는 거리가 1킬로미터 가량 북쪽으로 나 있다. 이 거리가 바로 그 옛날 한인이 블라디보스토크 군항 건설을 전후하여 이 언저리에 집단 이주하여 생긴 카레이스카야 거리라고 부르는 고려인 거리다. 지금은 뽀그라니치나야 거리라고 부르는 이 거리 일번지에서부터 둔덕마퇴라고 부르던 아무르 만에 연한 남쪽 언덕과 웅덕마퇴라고 하던 그 아래 저지대에 이르는 일대가 곧 카레이스카야 스라보카라는 개척리 마을이 있던 곳이다. 둔덕마퇴쪽은 현재 블라디보스토크 극장을 비롯한 대소의 고급 빌딩군이 꽉 들어서 있고 아래쪽은 잘 다듬어진 도로와 녹지대로 조성되어 있어 구체적인 한인유적은 찾을 길이 없다. 단지, 하바로프스크에 사는 이곳 출신의 송희현(73세), 남봉식(84세) 옹 등의 증언에 따라 위치만 확인될 따름이다. 금각만에서 가까운 레닌 거리 중심지에서는 불과 1, 2킬로미터 안팎의 거리에 위치한, 양양한 아무르 만을 낀 절승지였다.

그러나 이곳은 결코 경관에 사로잡혀 항일기지가 된 곳이 아니었다. 블라디보스토크 군항 건설 전후부터 입주하기 시작한 한인 이주민이 군항 건축과 시베리아 철도 부설, 그리고 그 인근의 농촌 개발에 피땀을 흘리며 참여한 한인개척민의 최초 집단거주지로 인정받은 곳이다. 그보다도 1904~1905년의 러일전쟁과 그를 이은 을사5조약, 1907년의 정미7조약 등에 이르면서 이곳은 항일지사의 망명지로 급격히 부상하였다. 국내에서 의병항전을 전개하던 의병장 출신에서 구국계몽운동을 전개하던 민족운동자들의 국외집결지가 되었다. 그들은 그곳 유지들과 제휴, 항일구국운동을 폈다. 한인학교를 세워 민족주의 교육을 실시하고《해조신문》(海朝新聞)과 그를 이은《대동공보》(大東共報)를 간행, 항일언론을 폈다. 또한 각종 항일단체를 조직, 항일전선을 구축하였다. 1910년 8월 일제의 '한일합병'이란 망국의 처지에 임하여 성명회를 결성, 민족의 광복의지를 밝히고 일제와의 항일혈전을 선언하였던 곳이기도 하다.

이상설·유인석·김학만·이범윤·김좌두 등 그곳 재류민족운동자들의 주도하에 연해주 전역은 물론 인접한 서북간도를 비롯한 남북만주의 민족운동자가 함께 가담하였다. 러시아와 구미를 비롯한 각국 정부에 보낸 '한국일반인민총대 유인석' 명의로

↑ 대한인국민회 서백리아지방총
회 본부가 자리잡았던 치타. 한인
의 유적은 찾기가 어려웠다.

→ 상해파 고려공산당을 지원한
극동공화국의 옛 청사(치타 갈리닌
거리 56번지). 현재는 의류상점이
들어서 있다.

↑ 대한인국민회의 주요인사들이 수없이 드나들었던 시베리아 철도의 요충지 치타 역 전경.

↑ 치타의 고풍스러운 목조가옥. 영하 50도를 오르내리는 혹한에 대비, 이중창이 설치 되어 있다.

↑ 계봉우 등이 만년을 보낸 카자흐스탄 공화국 크즐-오르다의 반사막 지대.

↑ 카자흐스탄 공화국의 현 수도 알마아타의 한 거리. 만년설이 덮인 4,5천 미터 높이의
천산산맥 연봉이 바라보인다.

↑ 중앙아시아 크즐-오르다 시립 공동묘지에 있는 계봉우 내외 묘.

↑ 계봉우가 국어를 가르쳤던 블라디보스토크 신한촌 부근에 있는 팔호중학교.

↑ 국치 직후 계봉우가 처음 망명, 민족주의교육을 실시하던 광성학교 자리(延吉 교외의 小營子).

↑ 연해주에서 강제 이주된 고려인이 크즐-오르디 스카이예프 거리에 재건한 고려사범대학. 저명한 건축가 박 빅토리가 설계 건축하였다. 그러나 스탈린에 의해 카자흐사범대학으로 곧 개편되어 고려인과는 무관해졌다.

크즐-오르다 시립 공동묘지에 안장된 홍범도의 묘와 동상.

홍범도가 강제이주 후 만년에 수위로 자원, 근무한 크즐-오르다의 고려극장.
지금은 문화회관으로 확장 개수되어 옛 면모를 잃었다.

만년설로 덮인 천산산맥에서 발원하는 싸르다리아 강물이 반사막의 크즐-오르다
주(州)를 관류, 새로 정착하는 고려인의 농경 젖줄이 되고 있다.

크즐-오르다 시에 있는 홍범도 거리.

↑ 우즈베크 공화국의 수도 타슈겐트 우리사우한그란보 거리 1번지의 부농 송와렌찌의 집.

↑ 타슈켄트 나보이 거리 69번지 문학박물관의 조명회 기념실.

8,624명의 민족운동자들이 연명한 성명회 선언서에서 "대한의 인민이 된 사람은 대한의 광복을 죽기로 맹세하고 성취한다"고 하였다.

3. 블라디보스토크 신한촌

일본 제국주의의 무지한 발이 고려의 땅을 짓밟은 지도 벌써 오
래다 그놈들은 군대와 경찰과 법률과 감옥으로 온 고려의 땅을 얽
어놓았다 칭칭 얽어놓았다——온 고려 대중의 입을, 눈을, 귀
를, 손과 발을.

이 문구는 블라디보스토크 신한촌을 학술조사단 일행에게 안
내한 송희현 옹이 암송해준 조명희(趙明熙)의 장시(長詩) 〈짓밟
힌 고려〉의 첫구절이다. 이 시를 지은 조명희는 연해주 한인의
존경을 받던 민족시인이며, 항일의지를 담은 그의 시는 지금까
지 널리 암송되고 있었다.

1910년 일제강점 직후 나라를 잃은 한민족의 국외 조국독립운
동의 중심기지였던 신한촌은 블라디보스토크 시 서북쪽 아무르
만변 언덕에 조성되었던 한인집단거주지였다. 블라디보스토크
최초의 한인집단거주지이며 항일기지였던 개척리 어귀에서 북쪽

으로 뻗은 뽀그라니치나야 거리라 부르는 옛 카레이스카야 거리
를 지나 한 계곡을 넘으면 널찍한 언덕에 지금도 일부 조성중인
대규모 아파트 단지에 다다른다. 개척리에서 걸어도 30분에도
못 미칠 가까운 거리이다.

　신한촌은 동서로 약 6정(1정은 약 110미터), 남북으로는 약 7
정 정도 되는 꽤 큰 면적으로 아무르 만에 닿은 산기슭에 위치하

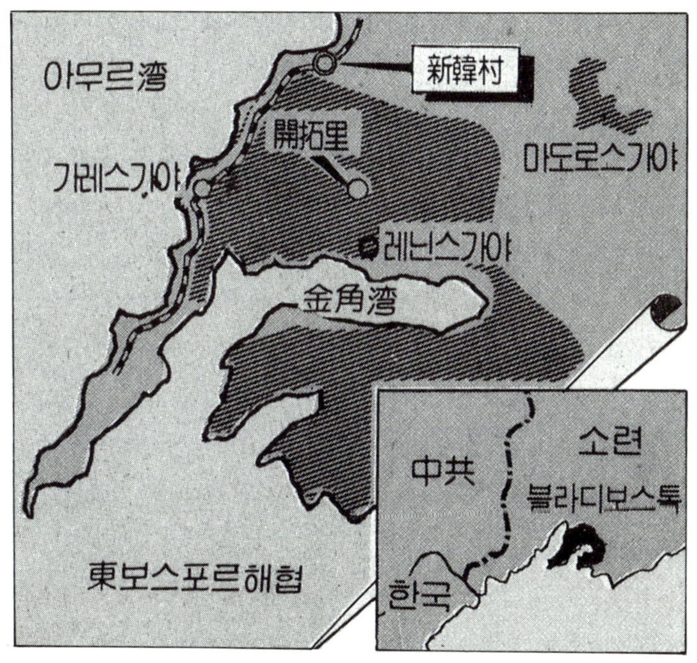

　신한촌이 포함된 블라디보스토크 시가도. 한인촌은 원래 시내 중심지에
자리잡고 있었으나(개척리) 1911년 러시아 당국에 의해 이곳으로 강제 이
전되었다. 신한촌에 살았던 한 노인은 그곳을 '몹쓸 산벼랑'이라고 회상하
면서, "신한촌에서 아무르 만을 내려다보면 백여 척이나 되는 낭떠러지 밑
에 푸른 물이 넘실거리고, 겨울이면 결빙되어 간도로 가는 서남행 인마는
얼어붙은 바다를 걸어서 횡단하였다 "고 술회하였다.

고 있다. 그곳에서 아무르 만을 내려다보면 낭떠러지 밑에 푸른 물이 넘실거리는 절경지이기도 하다.

신한촌 건설은 1911년 봄부터 시작되었다. 제정러시아 당국이 돌연 콜레라 근절이라는 명분을 내세워, 블라디보스토크 시가 중심지에 자리잡고 있던 한인촌인 개척리를 강제철거시키고 그들 기병단의 병영지로 삼는 한편, 그 무렵에는 시 외곽의 변두리였던 이곳을 한인의 집단이주지로 획정시킨 것이다. 개척리와 그밖의 시내 몇 곳에서 쫓겨난 한인은 그곳에 다시 피땀을 흘려 신개척리와 석막리(石幕里)를 건설하고, 새로운 한국을 부흥한다는 뜻을 지닌 신한촌(新韓村)이라 명명하였다. 토막나무로 러시아풍의 작은 집을 짓고 거리와 골목을 닦아가며 신한촌을 건설하였다. 아무르 강변으로부터 남북으로 수보로프스카야 거리를 비롯하여 아무르스카야·하바로프스카야·메린코프스카야·체데바놉스카야 등 5개의 간선거리를 만들고 동서로도 크고작은 골목길을 만들었다. 또한 신한촌 가운데쯤에는 넓은 터를 닦아 한민학교(韓民學校)를 세웠다. 240여 명을 수용할 수 있게 설계된 이 학교 건물은 정문 현관과 교실에 태극문양을 새겨넣어 민족주의 이념을 상징하였다. 나아가 '신한촌민회'(新韓村民會)를 결성하여 한인사회의 자치를 신장시켜갔다.

이렇게 건설되기 시작한 신한촌은 항일지사의 집결지로, 나아가 해외 조국독립운동의 중심기지로 발전하였다. 해도간의 한인사회를 배경으로 건설된 이 한인촌은 구개척리 못지않게 국내외에서 몰려온 애국지사들의 망명지로, 나아가 그들 주도 아래 항일독립운동의 본영으로 성장, 한민족의 의기가 충천하게 되었다.

신한촌에서 망명활동한 인물은 이범윤·홍범도·유인석·이

진룡 등의 의병장과 의병 못지않게 그동안 국내외에서 애국계몽운동을 주도하던 인물들이 망라되었다. 헤이그 밀사로 저명한 이상설과 이위종을 비롯해 북간도 용정과 서간도 삼원포(三源浦)에서 민족주의 교육을 실시하던 이동녕, 미주에서 공립협회와 국민회를 조직, 조국독립운동을 추진하던 정재관과 이강·김성무 등이 이곳에 일차 집결하였다. 또한, 국내에서 신민회를 조직 활동하던 안창호를 비롯해 이종호(李鍾浩), 이갑(李甲), 조성환(曺成煥), 유동열(柳東說) 등도 여러 길로 나뉘어 신한촌에 모인 것이다. 그밖에도 민족주의 사학자 박은식과 신채호도 합세하였으며, 기독교계의 이동휘와 대종교의 백순 등을 비롯한 애국계몽운동자들도 속속 신한촌에 들어왔다. 이들은 그곳 연해주 한인사회의 지도급 인물들인 최재형·최봉준·문창범·김학만 등과 힘을 합하여 1910년대 국내외 독립운동을 주도하였다.

블라디보스토크에서 1910년대 초기 한인의 활동 가운데 가장 두드러진 것은 신한촌에 본부를 둔 권업회의 항일운동이다. 권업회는 13도의군과 성명회가 탄압을 받아 해체된 직후인 1911년 5월에 조직되어 제1차세계대전 발발 직후인 1914년 9월까지 3년여에 걸쳐 활동하였다.

이 권업회는 조국독립을 위한 계몽활동과 민족주의 교육, 농·상·공업 등 실업권장을 통하여 한인사회의 정치적 지위향상을 도모하면서 독립전쟁론의 구현을 최고이념으로 하였다.

권업회는 독립전쟁을 구체화하기 위해 신한촌에 대한광복군정부도 조직하였다. 이 대한광복군정부는 이상설과 이동휘를 정·부통령으로 선출하고 국내외 독립운동을 주도하면서 광복군을 양성, 강력한 항쟁을 개시하였다. 그러나 이 정부는 그해 9월에 그 모체가 된 권업회와 함께 러시아의 전시체제 확립에 따

'서울 스카야 2번지 A'. 신한촌에 현재 유일하게 남아 있는 한인 거주 증좌이다.

라 탄압을 받아 그 이름만 유전하는 망명정부가 되고 말았다.

그로부터 약 80년이 흐른 1992년 여름, 학술조사단이 새로운 아파트단지를 조성하느라 지형마저 크게 변해버린 블라디보스토크의 신한촌 일대를 구석구석 기웃거렸다. 신한촌 한인의 '체취'를 찾고 싶어서였다. 하지만 한인의 인적은 찾을 길이 없었다. 다만, 신한촌의 흔적으로는 남북으로 뻗은 아무르스카야 거리가 동서로 갈라지는 좁은 골목길 옆에 아직 헐리지 않은 한 가옥의 주소표지판이 '서울거리 2A'(CEVAЬCKAЯ 2A) 번지라고 선명히 표기되어 있었다.

4. 크라스키노(연추) 창의소

　　대한제국의 운명이 임박한 1909년 3월 5일에 안중근 의사는 동지 김기룡·강계찬·유치홍·박봉석·강기순·김백춘·김춘화·조순응·황병길·백남규·정원주와 연추 가리(加里) 마을에서 '단지동맹'(斷指同盟)을 결성하였다. 이들은 태극기를 펼쳐놓고 각각 왼손 무명지 첫관절을 한 칼로 잘라내어 생동하는 선혈(鮮血)로 '대한독립'(大韓獨立)이라 쓰고 대한독립만세를 삼창하였다. 대한의 독립을 위하여 신명을 바치겠다고 하늘과 땅에 맹세한 것이다.

　　현지음으로 옌치아라고 하는 연추(煙秋 ; 현 크라스키노)는 이들의 단지혈맹 못지않게 1910년 전후 국외 항일의병의 기지로서 유명한 곳이다. 안응칠(安應七)이라고 부르던 안중근과 그의 동지들도 그동안 그곳을 기지로 국내진공작전을 비롯한 처절한 의병항전을 벌였으며, 하얼빈 의거도 여기서부터 출발하였다.

　　연추는 연해주가 러시아 영토로 편입되면서 노우키예프스크로 불리다가 1937년 장고봉사건(長鼓峰事件) 때 죽은 러시아 군인 크라스킨의 이름을 기념하여 크라스키노라고 고쳤다. 연해주에서도 남쪽에 위치한 이 크라스키노는 남면으로 넓은 포시에트만을 안고 발달한 한인 개척도시이다. 동남쪽으로 15리 안팎에 위치한 포시에트 만의 관문인 포시에트 항과 쌍벽을 이루어 때로는 혼칭되는 경우도 있었다.

블라디보스토크에서 크라스키노에 이르는 길은 철도나 육로로 가려면 굽은 아무르 만을 끼고 돌아야 하기 때문에 2백 킬로미터가 넘는 여의치 못한 길이다. 블라디보스토크 금각만 부두에서 아무르 만 연안을 운행하는 연락선을 타고 2시간 20분 만에 슬라비얀카 항구에 도달하였으나 크라스키노까지는 아직 반밖에 오지 못한 거리이다. 슬라비얀카 항은 포시에트 항과 크라스키

연추 입구의 표지판. 연추는 연해주가 러시아 영토로 편입되면서 노우키에프스크라고 명명하였다가, 1937년 장고봉전투 때 죽은 러시아 군인 크라스킨을 기려 크라스키노라고 다시 고쳤다.

크라스키노 레닌 거리 **74**번지 김 보리스바울로비치(1934년생)의 집.

노를 포함하는 연해주 남부지방의 중심도시로 아담한 항구도시
이다. 그곳에서 남쪽으로 66킬로미터의 비포장도로를 1시간 30
분 가량 달려 크라스키노에 도착하였다. 여기에서 다시 한 시간
남짓 54킬로미터 거리에 시베리아 최남단 도시이며 바로 두만강
하구에 위치한 핫산에 도착하였다. 붉은 마을이란 뜻을 지닌 크
라스노예셀로라고도 부르던 이 핫산에서 눈앞에 펼쳐진 두만강
철교만 건너면 북한땅 첫마을인 두만강 마을이다. 조사단 일행
의 감개마저 이상하다. 내 나라땅인 두만강 마을에서 러시아 핫
산을 바라보는 것이 아니라, 러시아 핫산에서 의병과 독립군이
수없이 건넜을 두만강 하구를 응시하고 있는 것이다.

   이 핫산을 기점으로 하는 철도는 북쪽으로는 크라스키노와 슬
라비얀카를 거쳐 우수리스크 가까이 위치한 나스토리에 역에서
시베리아 철도에 연결되어 연해주를 관통 북상하고, 남쪽으로는

두만강 철교를 건너 북한의 가장 동북단에 위치한 홍의역(洪儀驛)에서 길회선(吉會線)과 연결되어 원산을 거쳐 평양까지 연결되고 있다.

슬라비얀카 이남 전지역을 전에는 포시에트 구역으로 통괄하다가 최근에는 핫산 구역으로 변경하였다. 이 지역이 한인의 최초 이주 개척지이며 연해주에서 한인이 가장 밀집된 지역이었다. 그 구역에는 1937년 스탈린의 강제추방 이전까지는 크고 작은 한인촌락이 370개소을 넘었으나 현재는 한인이 얼마나 살고 안 살고는 제쳐두고라도 30곳 내외로 줄었다. 슬라비얀카에서 핫산까지의 3백 리 길 좌우에는 야생화 농장같이 끝없이 펼쳐진 묵은 들판과 골프장을 연상시키는 낮고 완만한 구릉의 연속이다.

크라스키노를 기지로 한 국외 의병항쟁은 을사 5 조약과 군대해산 전후로부터 시작되었다. 이들 국외의병은 국내에서 일제 침략군과 싸우다가 북상하여 더 장기적이며 효과적인 항전을 다짐하는 의병이 많았고, 거기에다 그곳 한인사회를 바탕으로 편성된 의병도 적지 않았다. 이들 의병은 비록 괄목할 전과를 올리지는 못하였지만 1개 사단이 넘는 일제 국경수비대의 두만강 방어선을 뚫고 국내진입작전을 되풀이하였던 것이다.

이같은 국외의병의 한 중심인물이 1902년 이래 관도관리사를 지내다가 러일전쟁을 계기로 항일을 표방하고 의병항쟁을 벌인 이범윤이었다. 그는 연해주 한인사회에서 신망이 높고 또한 재력도 풍부한 최재형과 합력하여 3, 4천 명으로 추산되는 의병을 편성한 뒤, 크라스키노에다 국외의병의 본영인 창의소(倡義所)를 설치하고 항전을 개시하였다. 이 의병을 처음에는 창의회(倡義會)라 불렀고 회장에 최재형, 부회장에 이위종을 선임하고 이범윤이 창의회 총대장이 되었다.

이와 전후하여 전제익(全濟益), 김영선(金永先), 장봉한(張鳳翰), 엄인섭(嚴仁燮), 김기룡(金基龍), 안중근 등의 의병장이 이범윤과 최재형 휘하에서 활동하거나 또는 따로 독립부대를 편성, 활동하고 있었다. 더욱이 함경도의 삼수·갑산·무산 일대와 장백현에서 용맹을 떨치던 홍범도 의병장과 을미사변 이래 10여 년 동안 국내에서 명성을 떨치던 유인석도 예하 참모와 의병을 거느리고 연해주로 북상하여 의병의 통합항전을 도모하였다.

이들 의병이 국내의병보다 우선 유리하였던 점은 그들의 기지가 일본군 관내가 아닌, 그와 대립되어 있던 러시아령이었다는 사실이다. 또한 그들은 10여 만이 넘는 크라스키노 지역을 중심으로 한 연해주 한인사회의 지지와 후원을 받고 있었다. 게다가 이들이 소지한 무기도 국내의병의 것보다 우수하였다. 이곳에서

연주-핫산 가도에 있는 포시에트 만. 멀리 포시에트 항구가 보인다.

연추 시내의 옛건물. 옆에 선 고목이 과거 한인의 역사를 알려주는 듯하다.

는 화승총이 아닌 러일전쟁 때 러시아군이 사용하던 5연발 내지 14연발총을 갖게 되었기 때문이다.

이들 연해주 국외의병의 국내진입작전 가운데 대표적인 것이 1908년 7월 크라스키노 창의소를 출발하여 두만강 하구 한·중·러 3국 경계를 뚫고 함북 6진 지역에서 항전하던 2, 3백 명으로 추산되던 의병부대의 국내진입작전이었다. 이때 참모중장 안중근도 좌익장으로 참전하여 신아산(新阿山)에서는 승첩을 올렸으나 회령 부근의 영산(靈山)에서 패퇴하고 말았던 것이다.

이와 같은 크라스키노를 중심으로 한 연해주의병은 1910년 망국에 직면하여 조국광복의 혈전을 다짐하는 13도의군을 편성, 연해주와 그 인접한 북간도, 나아가 국내 13도 의병의 통합군단

을 도모하였다. 비록 이 13도의군이 국운의 쇠퇴와 냉혹한 국제
질서의 중압으로 눈앞의 조국은 구해내지 못하였으나 그 의기는
해도간 산야에 메아리쳐 뒷날 독립군의 항일전으로 승화되었
다.

5. 우수리스크(소왕령) 대한국민의회

　　시베리아의 바람이 급하고 오소리강의 물결이 목매치니, 오호
라 공(李相卨)은 길이 갔도다. …… 공은 몸을 버렸거늘 우리는
몸을 보전하였으니 한줌에 차는 눈물이 실은 공을 위함이 아니요
스스로 슬퍼함이로다. 지금 본국에 명월이 달렸나니 공의 영혼이
항상 임하소서.

　　이 글은 헤이그 밀사로 유명한 이상설이 1917년 3월 2일 망명
지인 연해주 우수리스크에서 작고하였을 때 미국에서 간행되던
《신한민보》(新韓民報)에 게재된 의미심장한 조사(弔辭)의 한 구
절이다. 이상설의 활동은 대한제국 최후의 구국외교였던 헤이그
사행만으로 그치지 않았다. 그보다도 그 사행을 전후한 12년
(1905~1917) 동안에 걸쳐 국내에서의 을사 5조약 반대운동을
시작으로 국외에서 두만강 너머의 연해주와 북간도를 중심으로
일관하여 활동한 항일민족운동의 큰 자취가 한국독립운동사에

큰 의미를 지녔다. 특히 연해주를 중심지로 하고 그가 주도한 성
명회와 13도의군, 그리고 그를 이은 권업회와 대한광복군정부에
서의 활동이 두드러졌으며, 그것은 1910년대 국외 항일독립운동
의 주류를 이룬 것이었다. 그러나 그의 죽음을 전후하여 국외에
서의 항일독립운동은 한 시기를 긋고 새시대의 새국면을 맞이하
였다.

　이상설이 작고한 우수리스크의 정식지명은 니콜리스크 우수
리스크이다. 당시 한인들이 러시아 지명으로 부를 때는 니콜리
스크라 통칭하였으며, 한자로는 소왕령(蘇王嶺；蘇皇嶺, 松王
嶺) 혹은 쌍성자(雙城子)라고 불렀다. 연해주 남쪽지방을 서남
으로 관류하여 아무르 만으로 유입되는 수분하(綏芬河) 유역 분
지에 자리잡은 이곳을 고고학계는 발해 때 5경(京) 12부(府)에

우수리스크 – 블라디보스토크 가도 중간에 연추로 통하는 삼거리. ‘크라스키노
173’이라고 쓴 표지판이 선명하다.

포함되는 한 부치지(府治趾)로 비정하고 있다. 또한 우수리스크
는 동서쪽에 요(遼), 금(金) 때에 쌓았던 것으로 추정되는 두
개의 성터인 쌍성지(雙城趾)에서 연유되어 쌍성자라고도 불렀
던 것이다.

우수리스크는 블라디보스토크에서 북쪽으로 135킬로미터 떨어
져서 넓게 포장된 도로를 차로 달려 1시간 50분 만에 도달하였
다. 지리상으로 블리디보스토크에서 출발하는 시베리아철도가
이 도시에서 왼편으로 한 선이 갈리어 국경도시인 포그라니치를
지나 중국의 목단강(牧丹江), 하얼빈으로 가는 동만철도(東滿鐵
道)의 교차점이기도 하다. 또한 우수리스크는 북쪽으로 항카 호
(興凱湖)까지 펼쳐진 광활한 가경평원(可耕平原)이고, 서쪽으로
는 추풍(秋風), 동남쪽으로 수청(水淸)지역과 같은 한인개척의
농경지대를 거느린 요충지이면서도 가장 비옥한 땅으로 알려진
곳이다.

1869년(己巳) 흉년 직후인 1870년 이래 한인의 개척 이주지로
등장한 이곳은 이상설이 작고할 무렵에는 1천여 호가 넘는 한인
밀집지역으로 발전하였다. 이와 같은 한인사회를 배경으로 하여
제1차세계대전 동안 곳곳에 잠복하였던 저명한 우국지사들이
모이기 시작하였다. 이상설의 임종을 지켜본 이동녕·조완구·
백순을 비롯, 이동휘·김립(金立)·박은식·윤해(尹海)·고창
일(高昌一)·신채호 등의 내왕이 잦아졌다. 게다가 연해주 출신
의 최봉준(崔鳳俊), 문창범(文昌範), 최재형, 최만겸(崔萬謙)
등도 적극적으로 활동하였다.

제정러시아를 무너뜨린 1917년의 2월혁명과 그를 이은 10월의
볼세비키혁명은 전러시아 한인에게 항일민족운동의 새 전기를
마련하였다. 그해 5월 시내 우수리 거리에서는 그곳에서 고려인

시원스럽게 뚫린 우수리스크 거리.

이라고 통칭하는 한인의 '제1차 대표자대회가 개최되었다. 이르쿠츠크 이동의 시베리아 지방 한인대표 96명이 회집한 이 대회에서 '전러시아고려족회'(全露韓族會)를 결성하고 제1차세계대전 발발 후 탄압되었던 민족운동을 재개하기 시작하였다. 연해주 각 지역에 지방회를 조직하고 《권업신문》을 잇는 《청구신보》(靑邱新報)도 간행하였다.

또한 그해 12월에는 126명이 모인 제2차 대표자대회가 열려 회장 문창범, 부회장 김립·김 주프노프를 중요 임원으로 하는 전러시아고려족 중앙총회를 소왕령에 두고 지방조직을 정비하였다. 이때 명예회장에 이동휘와 최재형을 추대하여 전러시아 한인의 단합을 과시하였으며, 세계 개조에 순응한 항일독립운동의 중추기관임을 자부하였다. 안으로 볼셰비키혁명에 전폭가담하는 문제로 진통이 컸으나 러시아 한인의 최고자치기관 또는 조국독립운동기관으로 신망을 받았다.

이 고려족회는 제1차세계대전 종전을 전후하여 해도간의 한인사회를 망라하는 대한국민의회로 발전하여 국외에서의 3·1운동을 준비하는 한편, 노령정부를 건립, 활동하기 시작하였다.

금번 블라디보스토크에서 변모된 신한촌을 답사한 조사단 일행은 우수리스크 시에 들어서면서 혹시나 원형 그대로의 항일유적지를 기대하여 보았다. 그러나 사방팔통으로 뻗은 시가지는 어디를 가나 러시아풍의 건물이 즐비할 뿐이었다.

그러나 중앙시장에 들어서니 북적대는 러시아인 틈에 그래도 물건을 사고파는 한인남녀의 얼굴이 자주 눈에 띄었다. 또한 시내 변두리의 한인농가 몇 집을 찾았다. 카루키나 거리 1번지에 사는 전용준(田龍俊, 77세) 씨의 경우 두세 칸의 목조로 된 자기 소유의 집에 5백 평은 되어 보이는 채마전에 농사를 짓고 있었

우수리스크 변두리 까루끼나 거리 1번지 전용준(70세) 씨의 집과 채마전.

다. 부유하지 못하나 그런대로 유복한 생활을 영위하는 것 같
다. 그곳 한인사회의 유지인 듯 식사도 대접하고 한인의 실정도
들려주고 알마아타에서 간행된 《해바라기》와 《시월의 햇빛》 등
한인의 시 선집도 보여준다. 현재 우수리스크에는 이런 한인이 4
백여 호나 살고 있다고 한다. 물론 이들은 1937년 스탈린의 강제
이주 이전에 살던 사람들이 아니고 제2차세계대전 뒤로 다시 찾
아온 한인들이다. 전용준 씨와 그 이웃 박재희(朴在熙, 68세) 씨
의 안내로 시내 치채린 거리에 위치한 고려사범학교로 불리던 소
왕령 조선사범전문학교를 찾았다. 1917년 고려족중앙총회 발족
초 4만 루불의 자금을 모아 세운 연해주 한인의 저명한 민족주의
교육기관이었다. 그리 크지는 않으나 시 중심부에 붉은 벽돌로
세운 유서깊은 이 건물은 지금도 수학·물리학·화학을 중심으
로 한 초급사범대학으로 운영되고 있었다. 그러나 한인과는 무
관한 러시아의 한 교육기관으로 바뀐 것이다.

6. 치타 대한인국민회 서백리아지방총회

하와이와 미주본토의 한인사회를 단합시켜 강력한 조국독립운
동기관으로 부상한 대한인국민회는 결성 직후인 1909년 5월에
북미지방총회와 하와이지방총회의 공동결의로 그들이 원동(遠
東)이라 부르는 해도간을 중심으로 한 시베리아와 남북만주에
이상설과 정재관을 전권특파원으로 파견하였다. 이상설은 블라
디보스토크에 가서 공립협회 대표로 이미 파견된 김성무·전명
운을 대동하고 시베리아 전역을, 정재관은 만주에 가서 이강과
동행하여 남만주를 순행, 원동지방에 대한인국민회의 원동지방
총회를 건립하여 조국독립운동을 추진하려는 것이었다.

이상설은 헤이그 사행에 이어 영·독·프·러·미 등 각국의
수도를 순방, 대한제국 최후의 구국외교를 전개하다가 샌프란시
스코 공립회관에 머물면서 대한인국민회 건립에 막후 역할을 맡
았던 저명인사이고, 정재관은 공립협회 회장으로 하와이 합성협
회(合成協會)와 통합운동을 벌여 대한인국민회를 성립시키고 북

대한인국민회 제1회 이사회 때의 이상설(앞줄 오른쪽 두번째). 만국평화회의 참석 후 연해주 한인사회의 독립운동 지도자로 부상하였다. 1917년 3월 2일 우수리스크에서 작고하였다.

미지방총회 회장에 선임되었던 미주 한인사회의 주도적 항일민족운동자였다. 또한, 국내에서 신민회(新民會)를 결성, 애국계몽운동을 주도하던 안창호를 중심으로 이종호·이갑·신채호·유동열·조성환·이동휘 등도 망명길에 올라 중국 청도(靑島)를 거쳐 연해주 블라디보스토크로 갔다. 이들도 국외독립운동의 중심지가 될 해도간을 중심으로 한 원동지방을 기반으로 조국독립운동을 전개하기 위한 것이었고, 그 기관은 그들이 미주에서 건립하였던 공립협회를 발전시킨 대한인국민회의 조직을 원동까지 확장, 그 종지(宗旨)를 펴는 것이었다.

이들이 전후를 살펴 블라디보스토크 신한촌에 회집, 본격적인 활동을 개시할 무렵은 이미 풍전등화 같던 조국의 운명이 '한일합병'이란 이름의 민족적 시련을 맞고 있었던 때였다. 그래도 그들은 최후의 구국항일전을 벌이려고 13도의군 편성에 가담하였고, 국내외에 한민족의 광복의지를 천명한 성명회 활동에 앞장섰다.

그러나 일제의 강력한 항의에 굴복한 제정러시아 당국은 자국 안에서의 항일운동을 엄단하였고, 40여 명의 주동인사를 체포, 그 가운데서도 중심인물인 이상설·이범윤·이규풍(李圭豊) 등 7인을 시베리아의 사얀 산맥 근처 바이칼 호가 있는 이르쿠츠크로 멀리 추방하였다. 그 화를 겨우 모면한 13도의군 도총재 유인석을 비롯한 정재관·이종호·이강 등 주요인사들은 일시 만주지방으로 피신하거나 지하로 잠복하였다. 혹은 안창호의 경우와 같이 미주 등지로 가기도 하였다. 그러나 러시아 당국은 일본과의 마찰을 피하기 위해 일단 그러한 조치를 취하기는 하였지만 어디까지나 본의는 아니었기 때문에 7개월 만인 1911년 5월에는 이르쿠츠크로 추방하였던 인물들을 석방하였고, 이들은 다시 신한촌 등 연해주 본거지로 되돌아왔다.

이를 계기로 해도간 여러 곳에 잠복하였던 애국지사들은 그곳 한인사회를 기반으로 항일독립운동을 재개하였다. 그 한 가지는 이상설과 이종호·최재형·홍범도·이동휘 등이 주도하여 블라디보스토크 신한촌에 본부를 둔 권업회를 통한 활동이었고, 다른 한 가지는 정재관과 이강·이갑·김성무·박공육(朴公六)·백원보(白元普) 등이 주동한 대한인국민회 서백리아지방총회와 만주리아지방총회의 건립과 활동이었다.

서백리아지방 총회는 1911년 10월 20일에 치타 시 쿠즈네츠느에 거리에 지방총회소를 두고 그 관하에 처음 지방회를 구성한 수청지방회를 비롯하여 치타·이르쿠츠크·철야빈·중흥·황구·신영·동호·숭지·진영·홍석·신풍·만춘·우지미·석탄동·블라디보스토크의 16개 지방회로 구성되었다. 양주륜과 홍신영을 초대 정·부회장으로 선임하고, 이강(李剛)이 원동위원으로 총회활동을 인도하였다. 또한 만주리아지방 총회는 1911년 11월 13일에 하얼빈에 지방총회소를 두고 그 관하에 하얼빈·석두하자·횡도하자·목릉·흑하·해흡리·만주리·삼성의 8개 지방회를 구성하였다.

금번 러시아 답사에서 서백리아지방총회가 있던 치타와 이상설·이범윤 등이 일시 추방되었던 그 서쪽의 이르쿠츠크는 블라디보스토크에서 현재도 먼 길이었다. 서울에서 연해주의 중심도시인 하바로프스크까지 2시간 반에 비행하였는데, 그곳에서 다시 3시간 남짓 걸려 치타 공항에 도착하였던 것이다. 이르쿠츠크는 치타에서 또다시 한 시간 남짓 소요되었다. 그래도 국민회 인사들이 시베리아 철도로 블라디보스토크에서 주야로 일주일을 꼬박 가야 했던 때를 생각하면 수월한 길이었다. 하바로프스크 공항을 이륙하면서부터 눈 아래 펼쳐지는 풍경은 시베리아 지방과 중국 동북지방을 가르는 대하 흑룡강이 서쪽에서 동쪽으로 관류하는 유역에 가경평원이 끝없이 펼쳐졌다. 그 가운데 경작농지의 상당부분은 틀림없이 그곳에서 고려인이라 부르는 한인의 개척농지일 것이다.

국민회 총회가 자리잡았던 치타 시는, 앞면의 둘레가 1백여 리가 넘는 낀온 호를 안고 시베리아의 중추지로 일찍부터 발달한 도시이다. 특히 치타 역은 시베리아 철도의 요충지로 이르쿠츠크를 거쳐 모스크바와 레닌그라드까지 연결될 뿐만 아니라 하얼빈에서 합류되는 남북만주의 두 간선 철도가 시베리아 철도로 연결되는 곳이다. 시내에 들어서면 고풍의 목조가옥과 오래된 러시아풍의 빌딩, 그리고 새로 지은 아파트군으로 대조를 이룬 옛

도시이며 교외로 빠지면 사방으로 넓은 농장이 펼쳐졌는데, 특히 한창 무성한 감자 재배가 눈길을 끌었다. 그러나 어디에도 한인의 구체적 항일유적은 찾을 수가 없었다. 하지만 이곳은 80여년 전 나라를 잃은 망명지사들이 겨울이면 영하 50도를 오르내리는 혹한 속에서도 중·러 양령(兩領)에 걸친 원동의 넓은 지역을 풍찬노숙하면서 분주히 왕래, 대한인국민회 서백리아지방총회와 만주리아지방총회를 주도하면서 조국광복의 희망을 걸었던 유서깊은 곳이다. 현재 독립기념관에 소장된 도산 안창호 문서 속에 포함된 시베리아지방총회의 원동위원 이강과 정재관, 통신원 백원보, 제 2 대 회장 이갑 등의 국민회 관계 공한은 그러한 역사의 일단을 실증하고 있다.

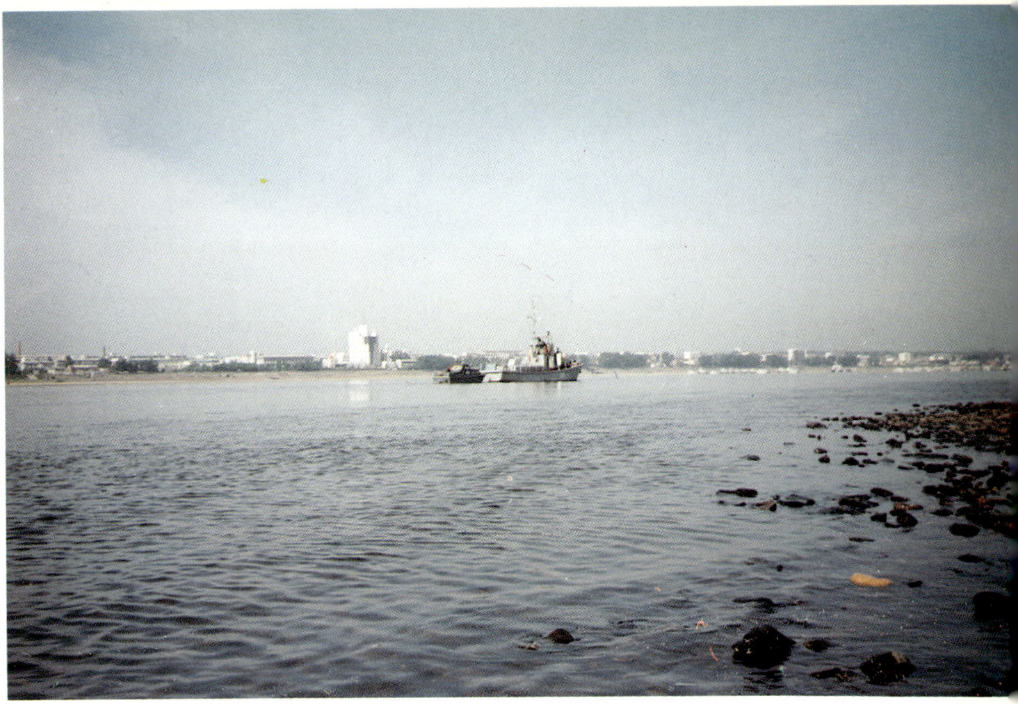

↑ 블라고베시첸스크에서 바라본 아무르 강 대안의 흑하.

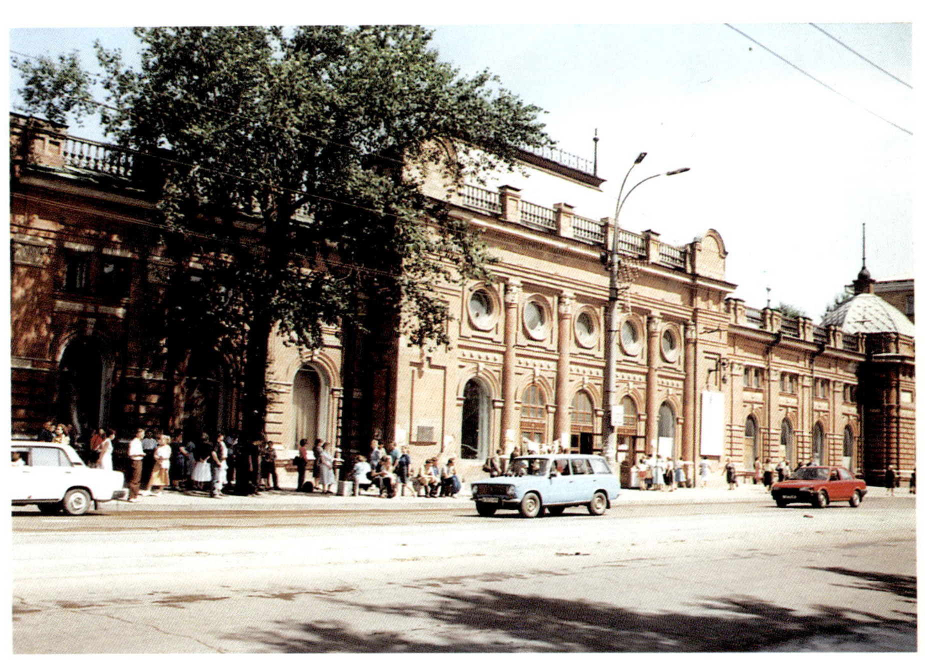

↑ 1921년 5월 고려공산당 창당대회가 개최된 건물. 이르쿠츠크 레닌 거리 23번지 '인민의 집'이라 불리는 음악당을 겸한 극장.

↑ 자유시(스보보드니)참변의 비극을 보았을 수라세프카 역의 급수탑. 이 부근의 독립군 부대를 갈란다쉬베리의 군대가 공격하여 독립군사상 최대의 참사가 일어났다.

↑ 이르쿠츠크 바이칼 호의 경색.

↑ 자유시의 독립군 주둔지로 추정되는 수라세프카 역 부근.

↑ 이르쿠츠크 시내의 5군단 거리. 갈란다쉬베리는 자유시참변 후 모든 한인 군대를 여기에서 5군단으로 재편하였다.

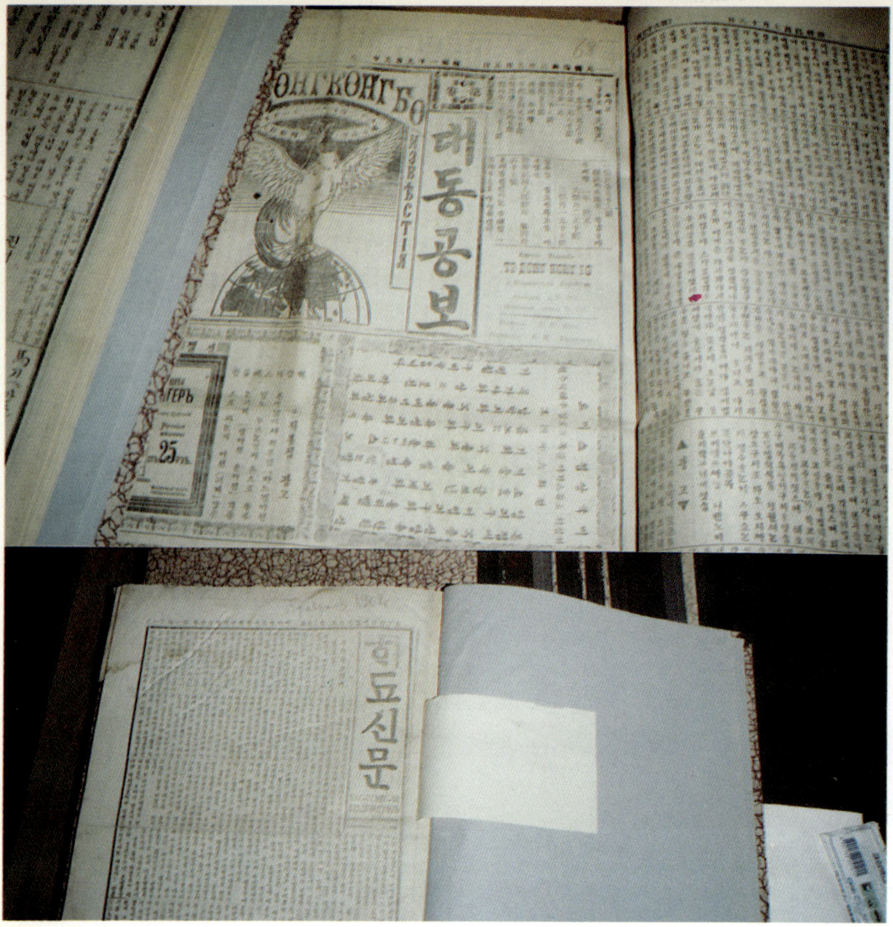

↑ 성 페테르스부르크에 있는 러시아국립도서관에 소장중인 여섯 종류의 한인신문.

↑ 제정러시아의 수도 성 페테르스부르크의 차르 궁전. 헤이그 밀사는 이곳을 거쳐 헤이그로 갔다.

↑ 공산주의가 몰락한 모스크바의 크렘린 궁전.

↑ 《해조신문》, 《청구신보》 등 러시아 고려인의 각종 신문이 보관된 성 페테르스부르크
중심가의 러시아 국립도서관 분관. 오른쪽 두번째가 박벨라 박사이다.

↑ 한인 빨치산 김유천의 이름을 딴 하바로프스크의 김유천 거리.

↑ 1917년 볼셰비키혁명 때의 혁명위원회 건물(하바로프스크
칼 마르크스 거리 22번지).

↑ 하바로프스크 동북방 아무르 강변의 야스코예 마을 전경. 88외인부대라고도 부르는
항일한인부대가 해방 때까지 이곳에 주둔하였던 것으로 알려져 있다.

↑ 88한인부대가 사용하던 막사로 전해오는 건물.

↑ 한인 최초의 공산주의자 였던 여성혁명가 김 알렉산드라의 얼굴 조각과 그녀의 공적문이 붙어 있는 하바로프스크 혁명위원회 건물(칼 마르크스 거리 22번지). 한인사회당도 시베리아 연해주 볼셰비키혁명의 본거지였던 이곳에서 조직된 것으로 생각된다. 현재는 원동중앙은행이 들어 있다.

↑ 신한촌의 하바로프스카야 거리. 신한촌의 5개 간선거리 가운데 현재는 아무르스카야 거리와 함께 이 거리가 남아 있다. 정면에 보이는 단층 건물 자리에 이동휘 옛집이 있었던 것으로 전해진다.

7. 계봉우와 고려인 역사

　'동해수부'(東海水夫)라는 필명으로 《국민회약사》를 쓴 홍언(洪焉)을 미주한인사회의 역사가라 한다면, '뒤바보' 혹은 '사방자'라는 필명으로 〈아령실기〉(俄領實記)와 〈의병전〉, 〈북간도 그 과거와 현재〉, 〈김 알렉산드리아 소전(小傳)〉 등의 역사물을 1920년 상해판 《독립신문》에 5개월에 걸쳐서 연재한 계봉우(桂奉瑀)는 연해주 고려인사회의 역사가로 지목할 수 있다. 특히 〈아령실기〉는 1860년대 이래 연해주 고려인의 이주개척과 그들의 항일민족운동사를 기술한 귀중자료로 주목되고 있다.

　함경도 영흥(永興) 출신으로 생각되는 계봉우는 한말에 이동휘를 따라 신민회에 가입, 애국계몽운동을 벌였고 국치 다음해인 1911년 북간도로 망명길에 올랐다. 이때부터 그는 비슷한 시기에 망명한 정창빈(鄭昌贇), 김립, 윤해, 도연호(都連浩), 장기영(張基永), 고명수(高明秀), 오영선(吳永善), 유예균(劉禮均), 마진(馬晋), 서상용(徐相庸), 김하석(金河錫), 김하구(金

수많은 국학 저술을 남긴
계봉우(1879~1959)의 유일
한 사진.

河球) 등과 함께 105인 사건에 연루되어 다소 늦게 망명한 이동
휘를 중심으로 해도간을 왕래하면서 민족주의 교육과 항일민족
운동에 진력하였다.

　필자는 계봉우의 사적을 찾아 먼저 연변의 중심도시 연길 교
외에 위치한 소영자(小營子)를 찾았다. 그곳은 계봉우가 망명
초기에 이동휘 등과 함께 광성학교(光成學校)를 세워 민족주의
교육을 실시하던 곳이다. 연변 일대의 항일유적지에 밝은 연변
대학의 황용국(黃龍國) 교수의 안내를 받았지만 학교가 폐쇄된
지 오래되어 정확한 위치를 확인하기가 어려웠다. 단지 조선 농
민이 억척같이 개간하였을 광활한 논밭을 눈앞에 두고 항일인재
를 양성하였던 그 기상을 그려볼 뿐이었다. 그는 이곳에서 《조
선역사》를 비롯하여 《국어(조선어)》, 《조선지리》 등의 교과서
편찬을 주도하여 간도 전역에 보급시켰다.

　다음으로 찾은 곳은 연해주 블라디보스토크 신한촌 인근의 팔호중학교였다. 현재 하바로프스크에 살고 있는 남봉식(南鳳植, 84세) 옹의 증언에 의하면 계봉우는 이 학교에서 《대한문전》(大韓文典)을 가르쳤다고 한다. 팔호중학교는 한인만 다니는 민족학교로 9년제였다. 팔호중학 건물은 그리 크지는 않지만 견고한 러시아풍의 3층 양옥이다. 하지만 어디를 둘러보아도 고려인 학교라는 흔적을 찾기는 힘들었다. 그러나 연해주 각지에서 만난 블라디보스토크 출신의 연로한 동포들은 이 학교를 기억하고 있으며 여기서 수학하였다는 이가 많았다. 계봉우는 이 학교 외에도 우수리스크와 하바로프스크를 오가며 여러 고려인 학교에서 국어를 가르쳤기 때문에 국사 선생으로보다도 국어 선생으로 기억되고 있다.

그러나 계봉우의 사회적 행적은 이와 같은 민족주의 교육자 못지않게 항일민족운동 또는 공산주의 운동자로 부각되고 있다. 그는 3·1운동 후 상해에 임정이 건립되자 북간도 대표로 임시의정원(臨時議政院) 의원으로 피선되어 상해로 가서 활동하였다. 그후 임시정부의 국무총리 이동휘를 따라서 고려공산당에 참여하였고, 모스크바 코민테른에 대표로 파견되기까지 하였다. 또한 1921년 4월 마사노프에서 제2차 한인군사위원회가 조직되었을 때는 이동휘, 채영(蔡英), 이용(李鏞) 등과 함께 군사위원회 위원으로 활동하였고, 1921년 6월 자유시참변에도 연루되어 체포되기도 하였다.

계봉우는 이와 같이 망명 이후 민족주의 교육자로, 또한 임시의정원 의원에서부터 사회주의운동에 이르기까지 깊숙이 관여하였음에도 불구하고 그 진면목은 아무래도 국학자로 더 극명하게 부각되고, 그 흔적은 1937년 연해주 고려인이 강제이주된 중앙아시아 카자흐스탄과 모스크바에서 찾을 수 있다. 계봉우는 강제이주 뒤 만년을 반사막지대인 카자흐스탄 크즐-오르다에서 살았고 그의 무덤도 홍범도 장군의 무덤이 있는 크즐-오르다 공동묘지에 있다.

이번 답사에서 새로 확인한 계봉우의 저술은 모스크바의 러시아 국립도서관이 소장하고 있는《고려어 교과서》(1937, 하바로프스크, 73쪽)와《고려인의 구력과 명절 미신》(1931, 하바로프스크, 33쪽)이다. 원동지방에서는 찾을 수 없던 이러한 간행물들이 얼마 전까지 레닌 도서관이라 불렸던 현 러시아 국립도서관 안에 언어별로 분류된 아시아-아프리카 연구부 도서로 분류, 소장되어 있는 것이다. 세계적으로 저명한 도서관의 면목을 볼 수 있는 느낌이다.

역사가로서 계봉우의 사관과 한국사 인식의 체계를 알려주

시베리아 철도 화차에 실려 2만 리가 넘는 중앙아시아로 강제 이주당하는 고려인.

는, 무엇보다 중요한 미공개의 저술이 크렘린 궁전 부근에 위치
한 러시아 사회과학원 동방학연구소의 문헌보관소에 고이 소장
되어 있음을 확인하였다. 1932년 9월 21일 서문을 쓴《동학당
폭동》(東學黨暴動)이란 논제의 저술이 그 가운데 하나이다.
200자 원고지로 환산하면 400장 분량의 친필원고이다. 그는 서
문에서 "그러한 큰 운동(동학당폭동 – 주)은 과거의 조선역사에서
더 찾을 수 없다"고 전제하면서 그 운동의 경과를 시기별로 나누
어 분석하면서 나름대로의 역사적 의의를 정립하고 있다.
　이《동학당폭동》의 원고본을 열람한 어느 논자는 다음과 같이
〈독동학폭동사탄전봉준의지웅재〉(讀東學暴動史歎全琫準義志雄
才)라는 제목의 한시 두 수로 그의 사필(史筆)을 칭송하였다.

　　　　백성을 건지고 나라를 보위하고 또한 스승(동학교주)을 높임에
　　　　평소 품은 뜻대로 당당하게 의병의 깃발을 올리고
　　　　웅대한 계략과 활약은 남쪽지역을 정토하고
　　　　용맹한 기세는 북진시에 드날리다.

　　　　무궁화 강산은 천인혈(千人血)로 붉게 물들이고
　　　　푸른 녹두꽃은 만 가지에 피어오르다.
　　　　내외의 흉적은 마침내 나라를 망하게 하니
　　　　열사의 단심(丹心)은 사필(史筆)이 알도다.

　다른 한 가지는 1936년 12월 18일 탈고한《조선역사》(朝鮮歷
史 ; 권 1, 218쪽 ; 권 2, 177쪽, 1쪽은 600자 내외 분량)의 원고본
이다. 상고 이래 1910년 국망 전후까지 전 역사를 체계화시켜
기술하고 있다. 이 원고본은 크즐 – 오르다에서 계봉우로부터 젊
은 시절 학문과 역사를 배운 모스크바 대학의 박 미하일 교수가

東學黨暴動

著者

桂奉瑀

序言

　우리의 歷史를 溯考하면 上下 半萬年의 사이에 大小의 農民運動, 實로 封建制度의 아래에서 各方으로 壓迫과 搾取를 받든 農民大衆의 階級鬪爭은 어느時代에던지 없지 아니하엿다. 그러나 東學黨의 暴動과 같이, 그렇게 組織이 튼튼하고, 그렇게 政綱이 正大하고, 그렇게 戰線의 範圍가 거의 全國을 包括하고, 또 그 鬪爭目標가 自國內의 搾取階級에게만 限한것이 아니라, 남의것이라면 掠奪하기를 좋아하는 外國의 勢力까지 驅逐하려는, 그러한 큰 運動은 過去의 朝鮮歷史에서 더 찾을수 없다. 그뿐인가? 그것으로 말미암아 東亞全局의 大變動을 보으킨 淸日戰爭이 생기엿고, 그것으로 말미암아 自徒의 實力으로 되어진것은 아니로되 그래도 朝鮮의 獨立國임은 世界에 公布하엿고, 이것으로 말미암아 四民(士農工商)平等, 奴隸解放等의 政治改革까지 잇게도 엿다. 遺憾스럽게 그 暴動이 畢竟에 失敗는 되엇지만은, 비록 그럴어라도 그 暴動이 니러난지 六年後에 잇은, 다만 外勢驅逐을 目的으로한 中國의 義和團暴動

계봉우의 《동학당폭동》 필사원고 서문 일부.

그 당시 정황으로는 공간(公刊)이 어려웠으므로 원고나마 영구 보존하기 위하여 스승 계봉우에게 건의하여 동방학연구소에 기증, 전래된 것이라 한다. 계봉우의 저술은 조사가 진행되면 생각하지 못한 것이 더 발견될 여지가 많다. 인생은 일장춘몽일 수도 있으나 만인이 향유할 진솔한 학문은 영구한 것이 아닌가!

8. 홍범도와 크즐−오르다

　내 나이 70 먹은 몸이 소용없는 총을 집에다 둘 수 없다고 보내기는 하나 내 사랑하던 30년 총입니다.

　이 말은 홍범도가 말년에 파란만장한 일생을 회고하며 직접 기술하였다는 《홍범도의 일지》 가운데 그가 아끼던 총을 설명한 첫 구절이다.

　홍범도는 1937년 스탈린의 극동 한인 강제추방 때 70세의 고령으로 그들이 원동이라 부르던 연해주지방 수청 스코토브에서부터 어림잡아도 2만여 리 떨어진 중앙아시아 카자흐스탄 크즐−오르다라는 황량한 오지로 왔으며, 이곳에서 그는 30년 동안 애지중지하였던 장총도 관리에게 압수당해 몹시 애석해 하였던 것이다.

　홍범도는 한말 의병 가운데서도 발군의 전적을 올린 전설적 의병장이며, 1920년 봉오동승첩과 청산리대첩을 지휘한 영용한

크즐—오르다의 홍범도 거리와 홍범도 기념관의 설명문.

명장이기도 하다. 그러므로 그는 한국독립운동사상 의병과 그를
이은 독립군의 항전을 한결같이 선도한 무장항일전의 역사적 인
물로 칭송되고 있다.

필자는 1992년 여름과 가을에 걸쳐 구소련, 현재의 러시아를
비롯한 독립국가연합의 연해주 블라디보스토크에서 중앙아시아
를 거쳐 발트 해 연안 레닌그라드까지 넓게 펼쳐진 한인의 항일
유적지를 답사하면서 홍범도의 또 다른 면모를 발견하게 되었
다. 그것은 스스로 고려사람이라고 부르는 러시아를 비롯한 독
립국가연합에 사는 한인의 기막힌 역사와 그들의 민족의식을 상
징할 수 있는 홍범도의 행적을 도처에서 더듬이볼 수 있었기 때
문이다.

홍범도는 1910년 '한일합병'을 전후하여 일어난 처절한 의병
항전에서 살아남은 의병을 수습, 일시 백두산록 장백현(長白
縣) 왕개둔(汪開屯)에 들어가 둔전병영을 건설하였다. 그러나
그는 그곳에 오래 머물지 않고 우수리 강 동쪽 광활한 연해주지
방으로 근거지를 옮기며 장기항전의 새 터전을 잡아갔다. 이곳
에서 압록강과 두만강 너머의 서북간도로 드나들며 항전을 벌이
기도 하다가 1919년 3·1운동 무렵까지는 연해주내 고려사람이
되어 독립군으로 재기항쟁할 준비를 서둘렀다.

그러한 몇 가지 사례를 들더라도, 첫째, 망국 직전인 1910년 6월에는 고려사람이 연추(煙秋)라고 부르던 크라스키노와 블라디보스토크 신한촌을 중심지로 국외의병의 최후 구국전을 기도한 13도의군의 편성에 가담하고 그것이 러시아 당국의 탄압으로 와해되자 이범석(李範錫), 최태(崔泰), 김태현(金泰鉉), 엄인섭(嚴仁燮) 등 중요 의병 21인과 '작의서천'(作義誓天)을 맹세한 결의동맹을 하며 다시 무장항쟁을 준비하였다. 둘째, 홍범도는 탄압 속에서도 막하 의병과 한인청년을 모아 신한촌에 본부를 둔 '노동회'(勞動會)를 조직, 시베리아철도 공사 등 각종 개발공사 현장으로 보내 임금의 일정액을 정기저축하여 군자금을 조성하였다. 이와 같은 홍범도의 활동은 마침내 결실을 보아 1919년 3·1운동을 계기로 해도간을 근거지로 하는 정예의 대한독립군을 편성, 가장 먼저 독립군의 항일전을 시작하는 등 1920년대 독립전쟁을 주도하였다.

그러나 독립군의 독립전쟁도 1920년 10월의 청산리대첩을 고비로 병력과 무기가 월등히 우세한 일본군에게 밀려 북만주 밀산(密山)으로 북상하였다. 밀산부에 집결한 여러 독립군 부대는 서일(徐一)을 총재, 홍범도를 부총재로 하는 '대한독립군단'으로 정비, 1920년초 볼셰비키혁명에 휩싸인 시베리아 연해주의 이만으로 들어갔다. 이만에서 대한독립군단은 다시 북정을 계속, 알렉세예프스크라고 부르는 자유시로 이동하였다. 그러나 이곳에서 그해 6월 독립군사상 최대의 비극인 자유시사변이 발생하게 되었고, 이때 살아남은 모든 독립군은 볼셰비키혁명을 위한 갈란다쉬베리 사령관 휘하의 빨치산 부대로 편입되었다. 다행히 홍범도 부대는 이 사변에서 아슬아슬하게 중립을 지켜 독립군 상잔의 직접적인 참상만은 면하였다. 이후 홍범도는 이르쿠츠크에 있던 코민테른 한인부대로 이송되었으나 아무런 군권도 갖지 못한 노장으로 민족해방유격대의 원로 예우만 받게 되었다. 이어 1922년에는 모스크바에서 개최된 극동인민대표자대회에 참석하고 레닌으로부터 권총과 상금을 받기도 하였지만 민족해방전의 참가는 더욱 어려워졌다. 그후 시베리아 카자린 지역에서 농사를 짓다가 1927년에는 공산당에 가입하고 한인이 많이 사는, 중국과의 접경지인 항카 호 지역 농장에서 일하였다. 이 무렵 홍범도는 틈만 나면 남쪽 수청으로부터 북쪽 아무르강 입구의 니콜라예프스크에 있는 밋갈레라는 고려인 마을에 이르기까지 곳곳을 찾아다니며 민족의식과 항일의식을 고취, 시베리아 연해주 고려인의 숭앙을 받았다.

홍범도가 크즐-오르다에 도착하자마자 압수당한 그의 애총(愛銃)은 그가 의병항쟁초에 국내의 후치령(厚峙嶺), 황수원(黃水院)에서 단신으로 일본군 기마병 3명을 사로잡고 노획한 장총으로, 이후 3년 동안의 국내 의병항전과 독립군사령관으로 활동하면서 줄곧 사용하던 것이다.

크즐-오르다에서의 홍범도의 말년은 일빈 언금으로는 부족하여 지금은 문화회관으로 변모한 고려극장의 수위를 자원, 성실하게 근무하였다. 홍범도가 말년에 살다간 크즐-오르다시 스텝나냐 거리의 옛집은 현재 시의 역사기념물로 지정되어 개수 단장되었으며, 그 앞의 거리를 '홍범도 거리'로 명명하여 그 유래를 적은 안내판을 부착해놓았다. 더욱이 75세로 한많은 일생을 마감한 그의 말년 유택은 크즐-오르다시 공동묘지 중앙광장에 마련, 홍범도 흉상까지 조성해 한 길 석대 위에 안치해놓았다.

9. 성명회와 〈취지서재고〉

    일반적으로 1910년 '한일합병'에 대한 한국민의 저항은 즉각적, 혹은 조직적으로 펼쳐지지 못하고 만 것으로 인식되기도 한다. 그것은 국제적 비난을 꺼려한 일제가 항일의병을 탄압한 그들의 강력한 군경을 동원하여 모든 애국인사들을 사전에 투옥하고 감시했을 뿐만 아니라 만약의 사태에 대비하여 언론·결사·출판·집회 등의 자유를 박탈하여 '합병' 추진의 추이조차 알지 못하게 하였던 까닭이기도 하다. 더욱이 일제는 그들의 앞잡이가 된 일진회를 내세워 '합병'을 찬성하고 환영하는 무대를 만들어 선전의 자료로 삼았다. 때문에 '국치민욕'(國恥民辱)의 국망 사실을 안 한민족은 경악과 분노에 차 땅을 치고 통곡하였던 것이다. '망국민'의 설움을 안은 한민족은 그래도 일루 광복의 앞날을 기원하였다.

    국치 직후 국내에서는 나라와 더불어 스스로 목숨을 끊는 순국선열이 줄을 이어 나왔다. 또한 두만강과 압록강 너머의 중국

'한일합병'을 반대하는 성명회의 〈취지서재고〉.

과 러시아, 멀리 미주 등지에 이주·망명하여 사는 국외 한인들은 그래도 일제의 직접적인 감시를 벗어난 지리적 이점을 살려 성명회(聲明會)를 조직, 그 활동을 통해 한민족의 독립의지를 다짐하고 조국광복의 큰 일을 위한 항일전신의 정비를 서두르면서 그 사실을 세계열강에 널리 천명하였다.

이와 같은 성명회는 '한일합병조약'이 실제로 맺어진 1910년 8월 22일 다음날에 중요 항일운동자가 집결해 있던 연해주 블라디보스토크 개척리(開拓里)의 한민학교에서 한인대회를 개최함으로써 조직되어 활동하기 시작하였다. 그 목적은 '대한의 인민은 어떠한 경우에도 그 지위를 잃지 않고 대한의 광복을 죽기로 맹세하고 성취한다'는 것이다. 회명은 '적의 죄를 성토하고 우리의 억울함을 밝힌다'(聲彼之罪 明我之冤)는 말에서 취하였다. 또한 그 이념은 광복을 위해 '대한인민의 모든 역량과 수단을 모아 항일광복운동으로 나아갈 때, 민족의 시련을 극복하고 광복의 영광을 찾을 수 있다'는 것이다. 그리하여 성명회는 그러한 취지를 담은 〈성명회 취지서〉를 작성하여 중·러 지역을 비롯한 국내외에 퍼져 있는 동포들에게 널리 알리고자 하였다. 또한 이와 같은 한국민의 광복결의를 실천하는 국내진공작전 등을 포함하는 '독립전쟁'을 준비하기 시작하였다.

한편 일본정부에는 '국제공약 배신'을 맹렬히 비난하는 공한을 보내고, 각국 정부에는 '한일합병무효'를 선언하는 긴급 전문과 〈성명회 선언서〉를 노문과 불문으로 작성하여 러시아와 미국·영국·프랑스·오스트리아 등 열강에 보냈다. 이와 같은 성명회의 합병반대 결의를 알리는 전문이, 예컨대, 미국 정부에 도착한 것은 '한일합병조약'이 공식으로 발표되기 2일 전인 8월 26일이었고 〈성명회 선언서〉는 이보다 한 달 늦은 그해 10월 1일 도착되었다. 그것은 아주 짧은 시일 동안에 〈성명회 취지서〉에 대표로 서명한 유인석(柳麟錫), 이범윤(李範允), 김학만(金學萬), 차석보(車錫甫), 김좌두(金佐斗), 김치보(金致寶) 등을 비롯, 블라디보스토크를 중심으로 러시아와 중국령내 원근에 산재한 거의 모든 항일민족운동자가 포함된 8,624명이라는 많은 인원이 연명한 서명을 받아 보내진 까닭이다.

성명회는 이와 같이 일제의 '합병'을 결연 반대하여 광복에 대하여 강력한 의지와 열성을 갖고 투쟁하였음에도 불구하고 그해 9월 11일을 기하여 역사에서 사라지고 그 정신만이 독립운동 사상에 유전하게 되었다. 그 원인은 일제가 러시아와 중국에 대하여 강력히 항의를 제기함에 따라 양국정부는 그 주동자들을 가차없이 체포, 투옥하는 한편 한인의 일체 항일민족운동을 강력히 탄압하였기 때문이다.

이와 같은 성명회는 그 활동시에 위의 취지서와 선언서를 비롯하여 여러 가지 문헌이 작성되었겠지만 현재까지 알려진 중요 문헌은 일본문으로 번역되어 전하는 〈성명회 취지서〉와 미국과 독일·헝가리 정부에 보관된 프랑스어로 된 〈성명회 선언서〉(Protestation du Comité National Coréen) 및 8천여 명의 서명록 등이고, 국제공약을 배신하고 '합병'을 단행한 일본정부에 보냈던 공한은 찾아볼 수 없다.

여기에 소개하는 〈취지서재고〉는 종래 내용조차 알려지지 않았던 성명회 문헌 가운데 하나이다. 성명회가 조직되면서 〈성명회 취지서〉가 발표되었고, 이어 이 〈취지서재고〉가 나온 것으로 생각되며, 〈성명회 취지서〉를 보완하면서 '한국인민'의 당면 실천강령으로, 첫째 '대한인민'의 지위를 끝까지 지키고, 둘째 '일제 신민'의 몸표[身標]는 죽기로 배척한다는 2개 조항을 제시한 것이다.

서명자는 성명회 주도자이며 〈성명회 취지서〉에 서명했던 유인석을 비롯해 이범윤·김학만·차석보·김좌두·김치보 등 6인이다. 유인석과 이범윤은 저명한 의병장으로 성명회 조직 직전 13도의군의 도총재와 창의총재(彰義總裁)에 추대되어 의병의 최후항전을 기도하던 인물이고, 김학만과 차석보·김좌두·김치보 등은 연해주 한인사회의 유지로 그 가운데 김학만은 블라디보스토크 한인사회의 자치기구인 한민회의 회장이며, 김치보는 한민학교 교장이고 또한 차석보는 항일언론인 《대동공보》 사장이었다.

이 〈취지서재고〉는 러시아 항일유적지 답사 때 이르쿠츠크 사범대학 사학과 박 보리스 교수가 제공한 것이다. 박교수가 사는 이르쿠츠크 시는 바로 러시아 관헌이 일제의 항의에 굴복, 성명

安鍾奭　崔廣　許弘圭　朴文鎮　鄭在寬　安明世　崔斗亨
徐相矩　權裕相　李周文　金光黙　任善云　金炳七　姜宅熙
李範錫　金元國　金堯璿　朴陽變　金奎變　劉基漢　姜相敏
朴寬國　李敏馥　高鳳鎬　全濟益　李成道　李永萬　姜厚明
禹炳烈　李奎豐　金敬齊　姜舜璣　馬行駿　朴汝七　俞鎮律
李南基　安基璇　崔元吉　尹能孝　姜錫基　梁德永　韓鎮宅
金佐斗　徐五星　徐成正　崔文敬　白元甫　閔孝植　河成初
李相卨　崔弘日　金任鎬　朴基祚　池鳳會　金顯土　裵元慶
金學萬　李鍾翊　林會稷　李致權　金泰鍊　許敬世　李聖老
李範允　李起　安定根　金起龍　金夢律　金東潤　千斗萬
柳麟錫　禹時夏　金翼瑢　金泰秦　劉世昌　金燮定　金萬諫

성명회선언서의 서명록. (서두 부분)

회를 탄압하면서 중심인물 20여 명을 체포하고 그 가운데 이범윤·이상설·이규풍 등 7인을 유배시켰던 연유 깊은 곳이다. 그러므로 이 〈취지서재고〉는 초기 연해주지역 한국독립운동사에 큰 자취를 남긴 성명회의 활동을 실증하는 중요 자료가 될 것으로 생각된다.

다음 글은 〈취지서재고〉를 현대문으로 옮긴 것이다.

슬프다. 오늘 이후로는 다시 대한(大韓) 두 글자를 들어볼 수도 없을지며 대한황제의 신민(臣民)도 다시 되어볼 수 없을지며 대한정부란 말도 다시 하여 보지 못하리로다. 슬프다. 오늘 우리 대한의 신민이여. 어찌 차마 우리의 대한이 저 일본의 영지(領地)가 됨을 보며 어찌 차마 저 원수의 일본 목인(睦仁 ; 明治)이 우리의 임금이 되는 것을 보며 어찌 차마 저 무도불법한 일본관리가 우리의 상전이 됨을 보고 안연히 앉아 있으리오. 슬프다. 대한의 민족이여. 눈물이 뫼(山)가 되며 백골이 진토가 될지라도 우리의 무궁한 원(寃)과 우리의 무궁한 설움을 어찌 금하리오. 이러므로 우리 성명회(聲明會)에서 이미 전보로 합방반대사건으로 열국(列國)에 성명하였고, 다시 장서(長書)로 열국과 각 신문사에 일본의 불법행위를 공포하기로 의결하였사오며, 또한 최중요(最重要)한 사항을 좌에 열록(列錄)하여 위원을 파견하오니 우리 대한동포는 차기사항에 대하여 죽을 마음으로 맹세를 견확(堅確)히 세워 대한의 민족 되시는 본분을 잃지 마옵시고 우리의 오늘날 강개격렬(慷慨激烈)하온 충분의담(忠憤義膽)을 발로하시기를 천만 바라옵나이다.

제1조는 우리는 어떠한 경우를 당할지라도 대한인민(大韓人民)의 지위(地位)를 천하만국에 발표할 일을 맹세함.

제2조는 우리는 죽을지라도 일본인 몸표(身標)는 가지지 못할

지며 만일 가지는 자는 어디까지든지 우리가 금지할 줄로 맹세
함.

융희(隆熙) 4년(1910) 8월 일

성명회(聲明會)

유인석(柳麟錫) 이범윤(李範允) 김학만(金學萬)
차석보(車錫甫) 김좌두(金佐斗) 김치보(金致寶)

10. 이범윤과 이르쿠츠크

　구한말 의병의 최후의 구국항일전은 1907년 일제가 군대를 강제로 해산한 시기를 전후하여 크게 확대되었다. 중부지방으로부터 전국적 규모로 확대된 국내 의병뿐 아니라 북간도, 현재의 연변지역과 러시아의 시베리아 연해주지방에서도 두만강을 넘나든 의병항쟁이 처절히 전개되었다. 이 가운네 국외 의병은 국내에서 일제 침략군과 싸우다가 북상하여 더 장기적이며 효과적인 항전을 다짐하던 의병이었고, 그밖에도 그곳 한인사회를 바탕으로 편성된 의병도 많았다. 이들 국외 의병은 비록 큰 전과를 올리지는 못했을지라도 1개 사단이 넘는 일제 '국경수비대'의 방위망을 뚫고 국내 진입작전을 되풀이 하였다.

　이같은 국외 의병의 대표적인 중심인물은 1902년 이래 간도관리사(間島管理使)를 지내다가 러일전쟁 때부터 항일을 표방, 충의대(忠義隊)라고도 하는 사포대(私砲隊)를 이끌고 연해주로 넘어가 의병항쟁을 선도한 이범윤이었다. 그는 연해주 한인사회에

서 신망높은 교포 부호인 최재형(崔才亨)과 연합하여 3,4천 명
에 달하는 의병을 모아 그곳 한인이 연추라고 부르던 크라스키노
(노우키에프스크)를 중심기지로 삼고 활동하였다.

  이범윤 외에도 연해주지방에는 삼수·갑산 등지에서 용맹을
떨친 홍범도(洪範圖)와 황해도 의병장 이진룡(李鎭龍)을 비롯하
여 엄인섭(嚴仁燮), 안중근(安重根), 김영선(金永先), 오몽서
(吳夢瑞) 등의 의병장이 이범윤과 최재형 휘하에서 활동하거나
또는 별동부대를 편성하여 활동하고 있었다. 또한 1909년경부터
는 국내에서 을미의병 이래 전국에서 명성이 높았던 유인석도 예
하 유생 출신 의병참모를 거느리고 연해주로 북상, 의병의 통합

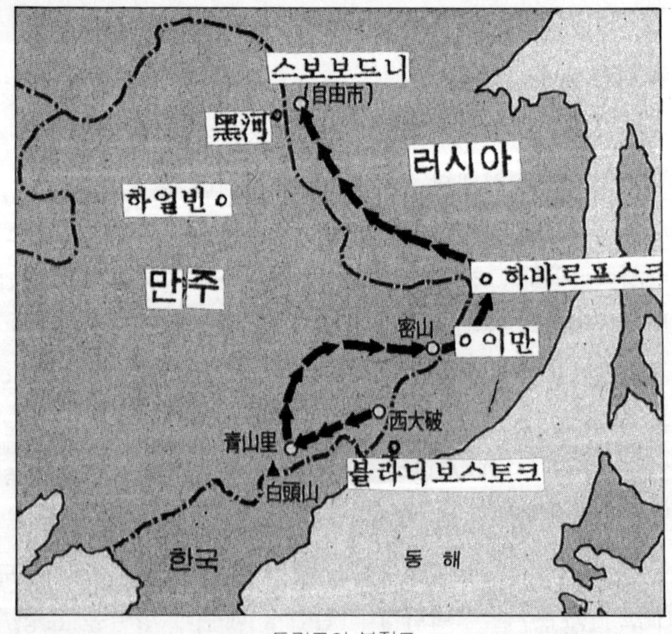

독립군의 북정도.

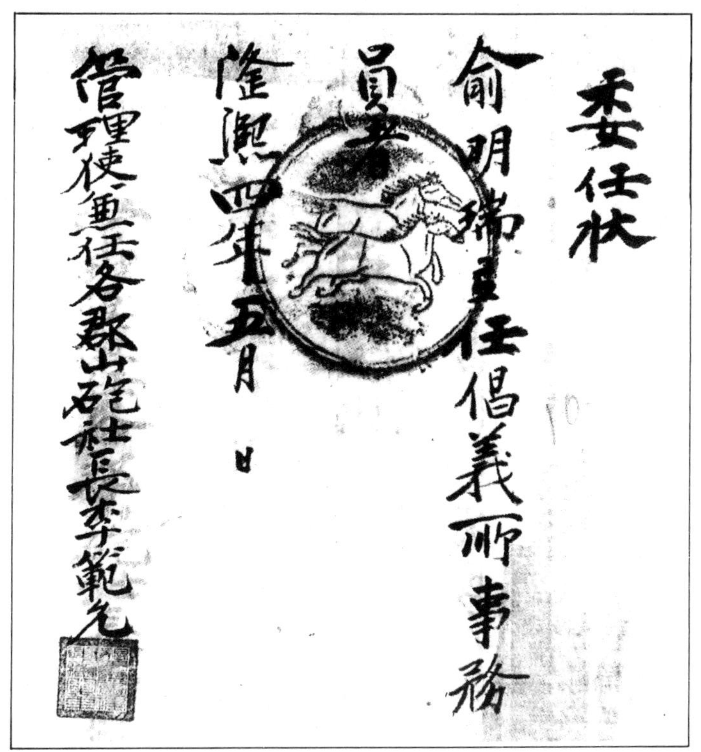

연해주 의병을 총괄하던 이범윤이 내린 위임장. 간도관리사 직인과 이두 마패가 선명하다.

항전을 도모하였다.

이들 의병이 국내 의병보다 유리한 것은 그들의 기지가 일제 군 관할이 아니고 그와 대립관계에 있던 러시아의 영토였다는 점이다. 또한 그들은 10여 만 명으로 호칭되던 연해주 한인사회의 지지와 지원을 받고 있었다. 게다가 항전무기가 국내 의병이 가지고 있는 것보다 우수하였다. 그곳에서는 5연발 내지 15연발의 장총도 입수할 수 있었기 때문이다.

연해주의병의 국내 진입작전 가운데 대표적인 것이 1908년 7

월 두만강을 건너 함경북도 6진지역에서 항전하던 300~500명으로 추산되던 연해주의병의 국내진입작전이다. 이 의병부대의 좌익장(左翼將)을 담임 지휘하던 안중근은 이때 경흥땅 신아산(新牙山) 등 몇몇 전투에서 승첩을 올렸으나 회령 인근인 영산(靈山) 대회전에서 패배를 당해 연추 기지로 겨우 회환할 수 있었다.

한편 연해주의병의 두드러진 특색은 1910년 국망에 직면하여 13도의군을 편성, 연해주뿐만 아니라 그 연접의 서북간도, 나아가 국내 13도 의병의 통합군단을 도모했던 것이다. 그때 유인석이 도총재가 되고 이범윤은 장의총재에 추대되었다.

이범윤은 이보다 앞서 간도관리사에 제수될 때 광무황제로부터 그 권능을 상징하는 유척(鍮尺)과 이두마패(二頭馬牌)를 받았다. 그는 이 마패를 간도 한인의 관리 때 권인(權印)으로 사용하였다. 뿐만 아니라 러일전쟁 후 연해주로 건너가 항일의병항쟁을 벌일 때도 간도관리사의 신분임을 자처하여 그 마패를 사용하였다.

그 구체적인 실증으로 남아 있는 것이 이범윤이 13도의군의 장의총재로 추대되기 직전인 1910년 5월에 연해주의병의 중심군영이라 할 연추 창의소(倡義所)에서 유명서(兪明瑞)를 '창의소 사무원'으로 임명할 때 준 위임장이다. 직함을 '(간도)관리사 겸 각군 산포사장'(管理使兼各郡山砲社長)으로 이범윤이 자서 날인하고 따로이 중앙에 그의 마패를 눌러 찍어 그 권능을 부각시켰다.

이 자료는 저자가 지난해 시베리아 지방의 항일독립운동 유적지를 답사할 때, 이르쿠츠크 사범대학의 박 보리스 교수가 제공한 것이다. 박교수는 그곳에서 고려인이라 범칭하는 한인의 이주개척과 민족운동에 조예가 깊은 학자이다.

　바다같이 넓고도 아름다운 청정호수 바이칼 호로 유명한 이르쿠츠크는 바로 이범윤이 이상설·이규풍 등과 같이 1910년 국망 직후 러시아 관헌에 의하여 블라디보스토크에서 피체되어 1년 가까이 추방되었던 악연이 있던 곳이다. 게다

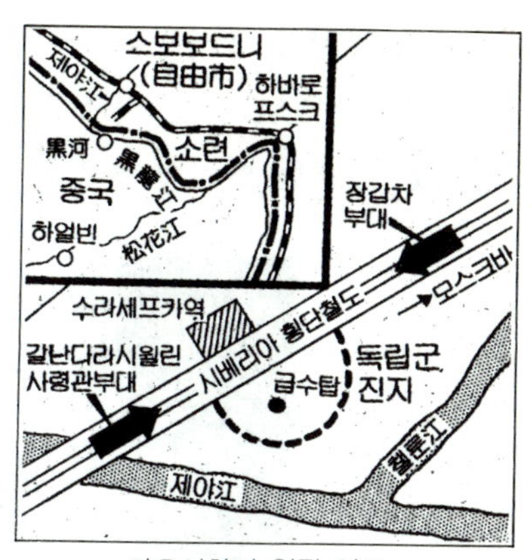

자유시참변 현장 약도.

가 그뒤 볼셰비키혁명 이후에는 여기에서 이르쿠츠크파 고려공산당이 조직되어 러시아 한인사회에서 공산주의 활동을 벌이던 중심지로 변모한 도시이다. 따라서 이곳에는 한인 공산주의 활동과 관련된 유적도 몇 군데 있다.

　그 가운데 레닌 거리 23번지에는 고려공산당 제 1 차대회를 개최했던 붉은 벽돌의 거대한 빌딩이 위용을 자랑하고 있다. 건물 길이는 약 110보로 1857년 건립 당시부터 음악당을 겸하는 극장으로 '인민의 집'이라 불리웠다. 보수공사 중이었지만 박교수의 안내로 당시 회의가 진행되었던 건물 내부까지 관람하였다. 서울의 큰 극장 못지 않게 넓은 무대와 많은 관람석을 갖춘 극장이었다. 1921년 5월 4~17일 동안에 걸쳐 오하묵·최고려 등이 주관하여 이르쿠츠크파 고려공산당을 창건한 이 대회는 상해파를 축출하고 자파만으로 고려공산당 중앙간부를 조직하는 등 파쟁의 성격이 가미되어 독립군사상 가장 참담한 비극을 연출한 자유시참변의 단서가 되기도 하였다.

　또한 시내 중앙에 자리잡은 '문화휴식공원' 안의 전망 좋은

곳에는 빨치산 총사령관 갈란다쉬베리의 묘비가 서 있다. 원래 아나키스트였던 그는 이르쿠츠크파만을 편들고, 나아가 자유시 참변을 연출한 빨치산 총지휘관이기도 하다.

이르쿠츠크 시내 '문화휴식공원' 안에 있는 갈란다쉬베리의 묘비. 그는 자유시참변을 연출한 빨치산 지휘관이었다.

11. 연해주 고려인의 민족언론

러시아 연해주에서 간행된 《해조신문》(海朝新聞)을 비롯한 《대동공보》(大東共報), 《권업신문》(勸業新聞), 《한인신보》(韓人新報), 《청구신보》(靑邱新報) 등은 러시아 한인의 역사와 항일민족운동사를 밝히는 데 절실한 자료들이다. 수년전 필자는 〈권업회의 성립과 권업신문〉이란 논문을 쓴 일이 있다. 그때 이들 신문은 한 장도 보지 못하여 아쉬움이 컸었다.

일제 통감부에 의한 '광무신문지법'(光武新聞紙法), '융희출판법'(隆熙出版法) 시행 이래 국내에서는 엄밀한 의미에서 항일민족언론은 펴기가 어려운 실정이었다. 따라서 한말의 저명한 논객(論客)인 장지연·신채호·박은식 등은 연해주로 망명, 그곳 한인사회의 지도자들인 최재형·최봉준 등과 협동하여 이들 신문을 간행, 민족언론을 계승하면서 항일독립운동을 앞장서 이끌었다.

나라를 도로 찾으려는 굳은 독립의지를 담은 이들 신문이 고

이 보관된 러시아 국립도서관 분관은 발트 해와 닿은 아름다운 러시아의 고도(古都) 성 페테르스부르크 중심가에 자리잡고 있었다. 지난해 11월초 조사단 일행이 그곳을 찾았을 때는 이미 함박눈이 온 시가를 뒤덮고 있었으며, 마침 레닌의 볼셰비키혁명을 기념하여 레닌그라드라 고쳐 부르던 도시 이름을 70여 년만에 성 페테르스부르크라고 원상회복하였을 때다. 이곳 체르노레첸스카야 5번지 자택에서 1911년 1월 13일 이범진(李範晉) 주러시아공사가 가산을 몽땅 정리하여 연해주 블라디보스토크의 대동공보사와 크라스키노(연추)의 항일의병 창의소 등에 제공하고 순국한 도시이기도 하다.

러시아 국립문서보관소에 근무하는 한인 3세인 박 벨라 박사의 안내를 받아 어렵지 않게 찾은 도서관 별관 건물은 몹시 오래된 낡은 건물이었으나 현재도 그 소임을 충실하게 수행하고 있었다. 구소련, 현재는 러시아공화국을 비롯한 독립국가연합에서 간행된 모든 신문 잡지와 그밖에 간행물을 모아 각 민족의 언어별로 정리 편책하여 열람시키고 있었다. 70여 년의 공산주의시대를 겪으면서도 일관된 그들 문화정책의 일면을 볼 수 있었다.

이들 신문은 블라디보스토크 개척리에서 창간된 《해조신문》(1908. 2. 23. ~1908. 5. 13. 제75호) 1책을 비롯, 《대동공보》(1909. 1. 4. 제17호~1910. 5. 13. 제2권 50호) 2책, 블라디보스토크 신한촌에서 간행된 《권업신문》(1912. 5. 13. 제4호~1914. 8. 23. 제126호) 3책, 《한인신보》(1917. 9. 10. 제10호~1918. 1. 6. 제25호) 1책, 우수리스크에서 간행된 《청구신보》(1917. 9. 24. 제14호~1917. 12. 24. 제27호) 1책으로, 공산혁명 성공 후에 나온 《선봉》(先鋒)을 제외하고 모두 8책이 단정히 제책·소장되어 있다. 그 가운데 한인이 소왕령이라 부르던 우수리스크에서 간행한 석판인

쇄의《청구신보》는 지질도 좋지 않은 데다가 잉크빛이 황색으로 퇴색되어 좀더 그대로 두면 판독하기 어렵지 않을까 걱정된다.

이들 신문은 얼핏 보면 연해주 한인사회의 동향을 많이 취급하였으나 실질적 범위는 일제 무단치하에서 신음하는 국내동포의 참상과 그속에서의 항일운동을 비롯, 연해주와 연접한 서북간도를 비롯한 남북만주, 그리고 멀리 하와이와 미주본토의 한인사회의 동정과 조국독립운동까지 폭넓게 보도하고 있다. 특히 항일독립운동에 관계된 것은 이들 신문이 국내외 각지의 의병을 비롯 장인환·안중근 등의 의열투쟁, 명동학교(明東學校)와 한민학교(韓民學校) 등 무수한 민족주의 교육기관과, 성명회·권업회 등 각종 항일단체의 활동, 그밖에 최재형·이상설·이동휘 등 중요 항일운동자의 동정 등을 실증적으로 보도하면서 항일독립운동의 이념과 방향을 선도하고 있다. 그러므로, 이들 신문들이 적어도 국내 학계에서 이용된다면 암울했던 1910년대 국내외 독립운동사 이해가 크게 심화될 것으로 생각된다.

12. 이동휘와 한인사회당

　1912년 망명 후 해도간(海島間)을 오가며 '독립전쟁론'에 근거한 조국독립운동에 헌신하던 성재 이동휘는 1917년 늦은 봄, 볼세비키혁명에 휩싸인 블라디보스토크로 다시 갔다. 이로부터 그는 온갖 역경을 무릅쓰고 볼세비키편에 가담, 한국 민족독립운동선상에 공산·사회주의를 접맥시키는 한편, 자신도 적극적인 공산주의 운동자로 큰 변신을 하였다.

　그 과정은 블라디보스토크에 다시 간 지 얼마되지 않은 그 해 7월 초, 이동휘는 그곳에서 러시아 임시정부 헌병대에 체포되어 각지 군옥을 전전하며 수감되었다가 그 다음해 연초 10월혁명의 승리로 연해주를 차지하게 된 볼세비키의 도움으로 풀려나 하바로프스크로 방송되었다. 이 때 이동휘를 석방시키는 데 중요한 역할을 한 볼세비키 가운데 한 사람은 조선인 최초의 대표적 공산주의자라고 할 수 있는 김 알렉산드라 페트로브나 스탄케비치였다. 당시 그녀는 러시아 사회민주노동당 하바로프스크 시 책

임비서이며 원동소비에트
집행위원회 외교부장으로
맹렬한 혁명가로 부상된
인물이다. 이동휘는 그녀
와의 만남을 계기로 공산
주의운동에 투신하게 되
었고, 자신이 주도한 최
초의 공산주의 정당인 한
인사회당도 김 알렉산드
라와 원동소비에트 인민
위원장 크라스노스티코프
의 지도와 후원이 컸다.

즉, 1918년 3월초 이동
휘와 김립은 그들의 후원

《리동휘 성재선생》에 실린 이동휘 사진.

으로 한인정치혁명자대회를 소집하였다. 이 대회는 큰 성황을
이루어 신민회 시절 그의 동지였던 양기탁·이동녕·유동열·조
성환 등을 비롯하여 김립·박애·이한영·오성숙·오하묵·이
인섭 등 러시아와 중국령에서 활동하던 중요한 한인민족운동자
들이 참석하였다. 그러나 이들은 러시아의 볼셰비키혁명과 조국
독립운동과의 관계설정을 둘러싸고 양분되고 말았다.

한쪽은 부르조아 민족주의적 입장에서, 또는 입헌군주제적 입
장에서 순수한 민족독립만을 위한 광한단(光韓團)을 조직하고,
극동인민위원회로부터는 후원만 얻자는 주장을 제기, 조국독립
운동의 독자적 입장을 강조한 것이다. 양기탁과 이동녕 등이 이
계열의 중심인물이나 상대적으로 열세에 있었다.

또 다른 한쪽은 볼셰비키에 찬동하고 조국독립도 그 방략을

수용하여 혁명의 길로 매진하자고 주장, 볼세비키혁명과의 밀접한 연대혁명을 주장한 것이다. 이들은 이동휘를 비롯해 회의를 주도한 세력이었고 다른 파를 형성하였다. 이러한 의견대립은 마침내 소수파인 민족주의자가 탈퇴함으로써 볼세비키 지지자들만의 단합으로 한인사회당을 창당하였다.

1918년 5월 18일(러시아력 4월 28일) 한인사회당의 정식창당을 위한 한인사회당 중앙위원회가 개최되었다. 이 회의에서 소비에트 러시아와의 긴밀한 연대와 반일반제(反日反帝)의 사회주의 노선을 내용으로 하는 당의 강령을 채택하고 중앙위원회와 그밖의 조직·선전·군사 등의 임원을 선출하였다. 이동휘는 중앙위원회 위원장에 추대되어 한인사회당을 주도하게 되었고 부위원장에 김규면, 아문서기(俄文書記)에 오와실리, 한문서기(漢文書記)에 김립, 군사부장에 유동열, 재무부장에 이인섭 등이 선임되었다. 그후 한인사회당은 기관지로 《자유종》을 간행하고, 한편으로 한인적위군을 편성, 볼세비키편에 가담하면서 연해주 한인사회에서 공산주의운동을 주도하였다.

이동휘는 다음해인 1919년 8월 오영선을 대동하고 상해에 가서 대한민국 임시정부의 국무총리에 취임하였다. 그는 임정 내외에서 동조세력을 규합, 공산주의자 그룹을 확장하고 이를 기초로 연해주에서 결성한 한인사회당을 고려공산당으로 개편 확장하기 시작하였다. 특히, 그는 국무총리로 재직하는 동안 레닌으로부터 2백 루불의 독립운동자금을 지원받기로 약속을 받아 임정의 강화와 공산주의를 정부 안에 확장시키기 위해 전력을 기울였다. 그러나 그의 이러한 활동과 무장투쟁노선은 임정 안에 다수를 차지하는 민족주의세력 및 반대론자들과 대립을 초래하게 되었고, 또한 이미 일부 받은 레닌의 원조자금 유용시비와 맞물려 사임하였다.

그러나 그는 이를 전후하여 코민테른에서 상해까지 파견된 보이틴스키의 지도 아래 본격적으로 한인사회당을 고려공산당(상해파)으로 개편, 공산주의 활동을 넓혀 갔다. 또한 그는 1921년 6월 박진순과 이극로(李克魯)를 대동하고 상해를 떠나 험난한 노정 끝에 11월초 모스크바에 도착, 11월 28일 레닌과 회견하였다. 이 모스크바의 여정에 대해서는 동행한 이극로의 《고투 40년》(苦鬪四十年, 을유문화사, 1947)에 생생한 기술이 보인다. 또한 레닌 회견 관계는 이동휘의 아들 이영일이 쓴 《리동휘 성재선생》이란 전기(傳記) 초본에 각종 자료와 함께 기술되었다.

이동휘는 서북간도를 비롯한 남북만주 지역의 독립군과 관련 한인단체들에 대하여도 관심을 기울여 1920년말 서북간도의 독립군이 청산리대첩 후에 일본군에 쫓겨 밀산(密山)을 거쳐 연해주 이만으로 퇴각할 때에는 긴급 구호금으로 1만 원을 보내기도 하였다.

이동휘는 국무총리 사임 후 북만주와 연해주를 주무대로 적기단(1923), 조선공화정부(1923), 고려혁명당(1926) 등의 조직과 활동을 주도하면서 무장투쟁 노선과 사회주의 노선에 바탕을 둔 민족해방운동을 꾸준히 전개하였다. 한편 1925년 조선공산당이 조직되어 활동한 이래 국내의 '서울파'와 연계하여 좌파세력을 확장시키면서 공산주의운동의 확대에도 힘을 기울였다. 그리하여 1928년 7월에는 좌파(서울과 상해파)를 대표하여 코민테른 제6차 대회에도 참석하였다.

한편 이동휘는 1927년부터 1929년까지 블라디보스토크에서 국제혁명(희생)자후원회(MOPR)의 간부조직 지도요원으로 일하였으며, 1930년부터 1935년까지는 '변강국제혁명자후원회'의 이동휘의 아들 이영일이 8년에 걸쳐 집필한 《리동휘 성재선생》.

간부로 활동하는 등 말년까지 사회주의 혁명운동에 헌신하였다. 그리하여 1932년 10월 원동변강모플에서는 그의 모범적 사업에 경의를 표하여 '명의적 훈장'을 수여하였다. 그는 1935년 1월 31일 블라디보스토크 신한촌 자택에서 작고하여 교외 공동묘지에 묻혔다.

엘친이 등장하여 소비에트가 무너지고 사회주의가 퇴장할 때까지는 소련 대소 도시의 메인스트리트는, 예외없이 레닌의 동상이 세워진 레닌 광장을 중심으로 '레닌 거리' 아니면 '마르크스 거리'로 호칭되었다. 이동휘가 한인사회당을 창당하여 공산주의운동에 헌신하던 하바로프스크도 마르크스 거리가 시의 중앙을 동서로 관통하고 있다. 그 거리 22번지에 현존하는 러시아풍의 큰 건물은 볼셰비키혁명 때에는 하바로프스크 시 인민위원회 청사로 사용되었다. 현재 원동중앙은행으로 사용되고 있는 건물 좌측 벽면에는 이동휘를 도와 한인사회당을 결성, 한인 공산주의운동의 단서를 여는 데 기여한 김 알렉산드라의 얼굴 조각과 그의 공적기가 선명하게 부각되어 있다. 한인사회당 창당대회는 물론 그보다 앞선 한인사회당의 창당을 위한 국내외 각지에서 모여든 '한인정치망명자협회'도 여기에서 개최되었을 것으로 추정되는 사연깊은 건물이다.

한편 해도간을 경계로 가로지르는 우수리 강이 흑룡강에 합류하는 삼각주 인근에 위치한 하바로프스크 시의 박물관에는 볼셰비키혁명 때에 장렬하게 전사한 김 알렉산드라의 사진과 관련자료들이 조선의용군 사령관 이용(李鏞)의 유물과 함께 소장되어 있다.

러시아의 고려인을 대표하는 계봉우(桂奉瑀)는 〈김 알렉산드라 소전〉(《독립신문》 1920년 4월 17, 22일자)을 통해 그녀의 행적을 밝혔고, 이영일(李英一)은 《리동휘 성재선생》을 편찬, 그의 아버지 이동휘의 생애와 행적을 증언하고 있다.

아무튼 제국주의에 의한 민족수난을 극복하려는 한국근대사의 흐름에서 이들의 사상과 행적을 어떻게 정리하고, 어떤 평가를 내려야 옳을지 큰 숙제가 아닐 수 없다.

제4편 일본지역

개관 —— 일본 유학생의 조국독립운동

　3·1운동이 한국근대사를 전후의 두 시기로 나눌 수 있게 한 큰 역사적 사실이라면, 3·1운동을 선도한 2·8독립선언도 더 밝게 조명되어야 마땅하다고 생각된다.

　2·8독립선언은 1919년 2월 8일 일본 유학생들이 침략자 일제의 수도인 도쿄의 간다구(神田區) 니시쇼세키셍(西小石川)에 있던 조선기독교청년회관에 회합하여 '조선청년독립단'의 명의로 '독립선언'을 하여 거족운동인 3·1운동의 봉화를 올린 것이다. 7,8백 명으로 추산되던 일본 유학생들은 1910년 나라를 잃었으나 조국독립의 날을 기약하고 대학을 비롯한 각급 학교에서 각기 신학문을 수학하는 한편, 상호 친목을 도모하면서 권학과 효과적인 독립사상 고취와 항일독립운동을 추진하기 위하여 조선기독청년회·조선유학생학우회·조선학회·조선여자친목회 등의 단체를 조직, 활동하고 있었다. 그 가운데에서도 1912년에 조직된 조선유학생학우회와 그 자매단체라고 할 조선여자친목회에는

일본 도쿄의 한인기독청년회 회원들(1907년).

도쿄에 재류하던 거의 모든 유학생이 가입하였고 항일독립사상
이 충일한 결사(結社)이었다. 이 학우회에 가입하지 않는 유학
생이나 학우회 회원과 교제가 없는 재일한인은 '국적'(國賊) 또
는 일제의 '응견'(鷹犬)이라 매도될 정도였다.

이 학우회는, 그 전신으로 일제에 의하여 강제 해산당한 대한
흥학회(大韓興學會) 시절부터 애국학생의 결사로서 정기총회와
예회(例會) 이외에도 웅변회, 졸업 축하회, 신입생 환영회 등의
모임을 개최할 때마다 항일독립사상의 고양과 항일운동에 진력
을 강조하였고, 기관잡지 《학지광》(學之光)을 간행하여 본국에
는 물론 서북간도와 미주한인사회에까지 배포하여 항일계몽에도
앞장서 왔다.

이 학우회를 중심으로 하는 일본유학생은 국제질서의 변화를
예고하는 제1차세계대전의 종결을 전후해서 더 적극적으로 항일
독립운동을 모색하였다. 특히 대전 종결과 함께 대두된 민족자

결론에 관심을 기울여 이를 조국독립운동과 결부시킬 방안을 검
토하였다. 그러나 이들은 판단력이 있는 지성인들이었으므로 월
슨의 민족자결론이 결국은 패전국에 소속된 식민지에 적용될 원
칙이지 일본을 포함한 승전국인 연합국의 식민지에 적용될 원칙

조선기독교청년회관 앞에 선 유학생들.

이 아닌 것을 통찰하고 있었다. 그럼에도 불구하고 유학생들은 국내는 물론 상해와 미주한인사회의 동향을 유심히 살피는 한편 어떠한 방법이든 전후 국제질서의 변화 속에서 독립운동의 큰 계기를 잡으려고 하였다.

그런 가운데 영국인이 고오베(神戶)에서 발행하던《The Japan Advertiser》지 1918년 12월 15일자에 게재된 〈한국인들의 독립주장〉과, 같은 신문 12월 18일자에 게재된 〈약소민족들, 발언권 인정을 요구〉라는 두 기사를 보고 유학생들은 더욱 고무되었다. 전자는 재미한인들이 조국독립운동에 대해 미국 정부의 원조를 요청하는 청원서에 대한 것이고, 후자는 1917년 이래 뉴욕에서 개최된, 한국대표도 참가한 세계약소민족동맹회의가 1918년 12월 제2회 총회를 개최하여 파리강화회의와 앞으로 결성될 국제연맹에 정회원으로 가입되어야 한다고 결의하고 활동한다는 것이었다.

이 두 가지 기사와 그밖에 전후의 국제정세를 살피던 학우회 중심의 유학생들은 본격적으로 독립운동을 준비하였다. 이들은 12월 29일의 학우회의 망년회와 12월 30일의 조선기독교청년회관에서 열린 동서연합웅변대회에서 조국독립문제를 의제로 하여 열띤 토론을 벌이고 신명을 바쳐서 독립운동을 전개할 것을 결의하였던 것이다.

1. 일본 유학생의 2·8독립선언

　제1차세계대전이 끝나고 파리강화회의가 개최될 무렵인 1919년 1월 6일에는 도쿄 유학생들의 상용 집회 장소이던 조선기독교청년회관에서 독립사상을 고취하는 유학생들의 웅변대회가 개최되었다. 윤창석(尹昌錫, 靑山學院), 서춘(徐椿, 高師), 이종근(李琮根, 東洋大) 등 8명이 번갈아 등단하여 〈세계 사조에 따라 한민족은 자주독립하여야 한다〉 혹은 〈젊은 학도들이 앞장서서 싸워야 한다〉는 등의 독립쟁취를 절규하는 연설을 하여 회중의 열광적 지지를 받았다. 이 회합에서 독립운동의 실행위원으로 최팔용(崔八鏞, 早大), 서춘, 백관수(白寬洙, 正則), 이종근, 김상덕(金尙德), 전영택(田榮澤), 김도연(金度演, 慶大), 윤창석, 송계백(宋繼白, 早大), 최근우(崔謹愚) 등 10명을 선임하였다. 이들은 독립운동의 구체적 방안을 강구한 결과 '조선청년독립단'을 조직하고 '조선의 독립을 선언'하여, 그 선언문과 부속문서를 일본정부와 조선총독 그리고 일본주재 각국 대사와

2·8독립선언을 한 조선기독교청년회관. 1923년 관동대지진 때 소멸
되고 복구하지 못하였다.

공사, 일본 국회의 양원에 보내기로 결정하였다. 그 다음날 속
개된 총회에서 만장일치의 동의를 얻었다. 그리하여 최팔용, 나
용균(羅容均) 등은 운동자금을 모금하고, 백관수는 독립선언서
작성을 주관하여, 마침 상해에서 신한청년단을 중심으로 독립운
동을 추진하던 이광수가 그곳의 독립운동 정세를 파악하고 일본
에 오자 그로 하여금 선언서를 기초토록 하였다.

또한 송계백을 국내에 파견, 국내에서 3·1운동을 계획하던 최린(崔麟), 송진우(宋鎭禹), 최남선(崔南善), 현상윤(玄相允) 등에게 그들 유학생 활동의 전말을 보고하여 국내의 거족운동 추진에 결정적 계기를 마련하였다. 얼마후 전영택의 신병 은퇴로 9명으로 줄었던 실행위원 진용에 이광수와 김철수(金喆壽) 등이 추가되어 11명으로 늘어났다. 이들은 일경의 감시를 피해 가며 극비리에 '조선청년독립단'을 조직하고 독립선언서를 비롯하여 민족대회 소집청원서와 결의문을 국문·일문·영문 등으로 작성하였다. 그리하여 2월 7일까지 민족대회 소집청원서 1천 매, 독립선언서와 결의문 6백 매를 인쇄, 혹은 등사하였다.

엄중한 일본경찰의 감시를 피해 준비를 마친 일본유학생의 조선청년독립단은 마침내 2월 8일 오전 10시 독립선언서와 부속문서들을 일본 정부를 비롯하여 각 신문사와 저명한 학자 등 예정된 송부처에 우송, '한국독립의 대의'를 밝혔던 것이다. 그리고 같은 날 오후 2시에 조선기독교청년회관에 4백 명 이상으로 추산되는 학우회 회원인 조선독립청년단원이 학우회 임원선거를 명목으로 내세우고 모여, 독립선언의 대회를 개최하였다.

윤창석의 사회로 시작된 대회는 개최 벽두에 대회명칭을 바꿔 조선청년독립단회의 명의로 실행위원 11명이 대표로 서명한 독립선언서를 백관수가 엄숙히 낭독하였다. 장내는 환호와 독립만세 소리로 가득했다. 이어 김도연이 결의문 4개조를 낭독하자 회중은 더욱 열광하게 되었다. 그러나 독립선언의 대회가 끝나고 시위행진에 들어갈 무렵 도쿄 경시청에서 급파된 일본경찰대가 대회장을 포위하였다. 회중은 맨주먹으로 그들과 정면 충돌, 일대 수라장을 이루었다. 이때가 오후 3시 50분이었다. 1월 말 상해로 되돌아 간 이광수를 제외한 10명의 독립선언서 서명자와 그밖에 20여 명의 회원은 일경에게 잡혀 투옥되고, 후에 재판에 회부되어 대부분 실형을 선고받았다.

2·8독립선언 뒤에도 유학생들은 2월 12일 일본 의회에 독립을 청원하고 후임 실행위원을 선임하기 위해 100여 명이 희비야(日比谷) 공원에 모여, 이달(李達)을 회장으로 선임한 뒤 독립쟁취를 주장하다가 일경에 의해 강제로 해산당하였고, 이들 가운데 13명은 잡혀 투옥되었다. 또한 2월 23일에도 변희용(卞熙鎔), 최재우(崔在宇), 강종섭(姜宗燮), 최승만(崔承萬), 장인환(張仁煥) 등은 독립선언서와 민족대회소집 청원서를 일본 의회에 송부하였음에도 불구하고 하등의 조치가 없음은 부당하다 하여 〈조선청년독립단민족대회촉진부취지서〉를 인쇄하고 희비야 공원에서 시위를 계획하다가 발각되어 신주쿠(新宿) 경찰서 경찰대에 의하여 저지당하였다. 그런 가운데서도 약 150명이 공원에 회집 시위하였다.

이와 같이 도쿄에서 펼쳐진 조선청년독립단의 2·8독립선언은 한국의 젊은 유학생들이 적도(敵都) 한복판에서 한민족 독립의 대의를 선언하고 독립만세를 외쳤다는 데 의의가 크다. 나아가 그 선언은 거족항쟁인 3·1운동의 선구적 역할을 담당하였다는 점에서 더욱 큰 역사적 의의를 찾을 수 있다.

이와 같이 큰 의의를 지닌 2·8독립선언의 기념비가 현재 지요다구(千代田區) 겐라구쵸(猿樂町) 2-5-5번지 도쿄 YMCA에 세워져 있다. 그러나 2·8독립선언을 한 조선기독교청년회관은 그곳이 아니고, 그곳에서 서북쪽으로 2킬로미터 정도 떨어진 같은 지요다구 니시간다쵸(西神田町) 3-6번지에 위치해 있었다. 그곳의 당시 주소는 간다구 니시쇼세키셍(西小石川) 2-5번지였다. 그 자리에 있던 원 회관은 1914년에 총공사비 3만 원을 들여 2층 양옥으로 세웠으나, 1923년 9월 1일 관동대지진(關東大

地震) 때 소실되고 말았다. 현재 전수대학(專修大學) 뒷문 길너머에 위치한 이 터에는 왼쪽에 허름한 3층 양옥이 서 있고 오른쪽 빈 공터는 주차장으로 이용되고 있다.

　처음 회관 건축시 유학생이 7백 원을 출연하고 소격난청년회에서 1천 원을, 나머지는 북미기독교청년회에서 출연하여 마련한 역사적인 한국기독교청년회관은 결국 그곳에 새로 세워지지 못하고, 그나마 현재 YMCA 회관은 수년전 아시아 청소년센터가 들어 있는 겐라구쿄에 마련하고 그곳 입구에 '조선독립선언 1919.2.8. 기념비'(朝鮮獨立宣言　1919.2.8. 記念碑)라고　새긴 비석을 세웠던 것이다.

2. 이봉창의 앵전문 의거

    1931년 9월 18일에 발발한 만주사변을 계기로 일제의 중국침략은 본격화되었다. 이에 대한민국 임시정부에서는 9월 20일 오후 상해 프랑스 조계 임시정부 청사에서 긴급국무위원 회의를 개최하고 일제의 중국침략을 규탄하는 향후대책과 홍보활동에 대해 협의하였다. 이어 9월 21일 그 청사에서 임시정부 주관으로 상해 한인 각 단체 대표대회가 개최되어 한·중연합과 한국 독립운동 진영의 통일방안 등을 강구하고, 한·중 두 민족의 공동투쟁을 다짐하였다.

    한편 임사정부에서는 이같은 상해 소재 한국 독립운동단체들의 움직임을 배경으로 특무활동을 통한 일제 침략세력 응징 방안도 채택하였다. 그 내용은 임시정부 소속기관으로서 특무대 설치를 결정하고 책임자에 재무장(財務長) 김구(金九)를 선임한 것이다. 또한 임시정부에서는 이러한 특무대 활동에 재정수입금의 절반을 지원키로 하는 한편, 구체적인 특무활동 계획과 실행

전반에 관한 사항은 김구에게 일임하였다. 단지 거사 직전에 국무회의에 사전 보고토록 하였다. 이때 조소앙은 특무대의 명칭을 의생단(義生團)이라 명명하고 의생단의 선언·강령·규약 등을 기초하였으나 실제로 의생단이라는 명칭이 사용되지는 못하였다. 특무대의 명칭이 한인애국단으로 사용되게 된 것은 1931년 12월 31일 이봉창(李奉昌)의 선서식이 계기가 되었으나 일반에 알려지기는 1932년 10월 김구 명의로 발표된 이봉창·윤봉길 두 의사의 의거 전모에 관한 성명서였으며, 이를 통해 비로소 특무대의 실체가 한인애국단임이 알려지게 되었다.

대한민국 임시정부가 특무활동을 통한 항일투쟁 노선을 채택하게 된 또 다른 배경은 임시정부가 오랜 침체국면을 타개하기 위한 활로모색에 고심하고 있었다는 점과 여타 독립운동 단체들과 유기적인 협조관계를 유지하고 있지 못한 점 등도 지적할 수 있다. 특히 인물과 재정의 곤란으로 인해 본격적인 군사활동이나 정치활동을 전개하기 어려웠던 조건 등이 있었던 것이다.

이와 같이 한인애국단은 침체와 위기에 처해 있던 대한민국 임시징부로 하여금 활로를 모색하기 위하여 김구의 책임하에 결사대원 수십 명을 모아 조직된 것으로 단장과 특무공작원으로 직결된 비밀결사단체로서 안공근(安恭根), 엄항섭(嚴恒燮), 김동우(金東宇), 안경근(安敬根), 손창도(孫昌道), 백정기(白貞基), 김의한(金毅漢), 김현구(金鉉九), 김홍일(金弘壹), 손두환(孫斗煥), 이덕주(李德柱), 유상근(柳相根), 이수봉(李秀峰), 최흥식(崔興植) 등이 그 주요 단원이다. 한인애국단은 1931년에 조직되고 1942년에 해체되어 한국국민당에 합류될 때까지 의열투쟁사에 중요한 면을 기록하였다.

한인애국단은 조직된 지 얼마 안 된 1931년 10월 만철총재(滿

鐵總裁) 우치다(內田康哉)의 남경방문을 기회로 이를 총살응징하기 위하여 단원 수 명을 남경에 파견하였다. 우치다는 3·1운동을 전후한 시기의 일제 외상(外相)으로 한국의 독립운동을 왜곡선전하여 한국인의 원한의 대상이 되고 있던 인물이었다. 그러나 그에 대한 총살계획은 그의 여행중지로 성사되지 못하고 말았다.

한인애국단의 첫번째 거사는 이봉창에 의해 1932년초에 결행되었다. 서울에서 출생한 이봉창은 국민학교를 졸업하고 잠시 기차운전 견습생을 하다가 일본에 건너가 기노시타(木下昌藏)란 별명으로 도쿄·오사카 등지를 전전하며 노동으로 생계를 이으며, 때를 기다렸다. 그동안 이봉창은 애국정신이 굳어져 마침내 독립운동에 목숨을 바치기로 결심하고, 1931년 1월 상해로 건너가 임시정부의 국무위원으로 한인애국단을 이끌던 김구를 만나 독립운동에 헌신할 뜻을 밝혔다. 이봉창을 혹시 일제의 밀정이나 아닐까 의심하던 일부 사람들과는 달리 김구는 그의 진실된 애국심과 비범한 인품을 간파하고 그를 신임하게 되었고, 그와 더불어 일본 천황을 도륙(屠戮)하기 위한 의거계획을 세웠다.

김구는 중국군 대령으로 있던 김홍일에게 부탁하여 상해 병공창(兵工廠)에서 수류탄 1개를 구입하고 다시 중국인 유치(劉峙)로부터도 수류탄 1개를 구입한 후, 자금 3백 원과 함께 이봉창에게 주어 거사를 위임하였다. 1931년 12월 31일 이봉창은 안공근의 집에서 양손에 수류탄을 들고 다음과 같은 선서를 한 후 곧 의거 장소인 일본 도쿄로 떠났다.

나는 적성(赤誠)으로써 조국의 독립과 자유를 회복하기 위해 한인애국단의 일원이 되어 적국의 수괴[日皇]를 도륙하기로 맹세

하나이다.

　도쿄에 도착한 이봉창은 곧 김구에게 1932년 1월 8일에 거사하겠다는 뜻을 암호로 알렸다. 이날은 일본 천황 히로히토(裕仁)가 만주국 황제 부의(溥儀)와 함께 관병식에 참석하기로 되어 있었기 때문이다. 그리하여 이봉창은 그날 아침 천황이 사는 황궁의 사쿠라다문(櫻田門)에서 천황이 지나가기를 기다렸다. 예정대로 관병식이 끝나자 일본 천황은 황후와 함께 마차를 타고 사쿠라다문 앞으로 다가왔다. 이봉창은 재빨리 뛰어나가 수류탄을 던졌다. 이때가 오전 11시 45분이었다. 굉장한 폭음과 함께 수류탄은 폭발되었으나 거리관계로 천황 수레에 명중되지 못하고, 그 뒤를 따르던 수레를 맞추어 박랑사(博浪沙) 장량(張良)의 철퇴가 되고 말았다. 이봉창은 현장에서 체포되어 도쿄의 이치가야(市谷)형무소에 수감되었다.

　체포된 이봉창은 경찰의 심문에 일체 대답하지 않았다. 그리하여 그는 예심조차 거치지 않고 사형을 선고받아 그해 10월 10일 순국하였다.

　이봉창의 의거가 알려지자 중·일의 각 신문은 대서 특필하였으며 중국의 조야는 모두 이봉창의 의거를 찬양하여 마지 않았다. 특히 중국 국민당의 기관지《국민일보》는 “한국인 이봉창이 일황을 저격하였으나 불행히도 명중하지 않았다”(韓人李奉昌日皇狙擊不幸不中)고 보도하여 중국 인민들의 의사를 대변하였다.

　이 의거의 파문은 컸다. 이누가이(犬養) 일본 내각은 총사퇴서를 내야만 하였다. 중국에서는 일본군대가 국민일보사를 습격 파괴하였고, 장사(長沙) 등지의 여러 지방신문에서도 “불행히도

명중하지 않았다"는 문구를 썼다 하여 일제의 항의로 모두 폐쇄되고 말았다. 그보다도 이것을 트집잡아 상해에 있던 일본군은 중국인 자객을 사서 일련종(日蓮宗)의 중 하나를 살해시킴으로써 대륙침공의 구실을 만들고자 하였다. 하여튼 일본군은 이후 제1차 상해사변을 일으켜 상해를 유린하였다.

이봉창 의사가 폭탄을 던진 사쿠라다문 안의 황궁이 일본의 '아리히도가미'(現人神)라는 천황이 사는 신성지역이라면 야스구니진쟈(靖國神社)는 일본 군국주의의 상징인 다른 하나의 신성지역이다.

이곳에는 결코 있어서는 안될, 왜병을 격퇴한 의병승첩비로 저명한 '북관대첩비'(北關大捷碑)가 옮겨져 와 거의 한 세기를 두고 방치되어 온갖 수모를 겪고 있다. 원래 이 비는 함경도 의병장 농포(農圃) 정문부(鄭文孚, 1565∼1624)와 그가 이끈 의병들의 공적을 기려 승첩지인 함북 길주군 임명(臨溟)에 세웠던 것이다. 정문부 의병은 그곳에서 가토 기요마사(加藤淸正)의 왜군을 무찔러 임란을 패전에서 역전시킨 계기를 마련하였고, 나아가 근왕병을 일으키기 위하여 함경도에까지 왔던 임해군(臨海君)과 순화군(順和君) 두 왕자를 왜군에 넘긴 반적 국경인(鞠景仁)과 그 일당을 잡아 처단, 응징한 용전의병(勇戰義兵)이었다.

이와 같은 전공이 명각된 북관대첩비는 1905년 러일전쟁 때 이 지역에 출병한 일군 제2 예비사단 이케다(池田) 소장이 주민들을 위협해 전리품으로 일본에 싣고 갔던 것이다. 그것을 그의 상관인 미요시(三好) 중장이 한술 더 떠 야스구니진쟈에 갖다 바친 것이다. 현재 이 비가 각목 틀 속에 초라한 모습으로 세워져 있는 곳은 야스구니진쟈 북문 안, 그들이 메이지 유신(明治維新) 이래 저지른 침략전쟁의 상징유물을 모아 전시하는 유취관

→ '조선독립선언 1919. 2. 8. 기념비'
동경 한국 YMCA(猿樂町2-5-5)
현관에 서 있다.

↓ 2·8독립선언을 한 조선기독교청년
회관 터. 현재 전수대학 뒤편 지요다구
(千代田區) 니시간다(西神田) 3-6의
TAC 간판이 세워진 공터.

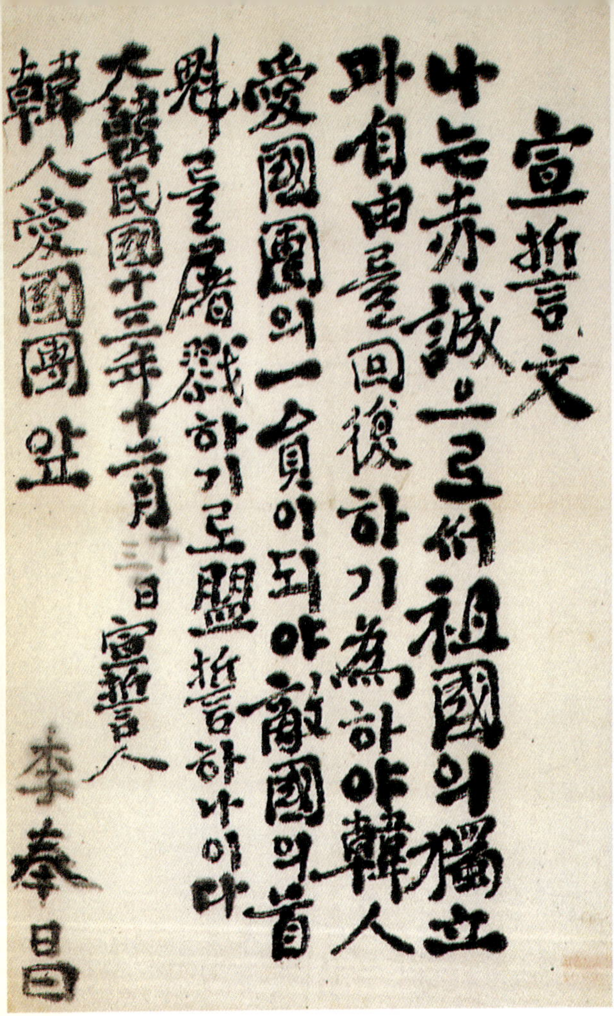

宣誓文

나는 赤誠으로써 祖國의 獨立과 自由를 回復하기 爲하야 韓人愛國團의 一員이 되야 敵國의 首魁를 屠戮하기로 盟誓하나이다

大韓民國 十三年 十二月 十三日

宣誓人 李奉昌

韓人愛國團 앞

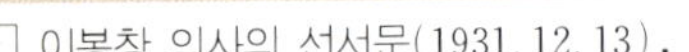

↑ 이봉창 의사의 선서문(1931. 12. 13).

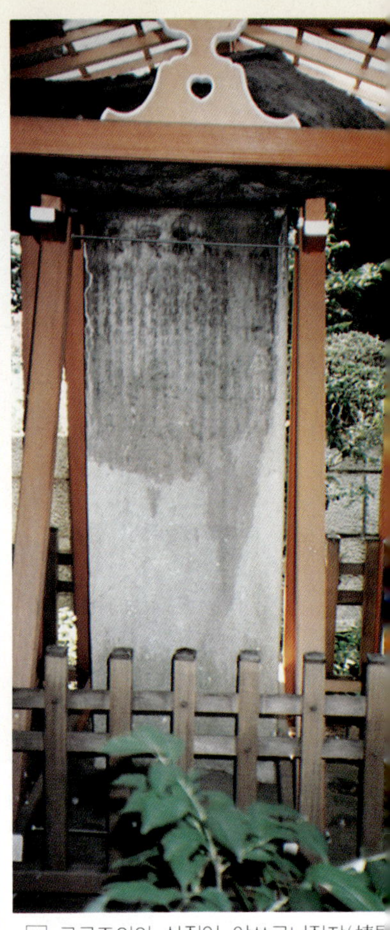

↑ 군국주의의 상징인 야쓰구니진자(靖國神社) 한 모퉁이에 세워져 수모를 겪고 있는 '북관대첩비'(北關大捷碑)

↓ 이봉창 의사의 의거 현장. '아리히도가미'(現人神)가 산다는 일왕궁 사쿠라다문(櫻田門).

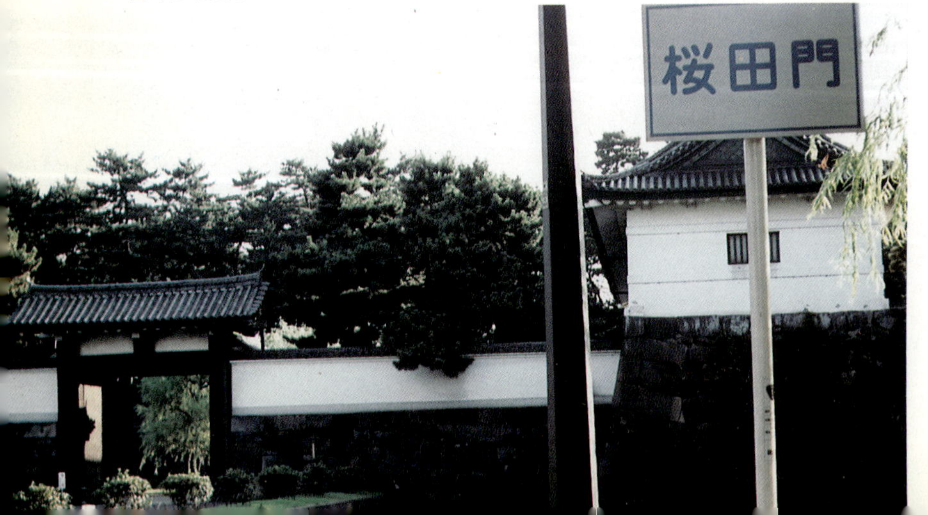

↑ 워싱턴 버머넌트 에버뉴가 **13**가(街)와 교차되는 로건 로터리 **15**번지에 현존하는 대한
제국 시절의 주미공사관. 광무황제가 2만 5천 달러를 주고 매입, 국망 직전까지 사용하
였으나 '한일합방조약' 직전 일제가 교묘한 방법으로 탈취, 외인에게 매각하였다.

↑ 대한인국민회 하와이지방총회관이 있던 호놀룰루 시 밀러 스트리트 **1303**번지(현, 주지사
관저 앞의 국기게양대 터).

↑ 끝없이 펼쳐진 하와이 사탕수수 밭.

↑ 미국에서 독립운동을 주도한 대한인국민회를 이어받은 하와이 국민회 회관. 현재 호놀룰루 북쪽 푸누이 계곡의 언덕에 자리잡고 있다.

↑ '산너머 병학교'로 애칭되던 조선국민군단 사관학교가 자리잡고 있었던 하와이 오하후 섬 쿨라우 지방의 아후이마누 마을.

↑ 호놀룰루 릴리하 스트리트 1832번지에 있는 한인기독교회.

↑ 이승만 박사가 하와이 망명중 경영하던 한인기독학원 자리. 호놀룰루 북쪽 변두리에 있으며, 현재 칼리히 국민학교가 들어서 있다.

↑ 호놀룰루의 대한인동지회 회관.

⬆ 로스앤젤레스 36가에 자리잡은 대한인동지회 북미지방총회관. 현재 동지회 교회로 쓰고 있으며 현관은 독립문 양식으로 고쳤다.

⬆ 흥사단이 1932년에 지어 1970년까지 사용하였던 흥사단 중앙회관. 로스앤젤레스 흑인 거주지역인 남카타리나 스트리트 3421번지에 있다.

⬆ 안창호가 도미, 귤농장 등지에서 노동하면서 이민 노동자들을 지도하던 캘리포니아 리버사이드[河邊市]의 한인 노동자 캠프(한인노동주선소) 자리. 현재 공장건물이 들어선 리버사이드 컴머 스트리트 4430번지.

⬆ 리버사이드 시내 거리에는 아직도 귤나무가 탐스럽게 서 있다.

(遊就館) 앞뜰 왼쪽 구석이다. 그것도 비 바로 앞에 놓여진 비둘기집과 고물 기차로 가려진 험이진 곳이다.

미주 한인사회의 대표적 문인이며《신한민보》의 주필이던 동해수부(東海水夫) 홍언(洪焉)은 다음과 같이 〈도이봉창열사취의〉(悼李奉唱烈士就義)라 제(題) 한 10수의 연시(連詩)로 이봉창 의거의 역사적 의의를 기리고 있다.(《東海詩抄》; 번역 필자)

1. 일본(玄海)은 사나운 군대가 군용(軍容)을 빛내는 땅*
   대한의 장사가 일왕을 사로잡으려 그 땅에 왔네.
   사쿠라다문(櫻田門)의 아침해는 피처럼 붉은데
   우레진동하는 한 소리에 탄연(彈煙)이 자욱하네.
   * 현해는 일본해의 이름이다. 이봉창이 흉적 일왕에게 폭탄을 투
     척한 시간은 정확하게 오전 11시 45분이다.

2. (의사의) 정신은 삼천리 강산에 떨치고
   호연지기는 십만 군사를 굴복시켰네.
   한 의사가 일왕을 사로잡으려는 위대한 거사에 동참하였으나
   함양(咸陽)의 형가(荊軻)요* 박랑사(博浪沙) 장량(張良)의
   철퇴(鐵椎)로다. *
   * ‘圖窮匕首見’의 고사에서 따온 말. 燕太子 丹의 자객 荊軻
     가 樊於期의 머리와 督亢의 지도를 진왕에게 바치면서 秦王
     을 죽이려고 했는데, 지도를 다 펴니 마지막에 비수가 나와
     왼손으로 진왕의 소매를 잡고 오른손으로 비수를 잡아 진왕을
     찔렀으나 일이 실패로 돌아간 고사.
   * ‘博浪椎’는 張良이 韓나라의 원수를 갚으려고 力士를 시켜
     博浪沙에서 鐵椎로 진시황을 저격한 고사.

3. 개국하여 천 년 동안 일계(一系)로 전하다가*

3도(本州·九州·四國)가 도를 높이니 백성들 감읍(感泣)하네
비로소 고려족은·동화(同化)할 수 없다는 것을 알게 되었는데
궁성에 있는 천황이 저격당했네.

    * 왜 왕실은 개국한지 2600년으로 一系로 서로 전해오다가 메이
        지유신 후부터 존왕주의로 고쳐 우민정책을 폈는데, 천황의
        은혜에 감격하여 눈물을 흘리는 자가 있었다. 안창호가 늘 말
        하기를 왜 민족의 성품은 신하와 종되기를 달게 여기니, 한국
        국민이 혁명성이 있는 것에 훨씬 미치지 못한다고 하였다.

4. 이누가이 내각이 사퇴하는 글을 올리니*
   관료들은 왕조가 쓰러질까 의심하고 두려워하네.
   일본은 이로부터 우뚝하던 영화 무너지고
   쇠잔한 실오라기 같은 일본 혼 사그라지려 하네.

    * 이봉창의 폭탄 투척후에 일본 이누가이 쓰요시(犬養毅) 내각
        이 책임을 지고 황공하여 사직하는 글을 올렸으니 왕을 존경
        하는 전례에 따른 것이다. 일본이 만주와 상해(중국본토)를
        침략한 뒤 그 백성이 국내에 난의 기미가 사방에 잠복하여 있
        음을 보고 정변이 있을까 두려워하여, 모두 쇼우와가 반드시
        일본의 마지막 왕이 될 것이라 여겼다. 일본의 국혼을 야마토
        다마시(大和魂)이라 이른다.

5. 하북의 가을 바람은 등곡(藤曲)을 멈추고
   한양의 겨울비에 군밤장수 노랫소리로다.*
   뒷 결과와 앞 인연이 이와 같으니
   회개하지 않은 미친 도적들 장차 어찌하오리!

    * 안중근이 이토 히로부미를 쏘아 죽이자 중국 양계초가 〈秋風
        斷藤曲〉을 지었고, 이재명이 한양에서 밤을 구우며 짧은 노
        래를 부르면서 그 비밀모의를 숨기고 기회를 틈타 매국노 이
        완용을 칼로 찔렀다.

6. 화려한 전각의 꽃 나부끼는 봄에 눈물이 흐르고
   궐 안의 섬돌 달빛 차가운 밤에 넋이 울부짖네.*
   가련한 명성황후 이 거사를 아신다면
   으레 아름다운 눈썹 펴시고 황천에서 웃으시리라.
   * 을미년에 일본 공사 미우라가 경복궁을 포위하고 명성황후
     를 시해한 뒤로부터 궁녀가 달밝은 밤마다 곡소리가 나는
     것을 들었다고 한다.

7. 남긴 옷과 벽혈(碧血)*이 화하여 대나무로 태어나고
   왜놈 음식 마다 하신 영결한 풍모는 고사리조차 캐먹는 것을
   경계했네.
   나라 위해 죽은 고고한 충성은 한번 죽는 것이 영광이요
   원수를 갚음에 폭탄(手榴彈)의 위력이 부족했다오.
   * '碧血'은 周나라의 萇弘이 忠諫하고 자살한 뒤 그 피가 변하
     여 碧玉이 되었다는 고사에서 따온 말로 충렬로 살신한 것을
     형용하는 말.

8. 백방으로 협박하니 정신이 고통스럽고
   8개월간 혹독한 형벌에 피투성이가 되었네.*
   제 한몸 아낌은 (이 세상에) 아무 영향됨이 없지만
   우리 나라 열렬한 장부에 부끄럼 없도다.
   * 이봉창이 동경에 억류된 것이 8개월인데 모진 형벌과 고문 아
     래서도 의리에 의거하여 굽히지 않고 추호도 형벌을 두려워
     아니하여 함부로 대답하지 않았기 때문에 왜적이 연루자를 한
     명도 체포하지 못하였다.

9. 맑디 맑은 푸른 물은 나라위해 목숨 바친 뜻이요
   곧고 매서운 자태는 절명사(絶命詞)를 남겼네.
   나라 위하고 남편 위하여 먼저 가신 날에

단장의 슬픔 뒤에는 한 점 혈육이 있었네.*

　* 중국 각 신문에 이봉창의 아내 육씨가 상해에서 그 남편이 폭
　　탄 투척으로 체포되었다는 소식을 듣고 '장사가 다시 돌아오
　　지 못한다'는 것을 알고는 이어 스스로 絶命의 유서를 써서
　　후인에게 남기고서 물에 빠져 죽었다는 것을 게재하였다. 남
　　아 있는 한 고아는 나이가 겨우 두 살이었다.

10. 우리나라엔 영웅의 기상이 끊어지지 않았고
　　만고토록 길이 열사의 풍모가 남았으니
　　잘못 부거(副車)를 맞힌 것을* 그대 한하지 마오.
　　왜적 천왕 간담을 서늘케 한 것만도 성공이지요.

　* '誤中副車'는 장량이 博浪沙에서 진시황을 저격하였으나 잘
　　못하여 진시황이 탄 뒤의 수레를 맞힌 고사에서 인용한 말.
　　천자는 屬車가 36乘인데, 이 속거가 곧 부거임.

제 5 편 구미지역

개관 —— 미주 한인사회와 민족운동

미주 한인사회는 1903~1905년 사이에 하와이 사탕수수 농장에 이주한 7,200여 명의 노동이민들에 의해 비롯되었다. 이보다 앞서 하와이에 최초로 한인이 건너온 것은 1899년경 인삼장수이었던 최동순·장승봉·강군철·이재관·박승근 등으로 알려져 있다. 그러나 이들은 미국 이민국에 중국인으로 기록되어 있다. 이민국에 기록된 최초의 한인은 1901년 1월 9일 향항환(香港丸) 선편으로 도착한 '류두표'였다. 그후 이와 같은 한인 이주가 계속되었다 하나 하와이 사탕수수 농장에 집단이주할 때까지 그 수는 얼마 되지 않았다.

하와이에서는 1830년 이래 사탕수수 농업이 크게 발달하여 하와이 경제에서 중요한 몫을 차지하고 있었으나, 이를 경영하는 데 필요한 많은 노동력은 하와이 안에서의 자체 노동력 부족으로 전적으로 외국인에게 의지할 수밖에 없었다. 따라서 사탕수수 농장에 필요한 노동력을 처음에는 대양주권에서 수급하기도 하였으나 이들은 고된 농사를 견뎌내지 못하고 되돌아가기 일쑤여서, 하와이 사탕업자들은 중국의 광동(廣東)지방에서 '꾸리'(苦力)를 수입하는 방법을 강구하게 되었다. 그리하여 1852년에 300명의 중국인을 데려온 이래로 중국인 꾸리의 수는 해마다 증가해 1882년에는 그 수가 5,037명에 이르러 전체 노동자 1만 243명 가운데 47퍼센트를 차지하게 되었다. 이와 같은 중국인 노동자의 급증은 1870년대에 이르러 중국인 노동자 배척의 여론

대한제국 시절의 주미공사관(도산 안창호 문서).

을 대두시켰으며 결국 1897년 하와이가 미국에 병합된 후로는 1892년 미국에서 통과된 중국인 입국금지법이 하와이에도 적용되어 중국인 입국이 금지되었다. 그리하여 이때부터는 중국인 대신 일본인들이 대거 유입되기에 이르렀다. 그러나 이번에는 일본인 노동자 수의 급격한 증가를 초래하여 1902년에 이르면 전체 사탕수수 노동자 4만 2,242명 가운데 일본인이 3만 1,029명으로서 전체의 73.5퍼센트라는 큰 비중을 차지하게 되었다. 이같은 일본인 중심의 노동자 구성은 급속한 미국화를 서두르는 하와이 사회에 여러 가지 문제를 일으키게 되었고, 그 결과 사탕수수 농장주들은 일본인 노동자들을 기피하게까지 되었다.

이와 같이 중국인 입국금지법에 따라 중국인 노동자에 대한 이주 금지조치가 취해지고, 이어 일본인 노동자들의 격증과 미국 본토로의 이주자 발생에 따라 하와이 사탕수수 농장에서는 그 대책으로 한인노동자 고용에 착안하게 되었다. 그리하여 하와이 사탕수수 농장주 협회에서는 주한미국공사로서 광무 황제의 신임을 받고 있던 알렌(Horace N. Allen)에게 도움을 청하였다. 마침 휴가차 귀국해 미국에 체재중이던 알렌 공사는 1902년 3월 3일 하와이 호놀룰루에 도착하여 사탕수수 농장측과 한인노동자 이민문제에 대해 협의한 뒤 서울로 귀임하였다.

이렇듯 알렌 공사의 협조를 구하면서까지 한인노동자 이민을 추진하였던 하와이 농장주측과는 달리 한국 정부가 하와이의 요구를 받아들인 데는 몇 가지 이유가 있었다. 첫째는 그 무렵 계속되는 가뭄으로 인해 혹독한 기근에 시달리고 있었던 경제적 이유였으며, 둘째로는 중국인은 입국이 금지된 하와이에 한인이 갈 수 있다는 데 대한 민족적 자존심도 들 수 있다. 셋째로는 하와이 이민이 '개국진취운동'(開國進取運動)의 일환으로 여겨졌

1911년 3월 8일 하와이 골로아 지방에 세운 '한인신흥소학'.

던 것이다.

한편 이민 노동자들이 이민을 결정한 데는 빈곤이라는 경제적 요인뿐만 아니라 자녀 교육을 위해서, 그리고 가렴주구를 일삼던 부패관리들의 압박으로부터 벗어나려던 정치 사회적 요인도 포함될 수 있다.

이러한 배경에서 정부는 외국 이민 추진을 위한 전담기관으로 1902년 11월 궁내부(宮內府) 소관의 수민원(綏民院)을 설치하게 되었다. 또한 이 수민원을 통하여 하와이 노동자 모집과 파송 일을 조선 정부로부터 위임받았던 데셜러(David W. Deshler)는 이와는 별도로 동서개발회사를 설립하였다. 동서개발회사는 본사를 인천에 두고 부산·원산 등 주로 항구 도시에 지점 형식의 사무소를 설치하고 한국인 책임자를 통해 하와이 이민 선전사업을 벌였다. 이들의 이민모집 광경은 대체로 역두나 교회, 외국공사관, 기타 사람의 통행이 잦은 거리에 광고문을 써붙이는 방법을 택하였다. 이 광고문에 의하면 하루 10시간 노동에 한화 57원에 해당하는 미화 15달러와 숙식·의료가 지급되는 비교적 좋은 조건이 제시되어 있다. 생활고에 시달리던 일반 노동자들의 호기심을 자극하기에 충분하였다. 그러나 기근 때에 내왕이 비교적 수월하였던 만주·연해주 등지와는 달리 하와이는 태평양을 건너 한번 떠나면 되돌아오기가 쉽지 않고, 문물·풍속 등이 다른 지역이었기 때문에 이민모집에 선뜻 지원하는 자는 드물었다. 따라서 이민모집을 위한 홍보활동으로 이민회사 소속 한국인 사무원이 친지를 통해 구전(口傳)하는 방식을 취하기도 하였다. 인천의 내리감리교회(內里監理敎會)의 존스(George H. Jones) 목사는 한인 신자들에게 그들의 친척이나 이웃에게 하와이 이민을 설득하게 하고 서울 등지에도 직접 다니면서 교인들에게 하와이 이민에 응모할 것을 권유하였다. 존스 목사의 이민 권유는 가난에 지친 이들의 생활개선을 위한 것이라고 밝혔다.

이와 같이 동서개발회사가 중심이 되어 모집한 이민 응모인들은 수민원 총재 민영환(閔泳煥) 명의의 여권[執照]을 발급받아 출국하였다. 하와이 이민은 1902년 12월 22일 121명이 제물포항에서 출발한 것을 시작으로 이후 1905년에 이민이 금지될 때까지 7,200여 명의 이민이 계속되었다. 첫 이민자들의 구성원은 50여 명의 남녀 신도와 20여 명의 부두 노동자, 그밖에 농민들이었다고 한다. 이와 같이 시작된 한인 이민들은 기독교인·학생·선비·광무군인·머슴·역부·건달 등 다양한 계층의 출신 인물들로 구성되어 있었다. 김원용은 《재미한인오십년사》에서 첫 이민선이 떠날 때의 정황을 "관민간 다수 사람들이 전송하는 가운데 외국의 정세를 들어 보지 못하고 생장한 사람들이 친척·친구와 고국을 이별하고 낯설은 곳으로 떠나는 심회의 눈물을 흘리면서 작별하던 광경이 감개무량하다"고 묘사하여 신천지를 향하여 출발하는 이주한인들의 복잡한 심경을 생생히 그려내었다.

최초 이민은 출발 당시의 121명 가운데 97명만이 실제로 하와이에 도착하였다. 도중에 신체검사를 통해 전염병 보균자 등이 탈락되었기 때문이었다. 국내에서 이민 응모시 육안으로 식별되는 질병자를 탈락시켜 121명이 인천항을 떠났으나 다시 일본 고베(神戶)에서 신체검사를 치러 20명이 탈락하고 나머지 101명만이 미국 상선 갤릭 호로 1903년 1월 13일 하와이 호놀룰루에 도착하였다. 여기서도 보건당국의 검사결과 4명이 다시 탈락하여 결국 97명만이 상륙하게 되었던 것이다.

1942년 8월 29일 로스앤젤레스 시청 앞에서 있었던 감격스런 태극기 게양식. 국망 이래 32년만에 미국 땅에서 공식적으로 올라가는 대한의 깃발이다.

　　이상에서 본 1903년 97명의 이민 이후 계속해서 캅틱 호로 63명, 코리아 호로 72명이 도항하면서 시작된 하와이 이민은 그해에는 전부 16척의 선편으로 1,133명이, 1904년에는 33척에 3,434명이, 1905년에는 16척에 2,659명이 이주하여 총 65척의 선편에 이주민의 총수가 7,226명에 이르렀던 것으로 집계되어 있다. 그 가운데 남자가 6,048명, 여자는 637명, 아동이 547명이었다. 그 뒤 윤치호(尹致昊)가 하와이를 시찰한 후 보고한 〈포와정형〉(布蛙情形)에서는 이와는 약간 달리 1902년부터 1905년 7월 1일까지 하와이에 도착한 인원은 남자 6,546명, 여자 474명, 아이 509명으로 총 7,519명에 이르렀던 것으로 기록하고 있다. 그리고 이 총수에 의거하여 이민들의 원적지를 조사한 내용에 따르면, 하와이 이민은 전국적으로 이루어졌으며, 그 가운데 특히 경기도·평안도·경상도가 큰 비율을 차지하고 있었다.

　　이들은 하와이의 하와이(夏倭), 마우이(馬位), 오아이우(臥后), 카우아이(桂倭) 등 4개 섬 30여 곳의 사탕수수 농장에 산재되어 한곳에 많게는 5, 6백 명에서부터 적게는 몇 십 명씩 고용되어 있었다. 이렇게 흩어졌던 한인들의 생활상은 농장에 따라 약간의 차이가 있었을 뿐 대부분 비슷한 양상을 보였던 것으로 추측된다. 이들의 임금은 하루 10시간 노동에 남자가 65센트, 여자와 아이들은 50센트 정도로서 한달 평균 25일 중노동에 수입이 16달러였다고 한다. 또한 농장에서 일을 했던 한인들이면 누구든지 농장주들이 요구한 일이 너무 고되고 불합리했으며, 반면 수입은 겨우 굶주림을 면할 정도였다고 회상하였을 만큼 하와이 이민들은 힘겨운 생활을 계속하였고, 그 속에서 경제적 사회적 역량을 조금씩 향상시켜갔던 것이다.

1942년 8월 29일 로스앤젤레스 시청에 태극기를 게양한 한인 맹호부대가 스프링 가를 행진하고 있다. 이 부대는 한인으로 조직된 국방경비대라고 할 수 있다.

1903년 북미 상항친목회(桑港親睦會)와 하와이 신민회(新民會) 결성으로 시작된 미주 한인단체는 1907년에 이르는 동안에 20여 개에 이르는 각종 단체의 성립을 보았다. 그후 1909~1910년 '대한인국민회'(大韓人國民會)로 통합되면서 해외 한인 사회의 권리 보장과 조국광복을 위한 활발한 활동을 벌여나가게 되었다. 미주지역에서 각종 한인단체의 성립이 일찍부터 이루어진 배경에는 다음과 같은 몇 가지 조건이 전제되었다고 볼 수 있다.

　제일 먼저, 이민 지역의 특수성과 이민 구성원의 진취적 성격을 들 수 있다. 만주·노령 지역이 한반도와 접경을 이룬 지역으로서 조선내에 기근이 발생하였을 때 많은 월경자들에 의해 일시에 한인촌락을 이루곤 하였던 친숙한 곳이었다면, 미주지역은 돌아오기 어려운 이역만리였다. 더욱이 서양인을 금수로 여기던 유교적 관념에서 아직 벗어나지 못하던 시대에 이 지역으로의 이민은 큰 모험이라고 할 수 있었다. 하와이 이민모집 광고가 비교적 좋은 조건을 제시하고 있었음에도 불구하고 처음에 응모자가 적었던 이유도 여기에 있었다. 그러나 이러한 지역적 특수성은 또한 이민 구성원의 특수한 성격을 형성케 하였다. 이들의 이민 동기는 크게 가난을 극복하려는 경제적 측면과 신교육을 받으려는 교육적 측면의 두 가지를 들 수 있다. 이주민들의 구성도 보수적 성향을 지닌 농민에 의해서라기보다 진취적 성향을 띤 다양한 계층으로 이루어졌다.

이민자 가운데서도 특히 유학을 목적으로 건너온 학생 지식인들은 그후 이주 한인들을 인도하여 한인단체를 결성하는 데 중추적 역할을 수행하였다. 이와 같은 유학생들로는 한미수호조약 체결 이후 1902년까지 정치적 망명인의 신분에서 학생으로 전신하였거나, 혹은 처음부터 유학을 목적으로 건너온 유길준(兪吉濬), 서광범(徐光範), 박영효(朴泳孝), 서재필(徐載弼), 김규식(金奎植), 윤치호(尹致昊), 백상규, 이대위, 안창호 등이 있었고, 이민 시대에는 이강(李剛), 신성구, 신흥우(申興雨), 박용만(朴容萬), 이승만(李承晩), 백일규, 임두화, 이원익, 정한경, 강영승, 강영대, 차의석, 송헌주, 임정구, 양주삼 등 40여 명이 있었다.

해외 여러 지역 한인사회 가운데 미주 한인사회에 일찍부터 한인단체들이 성립되어 활발히 활동하게 되는 배경은 무엇보다 1903년 이후 도항한 이민들로 성립된 미주 한인사회가 역사·문화적으로 전혀 다른 외국에서 스스로를 규제하고 또한 자신들의 권리를 보호해줄 수 있는 사회단체의 필요성을 절실히 느꼈기 때문이다. 그리하여 이민 초기단계의 하와이에서는 10명 이상의 동포가 모여사는 곳이면 거의 자치적 성격의 동회(洞會)를 조직하여 공중질서와 친목도모를 꾀하였다. 그러나 이러한 동회로는 한인의 이익을 보장하는 데에는 일정한 한계가 있었기 때문에 점

캘리포니아 윌로우스에 세운 한인비행사양성소의 교관들. 오른쪽부터 한장호·이용근·이초·노백린·이용선·오림하·장병훈. 이들은 대한민국 임시정부 군무총장 노백린 장군의 지도 아래 레드우드 비행학교를 수료한 최초의 한인 비행사.

차 정치활동 단체들을 결성하게 되었고, 이를 바탕으로 1905년 을사 5조약 늑결 이후에는 가속화되는 일제 식민지화 정책에 저항하는 항일운동을 직극직으로 진개해나가게 되었던 것이다.

다음으로, 한인단체를 조직하고 활동할 수 있었던 바탕에는 경제력의 성장을 들 수 있다. 비록 하와이 초기 이민생활이 고되기는 하였으나 국내에서보다는 비교적 많은 돈을 벌 수가 있었다. 하와이 농장에서 지급받는 임금 69센트는 당시의 환율 2대 1로 볼 때 약 1원 40전에 해당하는 것으로 한국 노동자 계층으로서는 비교적 큰 수입이었다. 이들은 월 평균 16달러의 임금에서 잘하면 절반을 저축할 수도 있었다. 따라서 비록 사탕수수 농장에서의 고역을 감당해야 하는 어려운 생활이었지만, 그런 과정에서도 건실한 생활태도로 점차 경제적 기반을 닦게 되었던 것이다.

　한편, 하와이 노동자 가운데는 시간이 흐를수록 미주 본토로 이주하는 인구가 증가하였다. 하와이 이민국 자료에 의하면 1905년에서 1907년 사이 불과 3년 만에 미주 본토로 이주한 한인은 1,003명에 달하였으며, 그 뒤 1910년 대한인국민회 인구조사에 의거하더라도 미주 본토로 이주한 한인수가 2천여 명에 이르고 있다.

　미국 본토로 이주한 1천여 명의 한인들은 샌프란시스코(桑港)와 로스엔젤레스(羅城) 등지를 중심으로 캘리포니아 지방에, 더러는 더욱 동진(東進)하여 콜로라도의 덴버, 네브라스카의 링컨·헤스팅스 등 중부지방에까지 진출하여 그곳에서 생활 터전을 잡고 한인들의 사회적 종교적 정치적 활동의 중심지로 발전시

레드우드 비행학교의 비행훈련장.

켰던 것이다.

　마지막으로, 미국사회의 특수성이 한인단체의 성립을 촉진시켰던 것으로 보인다. 미국은 영국으로부터 독립을 쟁취한 지 얼마 되지 않은 독립국이었지만 세계 유수의 선진국이었다. 이와 같은 사실은 한인들로 하여금 미국독립을 마치 큰 명절로 삼아 기념할 정도로 조국독립의 염원을 기리는 자극적 요소로 작용하였다. 게다가 미국정부도 한인들의 조국독립을 위한 정치·외교적 활동을 비교적 자유롭게 보장해주었다.

1. 하와이 노동이민

　현재 150만 명에 이르는 하와이를 비롯한 미주 한인사회는 1993년으로 미국이민 90주년을 맞이하였다.　년초에 최초의 이주지였던 하와이에서는 한인 이민 90주년 기념사업회가 결성되었고, 1월 15일에는 호놀룰루 쉐라톤 와이키키 호텔에서 1천여 명의 하와이 교민이 '하와이 땅을 개척한 한인선각자들'의 노고를 기리는 기념만찬회를 가졌다.

　1903년 1월 13일, 대한제국 수민원(綏民院) 총재 민영환이 발행한 여권을 소지한 노동이민 97명이 미국상선 갤릭 호 편으로 인천항을 떠나 23일 동안의 긴 항해 끝에 호놀룰루 항에 상륙하였다.　이 최초의 이민은 곧 오아후 섬 와일루아 농장에서 사탕수수 재배와 관개사업에 종사하였다.　이 이민을 시발로 외교권을 일제에게 박탈당한 1905년 11월 을사 5조약 늑결 직전까지 65척의 선박 편으로 7,226명이 한국으로부터 하와이로 이민하였다. 그들 가운데 대부분인 6,048명은 성인남자였으며, 여자는 634명

하와이 에바 농장에 세운 한인감리교회(1905년).

에 지나지 않았고, 541명은 어린이였다.

이들 이민은 고국을 떠나기 전의 출신성분이나 학력에는 관계 없이 누구나 다 하와이 군도의 오아후 섬을 비롯한 하와이·마우이·카우아이 등 4섬 30여 곳의 사탕수수 농장에서 많게는 5, 6백 명이, 적게는 수십 명씩 고용되어 노동하게 되었다. 그들은 하루 평균 10시간 노동에 품삯은 남자가 69센트이고, 여자와 어린이가 50센트로서 한달 평균 25일 중노동에 수입이 17달러 정도에 불과하였다.

그러나 워낙 근면한 이들 한인 이민은 몇 년을 지나는 사이에 얼마간의 탈락자도 생겼지만 경제적으로는 자립하면서 변화를 일으켰다. 약 1천 명은 얼마간의 돈을 쥐고 한국으로 되돌아왔으며, 2천 명 이상은 더 벌이가 좋은 샌프란시스코와 로스앤젤레스를 중심으로 한 캘리포니아 지방으로 건너갔고, 그 가운데

더러는 더 동진하여 콜로라도의 덴버·네브라스카·헤스팅스 등
지의 미주 본토에까지 깊숙이 진출해 생활 터전을 잡아가기도 하
였다.

한편 1903~1905년 사이의 노동이민을 전후하여 비록 많지는
않으나 유학생·상인 등 개인적인 이민과 특이한 '사진결혼' 등
으로 부녀자의 이민이 계속되었다. 그 가운데 사진결혼으로 인
한 이민은 1910~1924년 사이에 하와이에 951명, 미주 본토에
115명이나 되었는데, 특이하게 경상도 출신 비율이 컸다. 또한
유학으로 인한 이민은 노동이민 전후로부터 1910년 3·1운동 이
전까지도 5백여 명을 헤아렸다. 점차 세월이 지남에 따라 이민
2세의 성장으로 더 급성장, 일제 식민지 연간에는 대체로 1만

주정부에 수용되어 헐리기 전 밀러스트리트의 국민회관(1914~1949).

명 내외의 한인사회가 미국 속에서 성장해갔다.

이와 같이 구한말 이래 성립된 미국 속의 한인사회를 착실히 발전시키고, 나아가 일제에 유린된 조국의 독립운동을 주도하였던 대표적 기관은 대한인국민회였다.

필자는 그 사적을 찾아 먼저 현재의 하와이 국민회 회관에 들렸다. 호놀룰루 시 북쪽 푸노이 계곡의 한 언덕 위에 자리잡은 이 회관(룩애버뉴 2600번지)은 아담한 스페인풍의 2층 건물로 태평양 한가운데 천혜의 명승지인 호놀룰루 시를 굽어보고 있다. 입구에 들어서면 큰 회의실이 있고, 그 좌우편과 2층에 몇 개의 넓은 방이 있어 규모가 작지 않았다.

1970년에 필자가 처음 찾았을 때는 그 가운데 한 방에 1909년 이래 국민회 회원들이 납부한 독립운동자금 기록부를 비롯한 국민회의 역사를 입증할 각종 문건과 기타 각종 문헌이 가득하였고, 다른 한 방에는 두 개의 대형 금고와 국민회의 기관지인《국민보》(國民報) 등을 간행하던 인쇄기 등이 보존되어 있었다. 더구나 구순(九旬)을 바라보는 연로한 국민회 회원들 몇몇이 안락의자에 앉아 회의실을 지키고 있었다. 그러나 지금은 그 자료 가운데 일부는 천안의 독립기념관에 보내오기도 하였지만 나머지는 대부분 어디론가 산질(散秩)되고 텅 빈 고옥으로 변하였다. 단지 2층 한 모퉁이 방에 서양인 한 가구가 세들어 살고 있어 적막감마저 들었다.

하와이 국민회의 원래 회관은 호놀룰루 시 중심가 밀러 스트리트 1306번지에 자리잡고 있었다. 국민회 창립 초기에는 월세집을 얻어서 사용하다가 김종학 총회장 때에 회원들의 특별성금 7,250달러를 들여 목조 2층 양옥을 건축, 1948년 현재의 회관으로 이전할 때까지 전후 30년 동안 사용하던 연고 깊은 건물이었

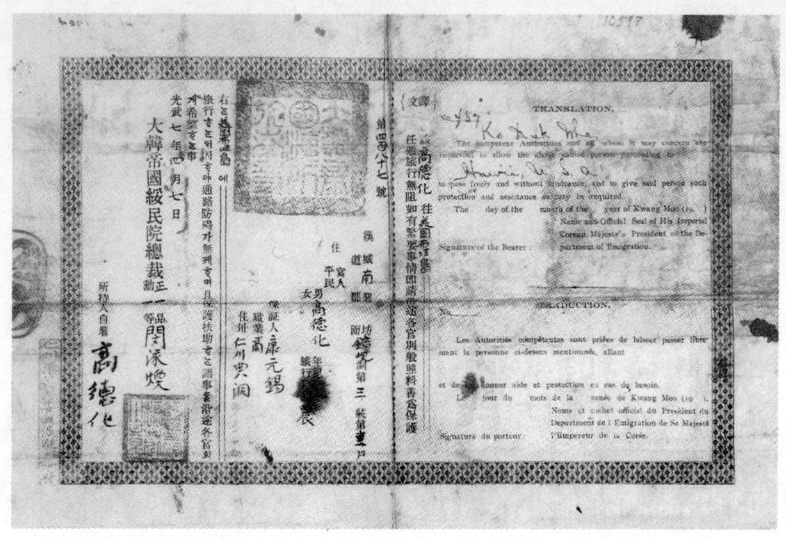

하와이 노동이민들이 지녔던 대한제국 수민원(綏民院) 발행의 집조(執照).

다. 회관 1층은 상점이었고, 2층에는 회의실을 두었으며, 2층 뒷편 3분의 1 정도는 국민회 노인들을 위한 시설로 이용되기도 하였다고 한다. 겨우 전면 사진 한 장만 남아 있는 이 회관은 하와이 주정부의 토지수용령에 의해 철거되어 현재 회관으로 이전한 것이다. 그 옛터를 안내한 하와이 대학의 최영호 교수의 고증에 의하면 그 지점은 현재 밀러 스트리트의 하와이 주청사와 주지사의 관저 사이에 위치한 주청사의 국기게양대 앞이라고 지목하고 있다. 1914년 12월 9일, 이 회관 낙성식 때는 내외귀빈이 입추의 여지 없이 참석하여 경축하였고, 박용만이 주도하던 조선국민군단 사관학교 학생들의 군사분열식이 화려하게 펼쳐지기도 하였던 유서깊은 곳이다.

2. 박용만과 조선국민군단

호놀룰루 시에서 63번 도로를 따라 동북쪽 큰 산을 넘어 11마일쯤 가면 동편으로 해안을 낀 쿨라우 지방 카할루 언덕에 약 100여 호 되는 아담한 마을이 나온다. 서쪽으로 깎아지른 듯한 고산이 병풍처럼 둘러싸여 있고, 북쪽으로는 좀 떨어져 그 연봉이 바다쪽을 향하여 그림처럼 흘러내리고 있다. 서쪽 고산에서 발원하는 맑은 냇물이 마을을 남북으로 가로지르며 바다로 들어간다. 이 냇물의 이름이 아후이마누 내이고 그 마을이 1910년대는 '봉리'(鳳梨 ; 파인애플) 농장이었던 곳이다.

미주 한인사회에서는 이곳에 독립군 간부를 양성하기 위하여 조선국민군단 사관학교를 세웠다. 이 사관학교의 설립배경은 국치 전후의 대한인국민회의 활발한 군사운동에 있었고, 설립목적은 1910년 전후에 팽배하던 독립전쟁론을 구현할 독립군의 사관 양성을 위한 것이었다.

또한 그 주도자는 미주한인사회의 지도자로 부상한 박용만(朴

네브라스카 한인소년병학교 전경.

헤스팅스 대학 구내에서 훈련받는 한인소년병학교 훈련생도.

容萬)이었다. 박용만을 중심으로 한 하와이 국민회의 지도급 인사, 특히 박종수·구종곤·이호·안원규·김세근·이정권·노훈·임응천·한태경·한치운·이치영 등은 한인사회로부터 특별 의연금을 수납하는 한편, 군용지를 마련하고 광무군인 출신의 노동이민을 중심으로 사관학교 간부와 학도를 모았다. 특히 안원규와 박종수는 리비 회사로부터 도급계약한 1,500에이커의 아후이마누 파인애플 농장을 기부하여 3, 4백 명을 수용할 군용지를 조성하며 그곳에 사관학교를 세웠다. 또한 와이아와에서 자영으로 농사를 짓던 임응천·한태경·한치운 등은 그 해의 농장수익금 전액을 사관학교에 기부하였다.

마침내 1914년 6월 10일, 현재 주택지구로 변한 아후이마누 농장에서 숙원이던 조선국민군단을 편성하면서 사관학교를 개교한 것이다. 박용만은 '산너머 병학교'라고도 부르던 이 학교의 교장과 조선국민군단의 단장을 겸임하였고 대대장 박종수, 중대장 김세권, 소대장 박충식 등의 간부와 학도대가 편성되었다.

학도들의 인원은 기록마다 약간의 차이는 있으나 김원용의 《재미한인오십년사》에서는 "처음에 국민군단이 학도 103명으로 시작하여 311명에 달하였다"고 기술하고 있다. 한편, 이곳 유적지에 밝은 하와이 대학의 최영호 교수가 소장하고 있는 현존의 조선국민군단 사관학도들의 한 사진 속에 124명의 군복을 입은 군인들이 들어 있는 것을 볼 수 있다. 특히 사진은 당시 학교군용지였던 아후이마누 농장, 현재는 아후이마누 내가 관통하는 카할루 마을에서 서북쪽의 변하지 않은 산하를 배경으로 하고 촬영한 것이므로 사관학교 병력이 최소한 124명 이상이었다고 할 수 있다.

그 군영은 원칙적으로 병영에서 기숙하면서 조를 편성, 농장

아후이마누 마을 병영에서 1914년에 촬영한 조선국민군단 사관학교 장병. 124명을 헤아린다.

에서 일하는 한편, 훈련과 학습을 겸행하는 것이었다. 그러나 군기는 엄정하였다. 학도들은 야외에서 교련하고 실내에서는 군사학을 수학하였으며 수시로 교관과 함께 작전연습을 하는 등 고된 훈련을 받았지만 조국광복을 위한 독립군이라는 자부심과 강인한 체력을 지녀 낙오자는 별로 없었다고 한다.

이와 같은 사관학교의 설립과 운영을 주도한 박용만은 한말 국내에서 애국계몽운동을 벌이다가 1905년초에 정한경·유일한 등과 함께 미국으로 유학을 가 헤스팅스 시 네브라스카 대학에서 정치학을 전공하는 한편, 헤스팅스 밀리터리 아카데미에서 군사학을 이수하고 참령(參領) 대우를 받는 군인이 되었다. 그는 독립전쟁론을 구현할 상무주의(尚武主義)의 항일운동 전술을 제시하면서 안창호·이승만 등과 함께 미주 한인사회의 지도자로 급부상, 민족운동과 군사운동을 정력적으로 전개하였다.

그는 1909년에는 헤스팅스에 한인소년병학교를 세웠으며, 1912년에는 대한인국민회 중앙총회 부회장에 선임되어 활동하였다. 이어 1913년 미주한인사회 가운데서도 가장 규모가 큰 하와

이에 나타나 하와이 국민회와 그 기관지 《국민보》(國民報)를 주
도하면서 아후이마누 농장에 사관학교를 세워 상무주의의 항일
운동을 전개하여 갔던 것이다. 그러나 박용만의 이와 같은 활동
과 사관학교의 운영은 제1차세계대전 발발후 국제정세의 변화
와, 더욱이 의형제(義兄弟)가 '정적'(政敵)으로 변한 이승만과
의 항일운동 방략을 둘러싼 정치적 대립 등으로 1916년을 고비
로 크게 위축되었다. 이에 따라 사관학교도 일시 아후이마누 병
영지에서 북쪽으로 20마일쯤 떨어진 카후구 사탕수수 농장으로
옮겨졌으나 지탱하지 못하고 미구에 해산되고 말았다. 오아후
섬 북단의 동편 해안가에 위치한 가후구 농장도 이제는 평화로운
주택지로 변하고 그 한 모퉁이에 사탕수수를 원료로 제당하던 공
장 하나만이 관광객을 위하여 헐리지 않고 남아 있다.

3. 이승만과 한인기독학원

독립협회에서의 활동과 그로 인한 옥중투쟁을 통해 일찍부터
명성을 떨친 이승만이 처음 미국으로 간 것은 1905년 러일전쟁
을 종결시키고 한국을 일제의 '보호국'으로 몰아가는 포츠머드
강화회의에 한국독립을 지원해줄 것을 호소하기 위해 미국인 헐
버트(Homer B. Hulbert)와 함께 광무황제의 밀사로 파견될 때였
다. 이승만은 회의 종료 뒤 돌아오지 않고 하버드와 프린스턴 등
유명 대학에서 정치학을 전공하여 불과 5년 만에 철학박사 학위
를 취득, 국치 직후 금의환국하였다. 서울에서 황성기독교청년
회(YMCA)의 총무를 맡아 1년 남짓 활동했으나, 일제 총독부의
감시로 활동이 여의치 못하자 1912년 4월 감리교 평신도 세계대
회 참석을 빌미로 재차 도미, 망명하였다.

이승만은 그후 1945년 10월 해방된 조국에 환국할 때까지 33
년 동안을 하와이를 중심으로 미주에서 망명활동을 하였다. 그
의 활동은 첫째로 호놀룰루의 한인기독교회를 중심으로 한 기독

동지회 임원들의 모습(1924. 11). 앞줄 두번째가 이승만, 왼쪽 세번째가 민찬호..

교 선교사업이었다. 한인기독교회는 이승만이 1915년 기독교 어느 교파에도 속하지 않는 한인의 독립교회를 세운 것으로, 제도는 감리교회의 것을 모방하였으나 운영방법은 이승만을 교주로 하는 이사부가 관리하는 체제였다.

한인기독교회는 현재도 호놀룰루 릴리하드 스트리트에 한국식 건축양식으로 널찍한 대지 위에 우뚝하게 자리잡고 있어 그 역사와 위용을 실증하고 있다. 근래 교회 옆의 낮은 평면식 부속건물은 우남 이승만 박사 기념관으로 명명되었고, 그 앞뜰에는 이승만의 동상이 세워졌다. 원래 스쿨 스트리트에 세웠던 교회당이 좁아 처분하고 1938년에 건축한 이 한인교회는 그때 3만 달러를 들여 신축한 것이고, 민족의식을 고취하기 위하여 국보 제1호인 남대문을 본떠 지은 것이라 한다.

이승만의 두번째 활동은 한인중앙학원(韓人中央學院)과 그를 이은 한인기독학원(韓人基督學院)을 중심으로 한 민족교육이었다. 이승만은 1913년 2월 하와이에 등장하여 처음 국민회에서 경영하던 한인기숙학교의 학장에 취임, 교육사업에 종사하였다. 하와이 노동이민이 자녀교육을 위하여 1906년에 현재 호놀룰루 시 중심가인 판치볼 스트리트에 세운 한인기숙학교는 하와이 군도 각 지방으로부터 호놀룰루에 와서 공부하던 학생에게 기숙의 편의를 제공하고 한국어를 교육하였고, 늦은 나이로 이민을 와서 소학교에 입학할 수 없었던 청년들에게 중학교 입학준비를 위한 속성과를 병설, 교육하였다.

이승만은 그해 9월 이 학원의 학제를 확장 개편, 고등과와 소학과·국어과·한문과를 두고 학원 이름도 한인중앙학원이라 고쳐 운영하였다. 그후 이승만은 이 학원을 더욱 확장시켜 1914년에는 호놀룰루 부누이 지방에 여학생 기숙사를 새로이 설치하였고, 1918년에는 하와이 국민회의 지원을 받아 호놀룰루 가이묵이 지방에 교사를 신축하고 원명(院名)을 한인기독학원으로 고치며, 남녀공학의 민족교육을 실시하였다. 그후 이승만은 1921년에 가이묵이 학원을 1만 달러에 방매하고 호놀룰루 칼리히 계곡에 4천 에이커나 되는 지단을 매수하여 교지(校地)를 잡고 숱한 곤경을 겪으면서 8만 4천 달러를 들여 어엿한 교사를 건축하였다.

이 한인기독학원의 위치는 호놀룰루 시 북쪽 나아 스트리트와 하리나 스트리트의 교차지점에 해당되고 현재 칼리히 국민학교가 자리잡고 있다. 칼리히 국민학교 아래쪽에 호놀룰루 시에서 동북으로 빠지는 63번 고속도로가 관통하고 그 아래 주거지 초두에 하와이 한인기독교회가 최근 산뜻하게 세워져 있다. 국민학교 입구에서 호놀룰루 시를 한눈에 굽어볼 수 있는 경색이다.

한인기독학원은 설립 이래 1928년경까지 80, 90명의 학생을 주로 기숙학교 제도로 소학교 6년 과정을 이수시켰다. 10년 동안 졸업생이 150명에 달하였고, 기숙사 비용은 학생이 부담하나 학원 경영비는 하와이 한인교포의 성금으로 충당하였으며 매년 9,500달러 정도가 소요되었다고 한다. 이 학원은 중간에 부진하던 시기도 있었고 때로는 고아 기숙도 하였으나, 그후 1945년 조국광복 때까지는 계속 유지되었다.

한편, 이승만은 하와이에서 이와 같은 선교사업과 교육사업을 배경으로 조국독립운동단체인 대한인동지회를 조직하여 구미열강을 상대로 조국독립을 위한 외교활동을 해방 때까지 전개하였다. 해방 후 환국하여 초대 대통령에 취임한 이승만은 하와이 한인 이민 50주년이 되는 해인 1953년에 이같은 유래를 가진 칼리히 한인기독학원을 매각하여 현재 인하대학교로 발전한 인하공과대학 설립기금 15만 달러를 장만하고 이를 하와이 한인교포의 성금이라 하였고, 인하공과대학의 설립을 하와이 한인 이민 50주년 기념사업으로 추진시켰다. 또한 그는 '하와이 한인 이민 50주년 기념사'에서 한인기독학원의 역사와 성금이 인하공과대학으로 이어지는 것이라고 강조하였다.

4. 안창호와 흥사단

　약관 20세의 청년으로 평양 쾌재정(快哉亭)에서 독립협회가
주최한 연설에서 명성을 떨친 안창호는 23세 때인 1902년 10월
서둘러 성례한 부인 이혜련을 동반해서 청운의 뜻을 품고 도
미, 샌프란사스코에 나타났다. 그후 그는 그곳에서 학업에 전념
하기보다는 한인사회의 건설과 민족운동에 헌신하였다.

　1903년 9월에는 샌프란시스코에서 미주 본토 최초의 한인단체
라 할 수 있는 상항친목회(桑港親睦會)를 조직했고, 2년 뒤인
1905년 4월에는 이를 발전시켜 공립협회(共立協會)를 조직, 미
주한인사회의 자치(自治) 신장과 민족운동을 전개하기 시작하였
다. 퍼시픽 스트리트에 3층 건물을 사서 공립회관으로 삼았고
그해 11월부터는 《공립신보》(共立新報)를 발행하였다.

　공립협회가 발전함에 따라서 로스앤젤레스와 오클랜드·리버
사이드·포이드·레드랜드·록스프링 등 여섯 곳에 지방회를 설
립하였고, 1908년 1월에 들어서서는 그들이 원동(遠東)이라 부

↑ 1994년 2월 3일 명명된 로스앤젤레스의 도산 안창호 광장. 제퍼슨 거리 1938번지 대한인국민회 중앙회관 앞.

↑ 1932년 안창호가 피체된 뒤 부인 이혜련을 비롯한 그의 가족들이 해방 때까지 살던 집. 현재 남가주대학 구내에 보존되어 있다.

↑ 로스앤젤레스 제퍼슨 거리의 대한인국민회 중앙회관. 1938년에 건립한 건물로 독립운동 관련 각종 유물과 문헌 등이 보관되어 있다.

→ 대한인국민회관 안에 소장된 한인 유물들.

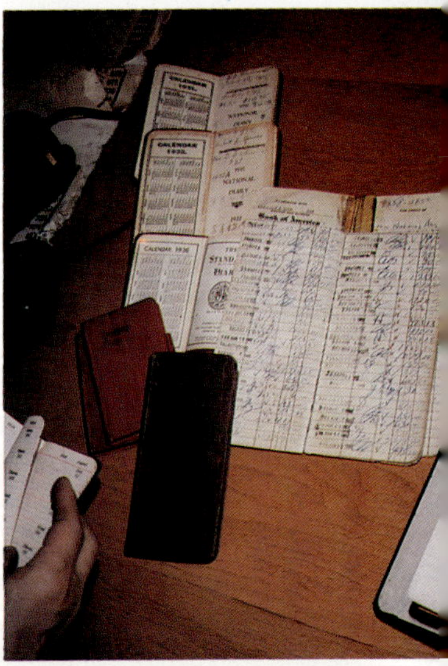

← 파리 중심지 샤토덩 거리 38번지 대한민국 임시정부의 '평화회의 대표관'(1919~1921). 그 소속의 파리통신국이 빌려 쓰던 석조빌딩. 현재 1층은 개축되고, 맨위 7층은 증축되어 프랑스 보험회사 연합회에서 사용하고 있다.

[↑] 대한인국민회 중앙총회관 현판.

[↑] 대한인국민회 북미지방총회관 현판. 중앙회관 내부 벽면에 걸려 있다.

[↓] 이대위 목사가 발명한 '인터타이프 한글식자기'. 《신한민보》를 인쇄
하던 이 기계는 현재 회관 안에 보관되어 있다.

⬆ 샌프란시스코의 한인감리교회. 초기 이민들의 친목과 신앙의 중심지였다.

➡ 스티븐스가 묵으면서 보호정치를 찬양하던 페어먼트 호텔. 한인대표 정재관 등이 먼저 이곳으로 그를 찾아가 항의하였다.

⬇ 샌프란시스코의 페리 부두 빌딩. 1908년 3월 23일 장인환·전명운 두 의사가 일제의 한국침략 앞잡이로 활동하던 미국인 스티븐스를 총살 응징한 곳이다.

↑ 헤이그 교외 아이큰다우 묘역의 이준 열사 묘적(墓蹟).

← 이위종이 연설한 프린세스그라트 6A의 국제협회 건물. 현재는 노르웨이 대사관이 들어서 있다.

→ 헤이그 밀사들이 묵었던 바겐 스트리트 124번지 건물. 이곳에서 이준 열사가 1907년 7월 14일 순국하였다. 현재는 볼링장으로 사용하고 있다.

↑ 한인지도자들이 많이 잠들고 있는 로스앤젤레스 워싱턴 거리의 로스테일 묘지.

홍언의 묘

백일규의 묘

송종익의 묘

임기준의 묘

↑ 샌프란시스코 교외의 사이프러스 묘지에 잠든 이대위 목사와 양주은의 묘(하좌).

→ 필라델피아 17가 리틀 극장. 1919년 4월 4~16일에 한인이 모여 자유대회를 개최, 한국통신부를 설치하는 등 구미에서의 독립 외교에 앞장섰다.

↑ 이승만이 주도하던 구미위원부의 유적(노스웨스트 H 스트리트 1314번지). 구미위원부가 들어 있던 콘티넨탈 트르스트 빌딩은 1951년에 헐리고, 그 자리에 뉴욕 에버뉴 장로교회가 들어섰다.

← 1927～1931년에 김현구 등에 위임하여 운영하던 시절의 구미위원부. 현재 흑인거리인 파크 로드 1310번지에 퇴락한 채로 남아 있다.

르는 연해주와 만주에까지 공립협회 간부 김성무(金成茂)와 이강(李剛)을 파견해 연해주 수청과 치타지방에 원동지회를 설립하였고, 또한 블라디보스토크와 만주지방에 만주지회까지 설립하였다. 이와 같이 발전한 공립협회의 최초의 회관이며《공립신보》를 발간하던 퍼시픽 스트리트 938번지의 공립회관은 워싱턴 스트리트의 차이나타운과 가까운 거리에 있으며 페리 부두와는 걸어서 10분 거리에 위치하고 있었다. 현재 어엿한 3층 건물이 서 있으나 이것은 당시 건물이 아니고 나중에 개축된 것이다. 그 회관은 1906년 4월 샌프란시스코 대지진 때에 소실되어 회관을 오클랜드 텐트 스트리트로 옮겨갔던 것이다.

안창호는 1907년 2월 국운이 급박하자 일본 도쿄를 거쳐 귀국, 구국계몽운동에 투신하였다. 그는 양기탁·박은식·장지연·이갑·신채호·이동휘·김구 등 애국지사와 함께 신민회(新民會)를 중심으로 대한제국 최후의 구국계몽운동을 전개하였다. 4년 동안에 걸친 온갖 신고를 무릅쓴 투쟁이었으나 마침내는 1910년 '한일합병'이라는 민족수난을 맞게 되었다. 안창호는 이 치욕을 눈앞에 둔 1910년 2월 망명길에 올라 중국 청도(靑島)와 연해주 블라디보스토크를 거쳐 1911년 9월 다시 미국으로 가서 1919년 3·1운동 발발 때까지 샌프란시스코와 로스앤젤레스를 오가며 항일민족운동을 주도하였다.

안창호의 이와 같은 활동은 공립협회를 발전시킨 대한인국민회와, 그가 1913년 5월 창립한 흥사단(興士團)을 중심으로 전개되었다. 대한인국민회에서는 중앙총회장에 선임되어 그 산하에 북미지방총회를 비롯하여 하와이지방총회, 멕시코지방총회, 원동지방의 시베리아지방총회와 만주리아지방총회 등 국외한인사회를 망라하는 조직으로 민족독립운동을 주도하게 되었던 것이다.

안창호의 민족사상과 독립정신은 홍사단의 창립과 활동에서 더 극명하게 부각되고 있다. 그는 민족운동의 목표를 '국권회복'과 '조국증진'에 두고 그를 구현할 인재양성을 급선무로 인식하였다. 그러한 인재의 육성은 건전한 청년동포를 집중 단결시키면서 그들에게 지(智), 덕(德), 체(體)의 삼육(三育)을 동맹 수련시켜 민족독립운동의 동량(棟樑)으로 배양하는 것이고 이를 홍사단이 떠맡게 한 것이다.

홍사단에서는 그 목적을 달성하기 위하여 무실(務實), 역행(力行), 충의(忠義), 용감(勇敢)의 정신으로 덕성을 함양하고 신체를 단련하여 기력을 튼튼하게 하고 전문지식 또는 과학기술을 습득하고 건전한 인격을 기르게 하였다. 또한 신의를 지키고 규율에 복종하고 상호간 애호하고 환란을 상구(相救)하여 신성한 단체를 조직하게 하였다. 그리고 자주정신과 자치능력을 배양하며 사회적 식견과 대공의식(大公意識)을 육성, 국민적 품격을 향상하게 하였다.

샌프란시스코 국민회관에서 창립한 홍사단의 단소(團所)인 중앙회관은 처음 로스앤젤레스 벙커힐에 두었다가 곧 피게로아 스트리트 106번지 언덕 위에 미국인 헐(Hall) 소유의 2층 목조건물을 세내어 1915년부터 17년 동안 사용하였으며, 그후 1932년 로스앤젤레스 남(南)카타리나 스트리트 3421번지에 땅을 사들여 2층 유선양옥을 지어 오늘에 이르고 있다.

현재 피게로아 스트리트에 있던 목조 건물은 헐리고 그 자리 언저리는 로스앤젤레스 다운타운의 재개발 지역에 포함되어 거대한 콘도미니엄이 그 자리를 덮어버렸고, 로스앤젤레스를 상징하는 고층 건물이 그 주위에 계속 솟아오르고 있다. 한편 로스앤젤레스의 한인타운인 올림픽 거리와 캘리포니아의 명문인 남캘리포니아 대학 사이 중간쯤 자리잡은 남카타리나 스트리트의 건물은 옛모습 그대로 전래되고 있다. 얼마전 일어났던 흑인폭동 지구 안에 들어 있어 한인의 왕래가 드문 곳이 되었다. 건물은 낡았고 건물에서 나오는 아동들도 흑인이다. 1970년 이 회관은 관리가 어려워 매각하여 이제는 기억하는 이조차 드물지만 흥사단의 중요유적인 것이다.

서울 강남 도산공원에 서 있는 훼절한 이광수(李光洙) 찬(撰)의 도산비문이나 박흥식(朴興植) 헌납의 도산 안창호 동상을 지키고 바라보는 것이 안창호의 높은 민족사상과 독립정신을 이어받는 것은 아닐 것이다.

5. 로스앤젤레스(나성) 대한인국민회관

　로스앤젤레스에는 한국인 밀집 거주지구인 올림픽 거리에서
얼마 떨어지지 않은 남(南)카타리나 스트리트에 있는, 안창호가
주도한 흥사단의 단소(團所)이던 흥사단중앙회관 외에도 몇 군
데 중요한 항일민족운동의 유적이 인근에 남아 있다. 그 가운데
서도 제퍼슨 거리에 있는 대한인국민회 총회관과 대한인동지회
회관은 1930~1940년대 미주한인의 민족독립운동의 본산이라
할 수 있는 곳이다.

　이승만을 총재로 하는 대한인동지회는 1921년 하와이에서 창
립되어 호놀룰루 시에 회관을 두고 활동하다가 1930년대 들어
미주 본토에도 조직을 확대하여 1936년에 대한인동지회 북미지
방총회를, 한인이 나성(羅城)이라고도 부르던 로스앤젤레스에
두고 회관을 마련하게 되었다. 처음의 회관은 로스앤젤레스 36
스트리트에 있었으나 얼마 후 현재의 자리로 옮겼다. 그 뒤 이
회관은 이름은 북미지방총회 회관이었으나 대한인동지회의 중앙

회관으로 쓰여 이승만을 중심으로 하는 미주 한인의 조국독립운
동의 한 중심기지가 되었던 곳이다. 한편 이 회관은 평시에는 하
와이 릴리하 거리에 이승만이 세운 한인기독교회와 같이 어느 파
에도 속하지 않는 한인독립교회로 운영되어 오고 있다. 현재 흑
인거주지역 속에 들어간 이 회관은 해외독립운동 현장조사차 다
시 찾았을 때에는 아담한 2층 양옥으로 말끔히 단장되어 있었
다. 현관의 태극 문양과, 독립문이란 문자를 선명하게 새긴 독
립문을 본 뜬 구조물을 붙이고 그 아래 대한인동지회라는 간판을
걸어놓고 있었다. 또한 입구 머리에는 십자가를 걸고 동지회교
회라고 부기하였다. 아직도 독립된 한인기독교회를 운영하며 대
한인동지회를 지키고 있는 한 모습을 볼 수 있다.

한편, 현재 제퍼슨 거리 1368번지에 자리잡은 대한인국민회
중앙회관은 색바랜 단층 벽돌 건물이 철책담으로 둘러싸여 제퍼
슨 큰길에 만나고 현관벽 위에 '대한인국민총회'란 명필 현판이

상항친목회와 그를 이은 공립협회의 중앙회관(샌프란시스코 퍼시픽스트리트 938
번지). 원 건물은 샌프란시스코 대지진 때 소실되었다.

선명하게 부각되어 눈길을 끌고 있다. 회관 내부에는 '대한인국민회북미총회'란 현판을 걸어놓은 중앙에 큰 홀이 있어 대회 장소로 쓰이고 전후좌우에 서너 개 방이 배치되어 기관지인 《신한민보》(新韓民報)를 발행하고 임원들의 집무실로 쓰던 곳임을 알 수 있다. 현재 그 방에는 국민회의 기관지인 《신한민보》를 인쇄하던 낡은 인쇄기를 비롯하여 초대 중앙총회장인 안창호를 비롯한 백일규·윤병구 등 역대 국민회 총회장의 이름이 새겨진 명패판, 1913년 미주 한인의 자치를 허가한 미국무장관 브라이언의 대한인국민회 관허장, 국민회의 창설 이래 애국성금 장부, 회계장부 등이 어지럽게 보관되고 있다. 하나같이 미주한인의 항일민족운동을 실증하는 구체적 유물들이다.

현장을 안내한 《한국일보》 미주지국 민병용(閔丙用) 국장의 설명에 의하면 이 회관은 현재 로스앤젤레스 시의 역사유물로 지정되어 영구보전의 길이 트였으나 유물 자료정리가 시급하다는 것이다. 이 국민회관은 바로 이웃한 제퍼슨 거리 1374번지의 로스앤젤레스 한인연합장로교회와 함께 1938년에 한인의 열성으로 세워진 기념적인 건물이며, 특히 국민회관은 미주 한인의 조국독립운동의 본산으로 애국관(愛國館)이라고도 불리던 유서 깊은 기념물이다.

대한인국민회는 조국의 운명이 풍전등화같이 기울던 1909년 2월에 미주 본토의 한인대표기관인 공립협회(共立協會)와 하와이 한인의 여러 단체를 통합한 합성협회(合成協會)를 통합해 창립한 민족운동의 중추기관으로 출발하였다. 처음 중앙총회관은 공립협회의 회관이던 샌프란시스코 페리 스트리트 232번지에 공립관(共立館)을 인계받아 사용하였으며, 그곳에서 《공립신보》의 제목을 바꾼 《신한민보》(新韓民報)를 간행, 국내외 한민족의 항

캘리포니아 주정부로부터 받은 대한인국민회 북미지방총회 관허장.

일민족언론을 이끌어갔다.

　그후 1914년 9월에 회관을 넓히기 위하여 그 회관을 방매하고 오크 스트리트에 일시 옮겼다가 다시 마킷 스트리트의 휴스 퍼시 픽 빌딩에 자리잡고, 미주 본토는 물론 하와이·멕시코 지방 조 국독립운동의 중추기관으로 지위를 굳혀가는 한편, 국외한인사회 의 규모가 큰 러시아의 연해주와 남북만주에까지 세력을 확장하였다. 더욱이 1938년 다시 회세를 부흥하기 위해 한인의 이주활동이 커진 로스앤젤레스로 옮겨 제퍼슨 거리의 중앙총회관을 자력으로 건립하였던 것이다.

이때부터 미주한인사회의 민족의식은 더욱 고조되어 중일전쟁과 제 2 차세계대전으로 이어지는 일제의 침략전쟁의 광분 속에서 조국독립운동의 새로운 역사를 펼쳐갔던 것이다.

6. 장인환과 전명운의 샌프란시스코(상항) 의거

　한인이 상항(桑港)이라고 불렀던 샌프란시스코는 풍광(風光)이 아름다운 세계 굴지의 양항(良港)으로 구한말부터 한인 이주민이 집단거주하던 지역이다.　대서양변의 뉴욕으로부터 대륙철도가 북미대륙을 동서로 관통하여 이곳에서 태평양변에 연결되어 미국의 태평양 진출의 관문이 되고 있다.　한인에게는 하와이에 이은 미주 본토 이주의 기점이 된 곳이다.

　구한말 이래 하와이 군도에서 노동이민을 거쳐온 이주민을 비롯해 유학이나 행상 등 여러 가지 경로로 미주 본토로 이주한 한인은 거의 모두 금문교(金門橋)로 상징되는 이곳 샌프란시스코항에 상륙, 그곳을 중심으로 남북으로 뻗은 캘리포니아 주에 새 터전을 잡았다.　또는 동서철도를 따라 더욱 동진, 콜로라도의 덴버, 네브라스카의 링컨, 더 나아가 뉴욕에 이르는 중동부지방에까지 진출하여 제2의 터전을 잡아가기도 하였다.

　샌프란시스코의 한인정착지는 다운타운의 페리 부두를 중심으

장인환 의사.

로 그 인근지대에 형성되었
다. 그러므로 최초의 결사인
상항친목회(桑港親睦會)도
1903년 9월 23일 그곳에서 아
주 가까운 곳에 위치한 워싱턴
스트리트 차이나타운의 광덕호
(廣德號)에서 발기되었으며,
이를 기반으로 미주한인사회
최초의 민족운동기관으로 발전
시킨 공립협회(共立協會)도
1905년 4월 5일 차이나타운 왼
쪽의 퍼시픽 스트리트 938번지
에다 처음으로 회관을 두고
《공립신보》(共立新報)를 간행
하였고, 그후 공립협회 본부를
페리 부두에서 더욱 가까운 페
리 스트리트 232번지로 옮겼던

것이다.

1908년 3월 23일 오전 9시 30분경 페리 부두에 세워진 페리
빌딩(페리 정거장) 앞에서 세 발의 총성이 울려 한국민족운동사
상 장렬한 첫 의열투쟁이 만천하에 알려지기 시작하였다. 장인
환과 전명운 두 의사가 한국정부의 '외교고문'이라는 직함을 가
지고 일제 한국침략의 앞잡이로 광분하던 미국인 스티븐스
(Durham W. Stevens)를 총살 응징한 것이다. 스티븐스가 마침 워
싱턴으로 가기 위해 페리 정거장에 도착, 승용차에서 내려 페리
빌딩에 들어서려는 순간 역사적인 의거가 일어난 것이다. 육혈

포(六穴砲)라 불리던 권
총을 들고 대기중이던 전
명운이 먼저 앞으로 다가
서며 방아쇠를 당겼다.
그러나 공교롭게도 실탄
이 총열과 맞지 않아 불발
하고 말았다. 이에 그는
총대를 잡고 총두(銃頭)
로 스티븐스의 얼굴을 맹
타하고 돌아서 달아나려
하였고, 스티븐스는 그를
뒤쫓아 잡으려 하였다.
이 순간 스티븐스의 뒤에
서 역시 권총을 들고 기다

전명운 의사. 1942년 한인맹호군에 입대,
군복을 입고 있다.

리던 장인환이 세 번 방아쇠를 당겼다. 첫발은 스티븐스와 전명
운이 뒤엉켜 움직이는 바람에 빗나가 도리어 전명운의 어깨에 경
상을 입혔고, 제2발은 스티븐스의 등을 명중, 허파를 뚫었으
며, 마지막 한 발도 역시 스티븐스의 허리를 뚫어 그 자리에 쓰
러뜨렸다. 치명상을 입은 스티븐스는 응급수술을 받았으나 이틀
뒤 25일에 절명, 두 의사의 소원이 이루어졌다.

두 의사가 처단한 스티븐스는 한인으로부터는 일본의 주구(走
狗) 혹은 응견(鷹犬)으로 비칭되나 일제에게는 그들의 한국침략
을 외교면에서 충실히 뒷받쳐준 하수인(下手人)이며 충복(忠
僕)이었다. 그는 일찍부터 일본 외무성에 기용되어 침략외교에
헌신하여 왔다. 특히 1904년 8월에 한국의 외교고문으로 부임하
여 을사 5조약과 그를 이은 정미 7조약 체결에 긴요한 몫을 충실

북미대륙으로 진출하던 한인들의 최초 정착지가 된 샌프란시스코 다운타운. 화살 표시된 건물이 페리 빌딩이다.

히 이행, 한국의 '모적'(蟊賊)으로 지목되던 인물이다.

이러한 스티븐스가 이때 샌프란시스코에 나타나 최고급 호텔인 페어먼드 호텔에 묵으면서 미국 언론에 다음과 같은 악선전을 하기 시작하였다.

한국은 황제가 암매하고 정부관리들이 백성을 학대하여 민원이 심하다. 또한 백성이 어리석어서 독립할 자격이 없으니 일본의 보호가 아니면 러시아에 빼앗길 것이다. 다행히 한국에 이완용 같은 충신이 있고 이토 히로부미 같은 통감이 있으니 한국의 다행이요 동양의 대행이다. ……

공립협회 회원이던 전명운과 대동보국회 회원이던 장인환은 서로 사전에 협의도 없이 각자 사신구국(捨身救國)의 의열정신으로 스티븐스를 응징하여 대한인의 기백을 온누리에 알린 것이다.

두 의사의 의거 때는 페리 정거장에서 오클랜드까지 배로 건너던 곳에 현재는 아름다운 샌프란시스코 만을 동서로 가로질러 13.5킬로미터에 달하는 베이 대교가 놓였고, 그 의거현장인 페리 빌딩은 베이 대교를 오클랜드에서 건너오면 페리 부두에 교접하는 교각 오른쪽 가까이에 고색창연한 모습으로 우뚝 서 있다. 높은 시계탑을 중앙에 둔 육중한 3층의 페리 빌딩은 현재 역사기념물로 원형대로 보존되어 있다. 두 의사의 의거와는 상관없이 1896년에 세운 샌프란시스코의 대표적인 건물인 까닭에 보존한다는 것이다.

의거 현장을 떠나면서 동양의 춘추지법(春秋之法)에 이른바 "국적을 징벌하는 데는 먼저 그 당여(黨與)를 처단한다"는 구절이 연상되었다. 일제 침략과정에서 두 의사에게 처단당한 스티븐스는 당여이고 그를 이어 안중근 의사가 응징한 이토 히로부미는 그 괴수가 아니던가.

7. 홍언과 《신한민보》

미국에서도 최고로 꼽히는 미항(美港)이며 한인에게는 미주
본토 진출의 시발지가 되었던 샌프란시스코에는 1908년 3월 장
인환과 전명운 두 의사가 친일외교고문 미국인 스티븐스를 총살
응징한 페리 정거장의 의거 현장 외에도 항일독립운동사에서 길
이 기억되어야 할 유적지 몇 곳이 더 있다. 그 가운데서도 페리
정거장과 가까운 거리인 페리 스트리트 232번지의 대한인국민회
중앙회관과 신한민보사로 활용되었던 건물은 현재 흔적마저 찾
을 수 없게 되었지만, 한 시기 국내외 독립운동의 중추기관으로
서 민족의 의기가 짙게 서리었던 곳이다.

두 의사의 의거 직후인 1909년 2월 1일, 미주한인은 조국독립
과 미주한인사회의 권익신장을 위하여 대동단합을 이룩, 미주
본토의 공립협회와 하와이의 합성협회 등 기존의 모든 한인단체
를 흡수하여 대한인국민회(국민회)를 창립하였다. 그동안 공립협
회 회관으로 쓰던 샌프란시스코 페리 스트리트 232번지에 중앙

총회를 두고 그해 2월 10일에는 기관지 《신한민보》(新韓民報) 창간호를 간행, 국내외 항일민족언론을 주도하기 시작하였다. 영문명으로는 《더 뉴 코리아》(*The New Korea*)라고 표기한 이 《신한민보》는 1914년까지 5년 동안 그 회관 안에서 간행되었고, 그후 중앙회관의 이전에 따라 옥크 스트리트 회관, 마게트 스트리트 회관 등으로 옮기면서도 계속 간행되었다. 그후 1937년 로스앤젤레스 제퍼슨 거리에 중앙회관을 건립한 후로는 그곳으로 옮겨 1945년 민족해방 때까지는 물론 그후 1950년 6·25사변 때까지 전후 40여 년 동안을 결호 없이 간행해 그 창간이념을 구현하였던 것이다.

　《신한민보》의 논조는 창간 이래 변함없이 항일민족주의의 입장을 지켜, 조국의 완전 자주독립에 최고목표를 두었다. 조국독립운동의 방략에서도 '독립전쟁론'과 '실력양성론'이 함께 제시

공립협회와 그를 이은 대한인국민회의 중앙회관이 있었던 페리 스트리트 232번지 주변. 《신한민보》도 이곳에서 발행되어 민족언론을 주도하였다.

되면서도 서로 마찰없이 상호 보완되었고, 때로는 현실적으로 가능한 실력양성론이 강조되었다. 그를 위하여 민족교육과 실업신장, 그리고 민권신장을 위한 계몽 논조가 주류를 이루고 있으며 해방 후에는 국토와 이념의 분단으로 인한 민족적 비극의 극복을 위하여 민족단합과 남북통일 문제를 강조하고 있다.

이번 답사길에 《신한민보》의 옛터를 확인하려고 필자는 샌프란시스코 다운타운 페리 스트리트를 몇 차례 찾았으나 결국 정확한 지점은 확인하지 못하였다. 현재 페리 스트리트는 그 당시에는 없었던 넓은 샌프란시스코만을 동서로 가로지르는 긴 다리인 베이 대교의 샌프란시스코 다운타운쪽 교접지점으로 일부가 편입된 까닭이다. 금세기 건설된 세계 유수의 다리 가운데서도 걸작품으로 지목되는 이 베이 대교는 오클랜드쪽에서 샌프란시스코쪽으로 건너 다운타운 교접지점에서 장(張)·전(田) 두 의사의 의거지인 페리 빌딩이 오른쪽 바로 밑에 내려다 보이고, 그 지점을 지나면 바로 샌프란시스코 시내를 관통하여 태평양변으로 이어지는 80번 도로가 접속된다. 그 아래 지점이 현재 동서로 뚫린 페리 스트리트가 막힌 곳으로 도로변 번지 표지판에 페리 200번지라고 표시되어 있다. 그곳에서 23번지만 더 가면 최초의 《신한민보》 옛터가 되나 현재는 어디쯤인지 가늠하기조차 어렵게 되었다.

《신한민보》를 주관하던 인물은 주필만 하여도 정재관(鄭在寬)을 비롯하여 최정익(崔正益)·이항우·강영대·박용만·이대위·김현구·김려식·백일규·신두식·홍언·이정근·서정억·최제하 등 훌륭한 여러 인물들이 참여, 일제수난 아래 민족언론으로서의 위상을 높여 갔다.. 그 가운데서도 이대위와 백일규, 그리고 홍언의 공훈이 컸다. 이들 3인 가운데서도 홍언은

第七團友　洪焉　履歷書

出生時　檀國紀元四千二百十三年二月二十七日　1881
出生地　韓國京畿道京城南部
居此地　自出生後至四二二二年

職業

學藝　著術　印刷

右　洪焉（印）
延日紀元四二□□年　□月□日

홍언(洪焉)의 이력서.

《신한민보》와 시종 고락을 함께 한《신한민보》의 가려진 주인으로 칭송될 수 있는 인물이기도 하다. '동해수부'(東海水夫)라는 필명을 즐겨 쓰던 홍언은 시·소설·희곡·평론은 물론, 중국어문에도 능통하여 한시문 등 다방면의 문예에 익숙한 문사이면서도 한편으로는 사론(史論)이 뚜렷한《국민회약사》등의 역사물을 기술, 미주한인을 대표할 역사가로 꼽히기도 한다.

홍언은 1880년 서울에서 출생, 1902~1904년 사이 중국을 유력(遊歷)하고 돌아와 러일전쟁이 나던 해인 1904년 4월 넷째 형인 홍경표(洪景杓)와 같이 하와이로 이민하였다. 하와이 막가월리 농장에서 노동하는 한편, 송건·홍종표 등과 함께 자강회를 조직하고 그 회의 월보인《자강보》(自强報)를 편집한 이후 하와이에서 간행되던《한인합성신보》(韓人合成新報)와《신한국보》(新韓國報)의 주필이 되어 편집·제작까지 전담하였다. 그후 29세 때인 1911년 11월 샌프란시스코 대한인국민회 중앙총회에 초빙되어 박용만을 이어, 국외 한인의 민족언론을 대변해온《신한민보》의 주필에 위촉됨을 계기로 영원히 신한민보인이 된 것이다. 이로부터 그는 민족주의의 상징인 '국혼'을 내세우면서 조국독립을 위한 항일언론과 그를 뒷바침하는 대한인국민회 사업에 1951년 72세를 일기로 작고할 때까지 후반 생애를 온통 바쳤던 것이다.

8. 대한민국 임시정부 파리통신국

  제49회를 맞는 금년 광복절은 새로운 감회를 갖게 한다. 민족주의 사학자이며 임시정부 대통령을 역임한 박은식과 신규식(申圭植), 노백린(盧伯麟), 김인전(金仁全), 안태국(安泰國) 등 임정요인 5인의 영령이 국민제전으로 작년 조국땅에 안장되었다. 한편, 식민지통치의 흉한 상징인 구 조선총독부 청사도 멀지 않아 헐리게 되었다. 여기에 만약 영원히 씻을 수 없는 친일 민족반역자에 대해 그 괴수들만이라도 나라의 이름으로 역사적 단죄가 이루어진다면 시들어가던 민족정기는 더욱 약동할 것이 아닌가.

  1919년 3·1운동에서 보인 온 민족의 굳은 독립의지를 구현한 대한민국 임시정부의 국제적 외교활동은 구미열강의 외교 요충지 프랑스 파리에서 제일 먼저 나타났다. 저자는 최근 그 유적지인 임정의 파리평화회의 대표관이며 파리통신국 유적을 찾았다. 그동안 루브르 박물관이며 개선문 같은 문화유적은 많이 찾

았으나 정작 우리 민족혼이 깃들인 임시정부의 평화회의 대표관
이며 파리통신국의 유적을 답사 조명한 글은 드물다.

　파리 중심에 위치한 샤토덩 가 38번지 유적은 생각보다 쉽게
찾았다. 파리 예술의 전당이라는 국립오페라극장 북쪽, 성 라자
르 역 동쪽으로 서너 블록 떨어진 십자로 옆에 자리잡은 7층의
큼직한 빌딩이 그것이다. 지상 1층과 맨 위에 증축한 7층은 최
근에 수리하여 원형을 잃었으나, 나머지 6층은 그곳에선 흔한
회홍색의 석조로 된 고색창연한 건물로 당시의 모습을 그대로 간
직하고 있다. 현재 프랑스 보험회사연합회가 굵직한 간판을 걸
고 사용하고 있는 중이다. 이 큰 건물 안에 몇 층 몇 호실 들이
평화회의의 한국대표관으로 쓰였는 지 현재 확인할 수 없다. 그
러나 이 건물의 번지만으로 대표단의 모든 통신이 이루어졌었
다.

　우사(尤史) 김규식(金奎植) 박사가 상해에서 국내외에 연락을
취하면서 3·1운동을 준비하던 신한청년단의 주선으로 파리를 향
해 출발하기는 1919년 2월 1일, 멀리 인도양을 돌아 1개월여 만
인 3월 13일 한 사람의 한인도 없던 목적지 파리에 도착하였
다. 그곳에서 그는 '몇 백만 톤의 군함이나 몇 백만 명의 군대보
다도 오히려 참스러운 후원이 되었다'는 3·1운동의 만세함성을
배경으로 민족의 봉행(奉行) 사명을 준비하기 시작하였다. 스위
스 취리히 대학 졸업반인 이관용(李灌鎔)을 부르고, 5월초 이래
상해에서부터 뒤따라온 김탕(金湯)과 조소앙(趙素昻), 미국에서
온 황기환(黃玘煥)과 여운홍(呂運弘)이 전후하여 도래, 파리 평
화회의의 대표단을 구성하였다. 여기에 6개월이 뒤늦었지만 연
해주 대한국민의회에서 대표로 보낸 윤해(尹海)와 고창일(高昌
一)이 합류, 대표단이 보강되었다. 더욱이 김규식은 4월 13일

파리강화회의의 대표단.

대한민국 임시정부가 공식 발족하자 외교총장 겸 전권대사의 신임을 받았다. 그리하여 대표단은 샤토덩 가 38번지 건물을 빌려, 평화회의 한국대표관을 차려 베르사유 강화회의를 비롯한 구미외교를 전개하는 한편, 그 안에 파리통신국을 설치, 이를 뒷받침하는 홍보활동을 강화시켰던 것이다.

대표단의 활동 가운데 두드러진 것을 들면, 첫째, 평화회의에 〈공고서〉(控告書)를 작성, 제출하고 그를 관철하기 위하여 평화회의 의장을 비롯, 각국 대표단과 접촉한 일이다. 그 〈공고서〉는 한국의 역사와 문화, 독립, 국제적 위치, 3·1운동, 임시정부 성립, 일제의 식민지 통치 등 20개의 항목으로 나누어 논술하면서 '한일합병'의 폐지와 대한민국의 국권승인을 주장한 것이

다. 외교계에서 감동적인 명문으로 칭예받던 이 〈공고서〉의 요
구는 관철되지 못하였지만, 한국독립운동의 역사적 문헌으로 중
요 의미를 가지고 있다.

둘째, 파리통신국 설치 이래 신문의 성격을 띠고 주 1, 2회 이
상 발간하던 《통신전》(*Circulaire*)과 《자유한국》(*La Coree Libre*)이
라는 월간 잡지를 프랑스어로 간행, 국내외에서 전개하던 '자
유와 독립을 위한 투쟁'과 '일제의 폭력적 지배'를 사실적으로
실증, 홍보하였다. 셋째, 제네바에서 개최된 만국사회당대회(제
2 인터내셔널)와 프랑스 인권옹호회, 이탈리아 밀라노에서 열린
국제연맹 옹호회 등 각종 국제회의에 조소앙·황기환 등을 대표
로 파견하여 한국독립문제를 제기하는 활동을 벌였다. 넷째, 프
랑스에 한국문제 연설회, 영국에 대영제국 한국친우회, 제네바에
대한적십자사 구주지부 등을 결성하여 한국인의 자유와 독립,
그리고 일제의 폭력과 만행 규탄문제 등을 꾸준히 국제여론에 제
기하였다.

그러나 대표단의 이같은 노력에도 불구하고 화려한 베르사유
궁전에서 개최된 전승국들의 평화회의는 그해 6월 28일 베르사
유 강화조약 체결로 일단락되고, 한국독립문제는 공식적으로 토
의조차 되지 못하고 말았다.

김규식을 수반으로 한 평화회의 대표단은 조약 체결 직전 대
한민국 임시정부 대통령 명의로 "베르사유 조약에 일본 대표의
서명으로 발생하는 모든 책임에 대하여 대한민국과 그 국민은 일
체 의무가 없다"고 논박하는 무책임선언을 제출하였다. 마침 정
부문서보관소에서는 위싱턴에서 이승만 대통령이 파리 샤토덩
가 38번지에 재근중인 김규식 대표에게 훈령한 전문이 공개되고
있다.

　　김규식을 비롯한 대표단 일동의 정력과 정성을 다한 활동은 무위화한 것이 아니었다. 비록 전승국의 각국 대표들이 자국의 이익을 위하여 대표단의 주장을 공식적으로는 외면하였지만, 그들의 도덕적 양심은 대표단의 이와 같은 활동을 동정하고 지지하게 되었던 것이다.

　　그후 김규식 박사는 그해 8월 6일 미국 워싱턴에 체류한 대통령 이승만과 합류하여 구미위원회 위원장으로 취임, 활동하고 파리대표단과 통신국은 부위원장 이관용과 서기장 황기환이 남아서 구미위원부 산하에서 1921년까지 활동을 지속하였다.

　　1945년 해방된 조국에 임시정부 부주석으로 환국하였던 김규식 박사의 파란만장한 독립운동의 생애 가운데서도 파리 대표단 시절의 활동이 그의 애국적 정력과 지극히 정성을 다한 고귀한 역사의 한 장인 것이다.

9. 헤이그 밀사의 유적

나라를 잃고 다른 민족의 식민지 통치를 받아보지 못한 민족
은 의열사(義烈士)의 높은 뜻과 고귀한 행적을 이해하기 어려울
지도 모른다. 더구나 그들이 유구한 역사에 드리운 민족정기를
감지하기란 지극히 어려운 일일 것이다. 독실한 천주교 교인인
안중근 의사가 하얼빈 의거 후, 뮤텔 주교하의 조선천주교회에
서 규정한 '살인'이라는 오명이 80여 년이 흐른 뒤에서야 김수
환 추기경을 비롯한 한국천주교회의 노력으로 겨우 '숭고한 의
열'로 숭앙하게 된 사례도 볼 수 있는 것이다.

1993년 7월 14일은 이준(李儁) 열사의 순국 86주년이 되는 날
이었다. 저자는 마침 벨기에의 고도(古都) 루뱅에서 개최된 학
술회의에 참석하고 그곳에서 자동차로 헤이그 시에 이르러 이준
열사의 순국유적을 비롯한 헤이그 밀사의 유적지를 찾았다. 관
련 유적지는 네 곳이다. 첫번째가 헤이그 시 중심지에 자리잡은
비넨호프 왕궁의 기사홀이다. 현재 국회의사당도 들어선 이 고

이준 열사가 잠들었던 아이큰다우 묘지. 현재 이준 열사의 유해는 서울 수유리로 반장되었다.

궁은 꽃의 나라라는 네덜란드 풍경에 잘 조화되는 그림같이 아름다운 왕궁이고, 특히 큰 중루를 높다랗게 만든 원추형 건축물을 좌우에 세우고, 그 가운데 스페인풍으로 아담하게 지은 기사홀은 동화 속에 나오는 왕자궁을 연상하게 한다. 1907년 6월 국제 열강을 비롯한 47개국 대표들이 만국 평화를 이룩하겠다고 이곳에 모였지만 나라마저 유린당하던 대한제국의 밀사 이상설과 이준·이위종(李瑋鍾)의 3밀사는 참석조차 거부되었던 회담장이다.

두번째는 헤이그 시 프린세스그라트 거리 6A번지에 자리잡은 각국 기자단의 국제협회 건물이다. 큼직한 2층 양옥의 이 건물은 현재 곱게 단장되어 네덜란드 주재 노르웨이 대사관으로 쓰이고 있어 현관에 그 나라 국기가 휘날리고 있다. 그 당시 밀사들은 비록 일제의 방해와 자국 이해에 골몰한 열강들로부터 외면되어 본회의장에서는 한국의 주장을 펴보지도 못하였지만 이 언론

인의 국제협회에서는 빛이 났다. 그해 7월 9일 세 밀사는 이곳
에 귀빈연사로 초대되었다. 이 회합은 평화회의에서 다루어지는
각종 문제는 물론 그곳에서 공식적으로 다루지 못하는 국제문제
까지 취급하였기 때문에 평화회의의 각국대표와 이름난 언론
인, 각국 기자들이 회집하였다. 이 자리에서 프랑스어에 능통
한 이위종이 대한제국의 정당한 주장을 밝히는 〈한국의 호소〉를
절규하여 만장을 감동시켰던 것이다. 그로부터 구미 여론에서는
한국문제를 올바르게 취급, 어려운 밀사들의 활동 가운데서도
큰 보람이 되었던 것이다.

세번째는 이준 열사가 순국한 헤이그 시내 바겐스트라트 124
번지 건물이다. 세 밀사는 고국을 떠난 지 두 달 만인 그해 6월
25일에 일제의 감시를 감쪽같이 벗어나 평화회의가 열린 헤이그
시에 도착하여 리용이라는 사람이 경영하는 '호텔 데 용'이라는
이름의 이 건물에 유숙, 대한제국의 사절을 표시하는 태극기를
게양하였다. 호텔이면서 카페와 레스토랑을 겸하였던 이 곳은
아마 당시 일급은 못 되었지만 중급 정도의 호텔쯤으로 생각된
다.

현재 백색 3층의 이 건물은 일층 전부가 개조되어 널찍한 볼
링 연습장으로 쓰여지고 있으나 2,3층은 옛모습대로인 것 같
다. 이준 열사는 광무황제의 밀조를 받고 쓰러져가는 조국을 위
하여 노심초사하다가 끝내 '우분성질'(憂憤成疾)하여 이곳에서
순국하고 말았던 것이다. 열사의 애국충정이 깃들었던 이 유적
을 무심히 그대로 둘 것이 아니라 어떻게 헤이그밀사의 기념관이
라도 만들 수 있는 길은 없을런지 !

네번째는 헤이그 시 교외 아이큰다우 공동묘지 안에 있는 이
준 열사의 묘역지이다. 나라를 위하여 사행중 이국땅에서 순국

하였지만 그 유해마저도 이미 일제 침략자와 그들 부용세력들만
이 판을 치는 고국에 돌아갈 수 없게 된 이준 열사는 그해 9월
6일 정사(正使) 이상설의 이름으로 영구 묘지계약을 맺고 이곳
에 예장되었다.

　그후 반 세기가 지난 1962년에야 겨우 이곳에 머물던 열사의
영령을 해방된 조국으로 모셔와, 현재 서울 수유리 유택에 안장
되어 있는 것이다. 이때 그 유허지에는 이준 열사의 사적을 기리
어 50년 동안 유해가 묻혔던 주위를 더 매수, 현재의 모습같이
‘일성(一醒) 이준 열사의 묘역’으로 꾸미고 열사의 흉상을 화강
암대 위에 건립하고 좌우에 그 유래를 적은 명문을 한글과 영문
으로 새겨 놓았던 것이다. 저자가 이곳을 찾았을 때는 흉상 앞
석상 위에는 청초한 생화 여러 묶음이 곱게 꽂혀 있었다. 전날이
바로 열사의 순국 86주년, 기일(忌日)이었으므로 그분의 높은 의
열을 기리는 헤이그 시 원근의 우리 동포가 참배하면서 바친 꽃
다발인 것이다.

10. 로스앤젤레스의 애국지사 묘역

최근 개화와 독립운동에 뚜렷한 발자취를 남긴 서재필(徐載弼) 박사와 친일파 스티븐스를 응징한 의열투쟁의 선도자 전명운(田明雲) 의사의 유해를 미국에서 모셔왔다. 서재필 박사는 1948년 7월 세번째 고국을 떠난 지 46년만이고, 전명운 의사는 1905년 1월 청운의 뜻을 품고 도미한 지 89년만에 독립된 조국의 국립묘지에 '애국지사'로 안장되는 것이다.

현재 2백만을 호칭하는 미국 속 한인사회의 중심도시는 아무래도 초기 한인이 나성(羅城)이라 부르던 로스앤젤레스를 들 수 있다. 그 도시 안에서도 올림픽 거리를 중심으로 하는 사방 1킬로미터 정도의 한인집단 거주 내지 경제활동지역은 서울의 한 구역을 연상할 수 있을 만큼 한국적 풍색이 짙다. 때문에 그곳을 '서울특별시 나성구'라고 풍자하기까지 한다.

그 올림픽 구역이 그렇게 번창하게 된 이유는 여러 가지를 들 수 있으나 가까이는 6·25 한국전쟁 전후로부터 성행한 미국이민

붐과 그들의 끈질기고 성실한 경제활동의 결과라고도 할 수 있다. 그러나 그 내력은 이보다 훨씬 오래되고 그만큼 현지 한인사회의 뿌리는 깊게 박혀 있는 것이다.

그것은 1884년 갑신정변 직후 서재필 박사 등의 망명과 그를 이은 대한제국 시기 노동이민으로 시작된 미국 속 한인사회가 '신천지'에서의 생존발전과 일제에게 비참하게 유린된 조국의 독립을 위하여 하와이와 미국의 첫 태평양 방면 관문인 샌프란시스코에 이어 급속하게 개발되던 미국 서부의 중심도시로 급부상한 로스앤젤레스로 적극 진출, 생활의 토대와 경제발전의 기틀을 억척같이 마련하면서부터라고 할 수 있다.

그리하여 1910년에서 1920년대를 지나 1930년대에 들어서면서 샌프란시스코에 두었던 대한인국민회 중앙총회관이 올림픽 거리에서 얼마 멀지 않은 제퍼슨 거리 1368번지에 회관을 신축, 옮겨와 미국 한인사회의 중추기관으로 부상, 활동하였다. 또한 이와 전후하여 그 가까운 거리에는 이승만 박사가 주재하던 대한인동지회 북미지방 총회관과 안창호가 주도하던 흥사단의 중앙단소(中央團所)도 옮겨와 활발한 활동을 벌이게 되었다.

미주 한인들이 애국관(愛國館)이라고도 부르던 대한인국민회 중앙총회관은 현재 로스앤젤레스 시의 역사기념 건물로 지정됨으로써 정문벽에 '대한인국민회총회'(大韓人國民會總會)라는 명필의 큰 현판과 함께 길이 보존될 길도 트였다. 게다가 금년 초에는 그 앞 제퍼슨 거리 한쪽을 '도산 안창호 스퀘어(광장)'라고 명명, 높다랗게 표지판까지 설치하여 한인의 독립운동을 기념하게 되었다.

한편 올림픽 거리에서 아주 가까운 서쪽 워싱턴 거리에 위치한 로스데일리 묘지에는 대한인국민회 등을 통하여 한국독립운동을 주도하던 홍언·백일규·송종익·한시대·임준기·김혜원 등 이름 있던 애국지사들이 묘역 내에 묻혀 있다.

또 이번에 모셔온 전명운 의사가 묻혔던 칼버리 천주교 묘지는 올림픽 거리에서 남쪽으로 30킬로미터쯤 가는 워티어 지역에 위치, 자동차로 30분내 거리이다. 묘지 안에 전명운 의사가 1947년 작고 후 47년 동안 묻혀 있던 위치는 묘역내 B46블록 6호 묘소였다. 캘버리 묘지라고 표기된 정문으로 들어가 오른쪽 끝 모퉁이 한구석 푸른 잔디 위에 50센티미터 가량 크기의 동판 표지에 영문으로 '가장 사랑하는 아버지 맥 필드(MACK FIELDS), 1884～1947'로, 즉 전명운이라는 역사의 큰 이름이 아니라 미국 이름 '맥 필드'로 바뀌어 명각되어 있었던 것이다. 그래도 성(姓)만은 밭 전(田)을 의역하여 '필드'라 하였으나 이름은 '명운'과 상관없이, 흔히 미국인 이름에 볼 수 있는 '맥'이라 하였던 것이다. 하지만 그나마 일찍이 어머니(전명운 의사의 부인 趙姓女)와 동생 알프레(정명운 의사의 요절한 외아들)를 잃고, 게다가 경제공황 등으로 일자리를 찾아 사방으로 전전하며 활동하던 아버지 전명운 의사의 행적 때문에 오랫동안 천주교 고아원에서 자란 맏딸 전경숙과 둘째 딸 전경령 자매가 마련했던 애정어린 묘표였다. 이제 전명운 의사는 미국 동부 필라델피아에서 모셔온 서재필 박사의 유해와 함께 국립묘지에 이장되어 '맥 필드'가 아닌 '전명운 의사'로 겨레의 경배를 받게 된 것이다.

한편 전명운 의사와 함께 페리 정거장에서 의거를 감행, 미국인이면서도 일제의 주구였던 스티븐스를 총살 응징한 장인환(張仁煥) 의사가 1930년 작고한 뒤 1975년 조국의 국립묘지에 안장될 때까지 임시로 묻혔던 곳은 샌프란시스코 교외의 사이프러스 묘지이다. 샌프란시스코에서 남쪽으로 명문 스탠포드 대학으로 가는 길로 30여 분 떨어진 거리에 있다.

  장인환 외에도 이 묘지에는 여러 민족운동자들이 잠들고 있다. 그 가운데 '리목사'로 호칭되는 초기 미주한인사회의 큰 일꾼이며, 대한인국민회 총회장이었던 이대위가 'DAVID LEE'라는 이름으로 묻혀 있다. '상항 한인감리교회 목사이며 대한인국민회 총회장'이라 명각된 작은 표석이 서 있지만 아무래도 그의 생전의 공적을 감안하면 초라하다는 생각이 든다. 이대위의 정열적 활동 가운데는 국망 직후 망국민이 되어 여권 없이 도미한 유학생과 정치망명자들을 앞장 서 주선하여 미국에 입국시켜 활동하게 한 것도 잊을 수 없는 공적이다. 그 수가 적어도 3백 명은 헤아릴 수 있다는 것이다. 그곳을 친절히 안내한 염 롤라 여사는 그의 길지 않은 애국적 생애와 유족에 관한 이야기를 들려주어 새삼 '인터타이프 한글식자기계'를 발명, 손수 제작하여 《신한민보》를 간행하던 이대위 목사의 애국적 행적을 되새기게 한다. 염 롤라 여사는 흥사단 창립시 강원도 대표로 참석한 염만석의 딸이다.

  또한 이 묘지에는 미주한인사회의 '1백 세의 증인'으로도 불리우는 백운(白雲) 양주은(梁柱殷) 내외도 안장되었다. 그는 1879년부터 1981년까지 1세기를 넘는 생애 대부분을 주도(州都) 샌프란시스코에 살면서, 식당을 운영하여 모은 돈으로 이승만·김규식·안창호 등을 비롯해 수많은 민족운동자들의 뒷바라지를 하였고, 조용히 미주한인사회의 건설과 발전을 선도한 인물인 것이다. 그가 한 호 한 호 모아 소장하던 대한인국민회의 기관지이며 미주한인사회의 항일언론인 《신한민보》 한 질이 해방후 국립도서관에 기증되어, 오늘날까지 미주한인사회의 항일 민족운동 연구에 귀중한 자료로 이바지하고 있다.

11. 한국통신부와 임시정부의 구미위원부

　　1904, 1905년의 러일전쟁과 1910년의 국치 전후로부터 그를
이은 일제하 민족수난기에 미주지역에서 전개된 한국독립운동은
국외 독립운동의 주요한 흐름 가운데 하나가 되었다. 여기에 대
한 평가는 논자에 따라 다양한 견해가 제시될 수 있지만, 그것은
차치하더라도 미주지역의 독립운동이 한국독립운동사에서 차지
하는 비중과 위상은 결코 작은 것이 아니다.

　　미주지역의 한인사회는 1900년대 초반에 주로 하와이로 진출
한 노동이민과 본토로 건너간 유학생들을 근간으로 형성되기 시
작한 이래, 국망을 전후한 시기에는 많은 한인단체들이 성립되
어 한인의 자치신장과 항일민족운동을 추진해 나갔다. 곧 1903
년 북미 상항친목회와 하와이 신민회 결성으로부터 시작된 미주
한인단체는 1907년에 이르는 동안 20여 개에 달하였을 만큼 복
잡하게 분립되어 있었던 것이다. 그러나 1909년 2월에는 미주의
양대 단체였던 북미 공립협회와 하와이 합성협회가 국민회로 통

합되고, 국민회가 다시 1910년 5월에 대한인국민회로 발전하게
됨으로써 이 단체는 명실상부한 미주 한인사회의 대표기관으로
자리잡게 되었다.

　일제에 의한 민족수난기에 미주지역 한국 독립운동은 3·1운동
과 파리강화회의를 계기로 더 활발히 전개되었다. 대한인국민회
는 1918년 12월 파리강화회의에 참가할 대표로 이승만(李承晚),
정한경(鄭翰景), 민찬호(閔燦鎬) 등 3명을 선출하였다. 그러나
미국정부의 여권 발급 거부로 회의 참가 자체가 무산되자, 이승
만과 정한경은 한국문제에 관한 청원서(請願書)를 윌슨 미국 대
통령에게 제출하였다. 그리고 이들은 한국을 일제로부터 해방시
켜 국제연맹의 위임통치 아래 둘 것을 청원하는 소위 위임통치안
을 3·1운동 발발 직전인 1919년 2월 25일자로 작성, 미국 대통
령 윌슨에게 진정하여 내외에 물의를 일으켰다.

　한편, 대한인국민회는 1919년 4월 제1차 한인대회 개최 직후
서재필(徐載弼)을 외교고문으로 선임하고 통신부의 설치를 결의
하였다. 이에 따라 서재필은 국민회 중앙총회의 재정 원조하에
필라델피아에 한국통신부를 설치하기에 이르렀다. 그뒤 7월에
상해 임시정부에서도 역시 서재필을 임시정부의 미주지역 공식
대표로 승인하고 외교전권특사(外交專權特使)에 임명, 그의 입
지는 한층 강화되었다.

　하지만 이승만은 한성임시정부 '집정관총재'의 권한으로 필라
델피아 통신부와는 별개로 워싱턴에다 집정관총재 사무소를 설
치하여 독자적인 조직하에서 활동을 벌였다. 그리고 얼마 뒤 이
기구의 명칭을 한국위원부로 바꾸었다가 그해 8월에는 다시 구
미위원부로 조직을 개편하였다.

　이와 같이 성립한 구미위원부는 이승만이 곧 상해의 통합된

대한민국 임시정부의 대통령으로 선출되자 임시정부 산하기구로
서의 성격을 갖게 되었다. 또한 이 구미위원부는 서재필이 주관
하던 필라델피아 통신부와 김규식(金奎植)이 위원장이었던 파리
통신부를 통합하여 초기 임시정부의 외교를 전담하는 기능을 수
행하게 되었던 것이다.

구미위원부의 위원장에는 파리에서 돌아온 김규식이 임명되었
으며, 그 휘하에 이대위(李大爲), 임병직(林炳稷) 등이 외교사
무를 담임하고 있었다. 그리고 한국과 인연을 맺었던 헐버트
(H. B. Hulbert)와 스코필드(F. W. Schofield) 등의 선교사들을 비롯
한 많은 미국인들은 강연회를 개최하여 한국에서 자행되는 일제
의 만행을 폭로하고 한인의 독립의지를 대변하여 한국에 우호적
인 여론을 조성하는 데 노력하였다. 그러나 구미위원부의 외교
활동은 친일적인 정책노선을 지향하던 미국 정부의 분위기 아래
에서는 일정한 한계가 주어져 있었으므로 큰 성과를 올리지 못하
고 도리어 많은 고난이 뒤따랐던 것이다.

한편, 서재필이 주관하던 필라델피아 한국통신부는 구미위원
부의 산하에 들어갔음에도 불구하고 필라델피아에 본부를 두고
거의 독자적인 조직으로 활발하게 대미 선전활동을 벌여나갔
다. 워싱턴에 소재한 구미위원부가 공식적인 외교기관의 성격을
띠고 있었다면, 필라델피아 통신부는 주로 민간선전에 주력하는
기능을 가지고 있었다. 서재필 외에도 필라델피아 통신부에는
친한인사 헐버트와 벡(S. A. Beck)이 선전원으로 대미선전활동에
종사하고 있었다.

이 시기에 필라델피아 통신부와 밀접한 연관을 맺고 있던 단
체로는 한국친우회(League of the Friends of Korea)가 있다. 이 단
체는 한국통신부의 지도하에 필라델피아에서 1919년 5월 16일

결성되었다. 그 회장에는 미국 상원의원이며 목사인 톰킨스(F. W. Tomkins)가 선임되었고, 밀러(H. A. Miller), 페이슬리(H. E. Paisley), 베네딕트(George Benedict) 등이 중요 임원이었으며, 이들 임원과 서재필을 포함한 11명이 이사진으로 구성되어 있었다. 한국친우회의 활동방향은 전후 새로운 국제질서가 수립되는 시대상황에서 한국에 기독교 선교와 민주주의 성장을 지원하기 위해 미국내의 여론조성을 도모하는 데 있었다. 그리하여 1920년 6월경 이미 필라델피아에 이어 워싱턴·보스톤·시카고·샌프란시스코 등 18개 지역에서 지회가 결성되어 있었고, 미국 지식인 1만여 명이 회원으로 가입하고 있었을 만큼 성황을 이루었다. 나아가 구미위원부의 파리 통신부는 프랑스 파리와 영국 런던에다 각각 한국친우회를 결성하기까지 하였다.

제1차세계대전이 종결되면서 미주 한인사회의 독립청원운동이 본격화되는 시점에서 그곳 한인들은 한국문제의 지속적인 홍보의 필요성을 절감하게 되었다. 더욱이 미국 행정부와 국회를 상대로 효과적인 외교활동을 전개하기 위해서는 최소한의 홍보활동이 시급히 요구되었기 때문이다. 영문잡지의 간행은 이와 같은 한인사회의 질실한 분위기를 반영한 결과였다.

미주 한인사회의 영문잡지 발간은 재미한인유학생회에서 처음 시작하였다. 이춘호(李春昊), 윤영선(尹英善), 임병직(林炳稷), 김현구(金鉉九) 등을 중심으로 하는, 주요 오하이오주 한인유학생들이 독자적으로 영문잡지 발간 계획을 세우고 사업을 추진해 나갔다. 이들은 파리 강화회의를 목표로 한국문제에 대한 국제여론을 환기시키기 위해 일제치하의 한국 실정과 한국인의 자주·독립정신을 홍보하는 월보를 간행키로 하였던 것이다. 그 결과 1919년 '일제하 한국의 자유와 평화는?'(*Freedom and Peace with Korea Under Japan*)이라는 부제가 붙은 《한국문헌》(*Korean Publication*)이라는 영문잡지 창간호를 내게 되었다. 이 잡지의 발행부수는 경비 관계로 약 1천 부 정도였다.

서재필은 필라델피아 통신부 설치 직후, 이와 같이 발간되던 유학생회의 영문잡지 《한국문헌》을 인계받았다. 그는 일찍이 국내에서 《독립신문》을 간행한 경험이 있었으며, 이즈음 필라델피아에서는 문구상을 하여 상당한 재력을 보유하고 있었을 뿐만 아니라, 스스로 'Philip Jaisohn & Company'라는 출판사까지 운영하고 있었다. 그러므로 그는 잡지를 발간할 수 있는 능력과 기본적인 여건들을 갖추고 있었던 것이다. 《한국문헌》을 인수하면서 그가 내건 명분은 "학생단체에서 발간하는 영문잡지를 검열하여 우선 안전한 잡지가 되도록" 힘쓴다는 것이었다. 그후 서재필은 처음에는 국민회 중앙총회, 그리고 나중에는 구미위원부의 경비지원을 받아 그 제호를 《한국평론》(*Korea Review*)으로 바꾸어 월간으로 1922년 7월까지 꾸준히 발간하였다.

서재필이 워싱턴 대학을 이어 두번째로 의학을 수학하던 인연 깊은 볼티모어의 존스 홉킨스 대학의 아이젠하워 도서관에는 이와 같은 한인 최초의 영문잡지 《한국평론》 한 질이 소장되어 있다. 서재필이 주도한 한국통신부는 처음 필라델피아 825번지 웨이트맨(Weitman) 빌딩에 두고 여기서 국제적 규모의 한국친우회도 지도 운영하면서 《한국평론》을 간행한 것이다. 그러나 1920년 9월, 제15권부터는 체스트너트 스트리트 1524번지 등으로 옮기면서 1922년 9월, 제37권까지 간행하였다.

한편, 이승만이 주도하던 워싱턴 시의 구미위원부는 노스웨스트 H 스트리트 1314에 콘티넨탈 트르스트 빌딩(Continental Trust Building)에 두고 1922년까지 활발한 외교활동을 벌였다. 워싱턴

시 중심지에 있는 이 빌딩은 그후 헐리고, 그 자리에는 현재 1951년에 신축한 뉴욕 에버뉴 장로교회가 웅장하게 세워져 옛모습을 찾을 수 없게 되었다. 구미위원부는 1921~1922년에 개최된 워싱턴 국제회의를 겨냥한 독립운동에서 별성과를 올리지 못한 뒤로는 활동이 현저하게 위축되었으며, 그 본부도 몇 차례 옮겨다녔다. 1927~1931년에 김현구 등에 위임하여 운영하던 시절의 구미위원회 본부는 현재 하버드 대학 부근 파크 로드(Park Road) 1310번지에 위치한 붉은 2층 양옥으로 그대로 남아 있다. 그러나 흑인 거리 속에 퇴락한 그대로의 건물 모습을 보여주고 있다.

1940년에 이승만은 노스웨스트 호버트 스트리트(Hobert Street) 1766번지에 2층 집을 사서 프란체스카 여사와 살면서 구미위원부의 본부로 겸용하였다. 이 집은 옛모습 그대로인 것 같다.

한편, 구미위원부가 있던 워싱턴 시에는 현재 이와는 성격이 다르나 한국 근대외교와 관련되어 한많은 역사적 건물 한 동이 남아 있다. 1880년대부터 대미외교를 중시한 조선정부는 워싱턴 시에 주미외교의 본산인 주미공사관을 설치하였다. 처음 박정양(朴定陽) 공사가 'O' 스트리트 1513번지의 3층 건물을 임대하여 쓰다가 1891년 11월 28일부터는 워싱턴 시 중심지인 15가 1500번지의 독립빌딩을 매입하여 주미공사관으로 사용하였다. 붉은 벽돌의 아담한 이 3층 건물은 당시 가격으로 2만 5천 불을 지불하였으며, 소유주는 조선 국왕 이희(李㷩)의 명의로 등기되었다. 현재 백악관에서 동북쪽으로 길게 뻗은 버먼트 애버뉴(Vermont Ave.)가 13 스트리트와 교차하는 로건 로터리(Logan Circle)에 위치, 주소가 로건 15번지로 표기되었다.

이 공사관 건물은 교통의 요지인데다 천정이 높고 넓직한 방이 9개나 있어 1층은 공관으로 쓰고, 2, 3층은 공관원들이 가족과 함께 거주하면서 집무할 수 있었다. 당시 일본 공사관도 바로 이웃하여 국제외교의 기묘한 한 단면을 보는 것 같다. 한말의 한국 공관원들은 이곳에서 기울어져가는 국운을 건져보려고 피눈물나는 노력을 경주한 것으로 생각된다. 그러나 1905년 을사 5조약이 강제로 체결되어 외교권을 상실한 채 관련 사무와 문건을 일본 공사관에 넘겨주고, 공사관원 전원이 철수해야만 하는 수모도 겪었다. 그래도 그 소유권만은 대한제국 황제 이희의 명의였으나, 1910년 '한일합병'에 즈음하여는 감쪽같이 일본 정부의 소유로 넘어갔다. 즉 워싱턴 주정부의 건물매매국에 소장된 문서에 의하면 대한제국 황제 이희는 1910년 8월 29일 주미일본대사 우찌다에게 공사관 건물과 토지를 양도하고, 여기에 주한미국 총영사 고을드가 서명 보증한 것으로 되어 있다. 우찌다는 더욱이 이틀 뒤인 8월 31일에 이 공사관과 토지를 홀톤이란 사람에게 매각해버린 것으로 기록되었다. 아무리 생각해도 시기와 정황으로 보아 정상일 수 없다. 일제 군국주의의 식민지 통치에서 해방된 지 반 세기를 맞는 현재도 이 건물의 소유권을 되찾지 못할 뿐만 아니라 그와 같은 생각도 하지 않고 있는 것 같다.

1910년 전후에 쓴 이승만의 명저 《독립정신》에 〈국기를 중히 여기라〉는 제목에서 대한제국 시대의 태극기가 높이 게양된 이 공사관 사진이 게재되어 있다. 또한 도산 안창호는 이 공사관의 또 다른 사진 한 장을 평생 고이 간직하고 있었을 뿐만 아니라, 그의 사후에는 부인 이혜련 여사가 이 사진을 도산의 귀중문헌 일체와 함께 천안 독립기념관에 기증하였다. 그 속에 담긴 뜻을 깊이 음미해볼 필요가 있으리라고 생각한다.

獨立軍史

윤병석
신국판／반양장 306쪽／값 6,000원

이 책은 30여 년 동안 독립운동사에 전력해온 저자가 여러 지면과 그 밖의 국내외 관련 학술회의에서 독립항전사에 관해 발표한 소견을 모은 것으로, 최근 연변대학 초청으로 봉오동승첩의 序戰인 두만강변의 삼둔자전투 전적지, 봉오동, 청산리 백운평 및 어랑촌, 천수평 봉밀구 등 청산리대첩의 현장을 답사한 후 보완하여 간행한 이 방면 최초의 체계적인 단행본 연구서이다. 독립군사의 현장이해를 돕기 위하여 18면 분량의 사진화보를 실었다.

韓國近代史의 試鍊과 反省

조동걸 저
신국판 / 358쪽 / 값 6,000원

우리의 근대사는 자유주의 실현의 문턱에서 그 모순의 물결에 밀려 희생이 강요되었던 시련의 역사이다. 즉 제국주의의 침략과 수탈의 기록으로 점철되어 있는 것이다. 때문에 우리들은 그 모순과 싸워야 했으니 우리의 근대사는 곧 독립운동사가 될 수밖에 없었다. 따라서 이 책은 독립운동사와 관련된 글로 엮어져 있다.

義兵戰爭硏究(上)

한국민족운동사연구회 편
신국판 / 410쪽 / 값 8,000원

한국 근대사의 골간을 이루는 민족운동사를 체계화하기 위해서는 의병항쟁의 올바른 이해와 해석이 전제되어야 한다. 그러므로 이 책은 의병을 비롯한 민족운동 전반의 현 학계의 연구성과를 결집하고, 민족운동사 연구 성과를 성찰하여 새로운 연구과제와 방향 등을 모색하기 위해 기획하였다. 상권은 3부로 나뉘어져 있는데 제1부는 개관, 제2부는 의병사상, 제3부는 의병장에 관한 11편의 논문으로 엮어져 있다.

한국근현대의 민족문제연구

서중석
신국판 / 반양장 322쪽 / 값 4,500원

이 책의 저자는 민족문제가 올바로 이해되고, 일제시대 이후에 연구가 본격화되어야 할 필요성에서, 실제로 지금까지의 한국사 연구가 얼마나 객관적이고 과학적으로 이루어졌으며, 민족에 대한 그간의 연구성과가 적음을 반성하고, 일제시기 사회주의 민족관과 계급관에서부터 민족사학과 민족주의에 대한 4편을 싣고 있다.

韓國史 轉換期의 문제들

한국사연구회 엮음
신국판/ 반양장 324쪽/ 값 8,000원

한국사연구회가 기획하여 엮은 이 책에는 각 역사발전 단계별로 전환기적 중요성을 지닌 주제들을 해당분야에서 오랫동안 연구해온 중견학자들이 쓴, 〈조선건국 초기 통치체제의 성립과정과 역사적 의미〉, 〈조선후기 사상계의 전환기적 특성〉, 〈1890년 서울상인의 철시동맹파업과 시위투쟁〉, 〈대한제국시기 언론의 시대전환인식〉, 〈1930년대 민족운동의 변화〉, 〈일제시기 미군정기의 좌우대립과 토지문제〉 등의 10편의 논문이 수록되어 있다.

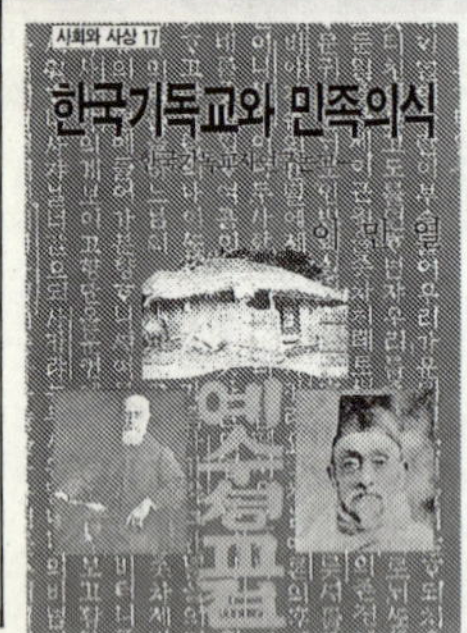

한국기독교와 민족의식

이만열
신국판/반양장 546쪽/값 9,000원

기독교와 민족주의는 서로 이해하고 공존할 수 있는가? '신앙과 민족과 역사'라는 기본구도 위에 한국기독교사가 종래 선교사의 차원에서만 서술 해석된 것에 이의를 제기하고 민족사적인 시각에서 접근하였으며, 기독교 초기와 관련해서는 전파 혹은 선교라는 시각보다는 수용이라는 입장을 분명히 하였고 한국적인 상황에 반응하는 기독교인의 동태에 관심을 모은 책이다.

日本資本主義 論爭

G.A.Hoston 지음/김영호·류장수 옮김
신국판/반양장 430쪽/값 8,000원

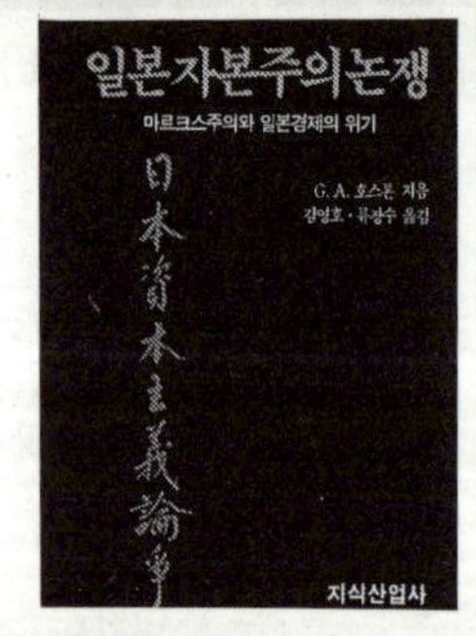

이 책은 일본에서의 2단계혁명을 요구하는 코민테른테제에 반대하여 노농파가 일본공산당에서 이탈한 1927년부터 현재까지 일본에서 마르크스주의의 발전과정과 의미를 노농파·강좌파 논쟁을 통하여 체계적으로 분석한 것이다. 특히 이 책은 그간의 유럽적 상황 속에서만 적용되던 마르크스주의를 아시아적 상황 속에서 분석함으로써 일본을 포함한 후진국가들의 경제적 상황을 이해할 수 있는 이론적인 틀을 제공해 주고 있다.

지중해 문명 산책
―트로이에서 바르셀로나까지―

김진경 지음
신국판/ 반양장 294쪽/ 값 6,000원

이 책은 그리스사를 전공한 저자가 지중해 일대에 흩어져 있는 과거 그리스의 여러 식민지를 둘러본 경험과 펠로폰네소스 기행을 정리한 것이다. 특히 이 책은 단순한 고적 순례기가 아니라, 서양사 전공 학생들에게 도움이 되는 고적에 얽힌 역사적 이슈를 가능한 부각시키면서도, 일반인들을 위해 고적과 관련된 재미있는 이야기와 사진들을 곁들여 쉽게 설명해놓았다.